어른을 위한 말 공부

어른을 위한 말 말 말 공부

목소리로 세상을 말하는 인생 말 공부

김요진

"가치 있는 인생을 원한다면 살리는 말, 나누는 말을 배우자"

상상스퀘어

일러두기

1. 단행본은 ◊, 신문·잡지·시·영화·그림·노래·글 등은 ◇로 표기했습니다.
2. 예시로 사용한 도서들은 해당 출판사에 허락을 구했습니다.
3. 저자의 이야기 서술 방식을 살리고자 구어체 표현, 신조어, 줄임말 등을 사용했습니다.

여는 말

*

가치 있는 인생을 살고 싶은 분들에게

"아빠가 눈물을 또르르 흘리셨어! 살았다! 살았어."

살아날 가능성이 희박했던 아버지가 반응을 보이기 시작했습니다. 사고 발생 17일째 벌어진 기적 같은 일이었지요. 가족 대표로 중환자실에 들어갔다 온 어머니가 흥분한 목소리를 내는 게 얼마만의 일인지…. 행복한 순간, 갑작스럽게 찾아온 사고에 우리 가족은 모두 암담했거든요. 끝을 알 수 없는 중환자실 생활 속에 의료진 누구도 섣불리 희망을 말하지 않았습니다.

그러다 삶의 불씨를 살린 건, 바로 '말'이었습니다. '일주일에 두 번,

딱 한 사람에게만 허락된 면회 시간에 다른 가족의 목소리를 들려줄 수는 없을까? 순간 '목소리 녹음'이 떠올랐어요. 뉴스 앵커에서, 이제는 삶의 앵커로서 시각장애인을 위한 낭독과 화면해설을 이어오던 터라 제 책상 위에는 늘 마이크가 놓여 있었거든요. 1분 1초가 아까운 면회 시간이기에 아버지의 마음을 두드릴 수 있는 확실한 말이 필요했습니다. 평소 매일 아침 읽으시던 기도력을 찾아 낭독하고, 응원 메시지를 덧붙이기로 했어요. 아버지가 좋아하는 음악으로 배경도 풍성히 채웠지요. 그렇게 완성한 첫 번째 녹음본을 어머니가 아버지에게 들려준 순간, 아버지는 눈물로 살아 있음을 화답했습니다. 다음은 큰딸과 아들, 손주가 릴레이로 참여했어요. 몇 방울의 눈물로 보여준 기적은 손가락의 미세한 떨림과 다리 움직임으로 이어졌고, 마침내 투병 180일 만에 스스로 걸어서 집으로 돌아오셨습니다.

말의 힘은 강력합니다. 사람을 살리기도, 죽이기도 하지요. 그 힘은 상대를 향해 바깥으로 향하기도, 내 안으로 향하기도 합니다. 관계가 틀어지고, 기회를 놓치고, 자신감이 바닥으로 떨어지다 목숨까지 위협하는 것, 모두 말 때문입니다. 누구나 말의 힘을 제대로 누리고 싶어 합니다. 말 못 할 '말 고민'은 늘어가고, 말 잘하고 싶은 바람은 점점 커져만 갑니다. 삶의 난제 가운데 말하기는 언제나 선두 자리를 지키고 있지요. 미결 문제로 품고 사는 사람이 여전히 많다는 건, 서점만 가봐도 쉽게 확인할 수 있습니다. 지금 이 순간에도 말하기 관련 책은 쏟아지고 있으니까요.

원래 말재주를 타고 난 사람이 얼마나 될까요. 아나운서라고 본래부터 말을 잘했을까요? 아닙니다. 물론 20년째 방송을 하다 보니 때론 수천 명의 관중 앞에서 신내림 받은 무녀가 작두 타듯 대본도 내려놓은 채 마음껏 쏟아낼 때가 있습니다. 그 희열은 말로 다 표현할 수 없지요. 객석에서 박수와 환호가 터져나올 때 자신감은 하늘로 솟구칩니다. 그러나 일상으로 돌아와 친구나 동료에게 말실수를 저지르고 이불을 걷어차는 일이 여전히 비일비재하고요. 뉴스를 진행하다 속보를 제대로 처리하지 못해 방송이 끝난 후 머리를 쥐어박고 싶은 적도 한두 번이 아닙니다.

언제, 어떤 상황에서든 말을 완벽히 할 수 있는 사람은 없습니다. 생각을 잠시 내려놓거나 준비가 부족한 순간, 말 잘하던 사람도 한순간에 못하는 사람, 무례한 사람, 나쁜 사람이 되어버리지요. 그래서 우리가 평생 해야 할 일이 바로 '말 공부'입니다. 저는 매일 새벽, 언젠가 있을 '말하기 결전의 날'을 위해 책을 읽고 생각을 정리합니다. 많이 알기 위해서가 아니라 많이 깨닫기 위해서입니다. 중요한 방송과 행사를 앞두고는 말 공부에 더 몰입합니다. 사흘 밤낮을 연구하고 연습도 하고요. 사회자서너 발자국 옆에서 펼쳐지는 수많은 달변가의 연설과 강연을 들으며 배우고 또 복기합니다. '노력과 준비가 쌓이면 나에게 찾아온 기회가 기적이 된다'라는 사실을 경험으로 굳게 믿기 때문이지요. 말의 세계에도 기적이 존재합니다. 자신의 말 습관을 돌아보고, 말을 공부하고, 실천으로 옮긴다면 기회가 기적이 되는 경험을 누구나 할 수 있습니다.

 말을 갈고닦는 일은 비단 나 자신에게만 이로운 행위가 아닙니다. 사는 환경과 형편, 신체 능력, 지적 수준 등이 달라도 목소리를 갖고 있다면, 우리는 이미 나눌 것이 많은 사람입니다. 말 공부를 통해 얻은 힘으로 나를 살리고, 주변을 살리고, 사회를 살리는 일을 충분히 할 수 있습니다. 시각장애인과 어르신, 어린이 등 수많은 사람이 우리 목소리를 기다리고 있습니다. 자존감을 잃었던 경력 보유 여성●들과 취업 준비생, 퇴근 후 가치 있는 삶을 찾던 직장인 등이 목소리로 세상을 밝히는 일에 뛰어들고 있어요.
 저는 2021년 가을학기부터 동국대학교 미디어커뮤니케이션학과에서 스피치 커뮤니케이션 수업을 이끌고 있는데요. 학생 대다수가 처음에는 자신의 말 습관을 제대로 알지 못합니다. 살면서 한 번도 생각해본 적이 없다는 겁니다. 점점 높아지는 취업 문턱, 불안정한 사회 분위기, 막막한 미래 앞에서 나의 말이 점점 어둡고 조급하고 날카로워지는 것을 눈치채지 못합니다. 하지만 한 학기를 마칠 무렵, 학생 대부분의 표정과 태도는 달라졌습니다. 자신에게 "괜찮아! 잘하고 있어"라는 긍정의 말을 건넬 줄 알게 되고, 상대를 배려하기 위해 밝고 또렷한 음성으로 말하려 노력하는 모습을 발견할 수 있었습니다. 오만과 자만, 교

● 흔히 '경단녀'라고 하지만 긍정의 의미로 대체 표현함

만, 불만의 말이 점점 가득해지는 대한민국 사회가 달라지려면 이제라도 말 공부에 나서는 깨어 있는 시민이 많아져야 한다고 확신하게 되었습니다. 뉴스 앵커로 20년 동안 다양한 방송 현장에서 쌓은 경험과, 삶의 앵커로 장애계와 교육 현장에서 얻은 노하우를 이 책을 통해 아낌없이 나누려 합니다. 살리는 말, 나누는 말이 우리 사회에 가득하길 바라는 마음뿐입니다.

이 책은 생각하며 말하기를 익히는 데 필요한 종합 안내서입니다. 화술 향상, 태도 변화 등을 이끄는 말하기 실용서가 참 많은데요. 말 잘하는 방법을 시작부터 끝까지 안내하는 책은 찾기 힘들더라고요. 이제는 근본적으로 말 공부의 방향을 바꿔야 할 때입니다. 말 공부의 최종 목표는 도구인 말 자체가 아니라 나와 세상을 이롭게 살리는 일이 되어야 합니다. 생각하는 말하기로 길을 열어주고, 나누는 말하기로 올바른 방향을 바라보게 하는 것이 이 책의 핵심입니다.

누구나 쉽게 이해하고, 자신에게 필요한 부분을 찾아 여러분의 것으로 만들 수 있도록 정리했는데요. 이해를 돕기 위해 스포츠 경기에서 인용하는 Ready(준비) - Get set(차렷) - Go(출발) 세 단계로 내용을 구분했습니다. 준비부터 실천까지 모든 과정이 '말 공부'라는 사실을 꼭 기억했으면 합니다.

먼저, 1장 Ready(준비) 단계에서는 '나만의 말 지도' 작성법을 소개합니다. 불안하고 급한 마음에 그냥 무작정 닥치는 대로 말을 배우고 있지는 않았나요. 어떻게, 무엇부터 다듬어야 할지 몰라 말 공부를 엄두조차 내지 못했나요. 말실수는 잦은데 고치기는 귀찮아 그저 내버려두고 있지는 않았나요. 나의 말에 부족한 부분이 무엇이고, 어떻게 채우면 될지 정확하게 알고 출발하는 것이 무엇보다 중요합니다. 배움의 목표와 방향을 분명히 정하면 흔들림 없이 말 공부를 이어갈 수 있거든요. 말의 목표와 실행 방법, 전략 등을 구체적으로 정리한 것이 바로 '말 지도'입니다. 다른 사람의 말 지도가 아니라 나를 위한 말 지도가 각자에게 필요해요. 말 지도를 늘 마음에 새기고 실천하는 것이 생각하며 말하기의 시작입니다. 그러니 말 지도를 따라가면 우리 인생이 좀 더 가치 있게 바뀔 수 있을 겁니다.

2장 Get set(차렷) 단계에서는 말하기에 있어 꼭 필요한 두 가지 근육, 말 근육과 생각 근육을 단련하는 방법을 상세하게 정리합니다. 나에게 부족한 근육을 먼저 파악한 다음, 가장 시급한 단련법을 집중적으로 들여다보고 곧바로 실천하기를 권합니다.

마지막 3장 Go(출발) 단계에서는 '배움의 완성은 나눔'이란 가치를 실천하고 있는 말 공부 현장과 목소리로 세상을 밝히는 나눔 현장을 다양한 사례와 실전 노하우를 통해 나눕니다.

말만 하면 늘 무시당하고 아무도 경청하지 않나요? 말 때문에 큰 손해를 본 적이 있나요? 말실수로 관계가 끊어지고, 황금 같은 기회를 놓친 경험이 있나요? 말로 인해 나만 상처받는 줄 알았는데, 알고 보니 나 또한 누군가를 힘들게 하고 있지는 않나요? 내가 가진 목소리로 나누는 인생, 가치 있는 인생을 열고 싶지 않나요?

그렇다면 이 책을 통해 말에 대한 자신감과 희망, 설렘을 함께 경험해보면 좋겠습니다. 작은 설렘의 불씨는 새롭게 시작할 용기를 불어넣어줄 겁니다.

"아무것도 하지 않으면 아무 일도 일어나지 않는다."

말에 대한 두려움은 생각만으로 없앨 수 없습니다. 말 잘하고 싶은 동경 또한 바라보기만 해서 실현되지 않습니다. 오늘보다 더 가치 있는 내일을 위해 우리 함께 말 공부에 뛰어들면 어떨까요? 그 힘찬 여정에 이 책이 언제든 열어보고, 힘을 얻을 수 있는 친구 같은 길잡이가 되길 바랍니다.

삶의 앵커
김여진

추천사

*

저자와는 YTN 앵커 시절부터 잘 알고 지냈습니다. 워낙 말솜씨가 뛰어나 서울시장애인복지시설협회 홍보대사로 추천했습니다. 그때 처음 복지 분야에 발을 디뎠는데 이제는 어엿한 복지 분야의 '말 선생님'으로 우뚝 성장했더군요.

《어른을 위한 말 공부》는 대립과 갈등, 무기력이 점점 심화하는 우리 사회에 말이 가진 힘과 중요성을 일깨워줍니다. 또한 저자의 다양한 나눔 활동 경험담을 통해 진정한 사회공헌이 무엇인지 알려주고 있습니다. 무엇보다 사회적 약자에 대한 공감의 반경을 넓히고 싶다면 이 책을 반드시 읽기를 권합니다.

저자는 이 책의 수익금 전액을 시각장애인을 위한 프로젝트에 사용할 예정이라고 합니다. 첫 인세는 시각장애인 학생들의 현장 체험 학습비로 사용한다고 하는데 그저 감탄과 박수가 절로 나옵니다. 저자의 선한 영향력이 이 책을 통해 널리 퍼져나갔으면 하는 바람입니다.

◦ 서경덕(한국홍보전문가, 성신여대 교수)

노래하기와 말하기는 본질적으로 같은 뿌리에서 나온 의사소통 방식입니다. 말하기가 이성의 도구라면, 노래는 감정의 언어죠. 그러나 두 영역은 분리된 것이 아니라, 인간이 서로를 이해하며 함께 살아가도록 만드는 가장 강력한 접착제입니다.

김여진 앵커의 말하기는 그런 의미에서 노래와 닮았습니다. 저자는 이성적인 소통을 넘어 감정을 전하는 데 탁월합니다. 단 한 번의 방송 인연으로도 오래 마음에 남는 이유가 바로 여기에 있겠죠. 이 책은 오랜 시간 쌓아온 언어의 힘을, 삶을 이롭게 하는 소통의 도구로 사용하려는 그녀의 진심이 담겨 있습니다.

저자가 자주 말하는 '삶의 앵커'라는 표현은 제게 노래처럼 들립니다. 그것은 이성보다는 감성을 향한 다짐이자, 사람과 사람을 잇는 따뜻한 울림이기 때문입니다. 말과 노래가 만나는 그 지점에서 우리 언어는 서로의 삶을 단단히 붙잡아줄 수 있지 않을까요. 이 책을 통해 많은 사람이 말 속에 노래를 담아 단단하게 소통하기를 바랍니다.

◦ 하림(가수)

《어른을 위한 말 공부》는 우리 공동체를 밝고 따뜻하게 만드는 데 크게 기여할 책입니다. 이 책을 읽고 나면 '생각하는 말하기'로 인생길을 열어가고, '나누는 말하기'로 올바른 방향을 바라보게 될 것이기 때문입니다.

저 역시 어른이 되어서도 말 공부가 필요하다는 것을 절감합니다. 이 책을 읽으니 말 근육과 생각 근육을 키워 목소리로 사회에 희망을 불어넣는 활동에 매진하고 싶다는 열의가 차오릅니다.

이 책은 어른을 위한 말 공부 이론뿐만 아니라 목소리를 통한 생생한 나눔의 실제를 소개하고 있습니다. 저는 지난 3년 동안 한국시각장애인연합회를 이끌며 〈낭독여행 in 제주〉, 〈큐! 뉴스천〉, 화면해설방송, 소리책 낭독, 현장해설 등 저자의 목소리를 통한 나눔 활동을 지켜본 중인이기도 합니다. 뉴스 앵커였던 저자가 많은 사람에게 삶의 앵커가 될 것이라고 확신합니다.

◦ 김영일(한국시각장애인연합회 회장)

차례

여는 말 가치 있는 인생을 살고 싶은 분들에게   005

추천사   012

PART ❶ 말 지도, 가지고 있나요?

준비
Ready

1. 말 못하는 나, 이번 생은 망했을까?   020
2. 말에도 지도가 필요해요   028
3. 말 지도는 내 삶의 로드맵   034
4. 말 지도가 이끄는 기적   042
5. 나만의 말 지도를 그리는 5가지 방법   055

   ① 첫 번째, 목적지 정하기 (말 목표 설정)

   ② 두 번째, 목적지 도달한 나 상상하기 (목표 이미지화)

   ③ 세 번째, 장애물 파악하기 (말 습관 분석)

   ④ 네 번째, 경유지 찾기 (말 공부 전략)

   ⑤ 다섯 번째, 출발하기 (말 공부 실천)

PART ❷ 말하기 필수 근육 두 가지, 길러볼까요?

차렷
Get Set

1. 말을 잘한다는 의미	082
2. 말 근육, 생각 근육은 왜 중요할까?	091
3. 나의 말은 어떤 근육이 부족할까?	101
4. 말 근육 단련법 10가지	108

① 말의 체력은 호흡

② 호흡량 업↑ 긴장 다운↓

③ 크고 시원한 '포물선 발성'

④ 배 힘을 강화하는 '스타카토 발성'

⑤ 또렷한 발음의 시작 '조음기관 스트레칭'

⑥ 생활 속 조음기관 길들이기 훈련

⑦ 어려운 발음 물리치는 '모음 연습법'

⑧ 꼭 기억해야 할 표준발음법

⑨ 매일 10분 낭독 훈련

⑩ 좋은 소리 분별 훈련

5. 생각 근육 단련법 10가지   **147**

① 오감 열기의 시작, 기록

② 독서를 활용한 말 재료 수집 (+ 스토리텔러의 독서법)

③ 생활 속 말 재료 수집

④ 기억에 새기는 말의 기본 틀

⑤ 다양한 말틀 응용 사례

⑥ 긍정의 말 훈련

⑦ 공감의 말 훈련

⑧ 질문의 말 훈련

⑨ 피드백 대신 피드포워드

⑩ 말의 성장 동력은 복기

PART ❸ 말 공부, 나눔으로 이어볼까요?

출발
Go

1. 배움의 완성은 나눔	196
2. 목소리로 세상을 밝힐 수 있어요	204
3. 떨림을 울림으로 만드는 여성들	215
4. 함께 배움, 함께 나눔의 힘	224
5. 나눔 번아웃을 막는 세 가지 힘	235
6. 도전! 목소리 나눔의 현장	246

① 화면해설 방송

② 소리책·기타 장르 낭독

③ 현장해설

④ 강의·강연

닫는 말 인생 말 공부, 여러분의 선택은? 294

참고문헌 298

생각, 말, 행동.
모든 것이 당신의 서명이다.

Your thoughts, speech, and actions bear your signature.

틱낫한

PART ❶ READY

말 지도,

가지고 있나요?

PART ❶ R E A D Y

--- 1 ---

말 못하는 나,
이번 생은 망했을까?

불가능보다 가능성에 집중하는 삶이 더 행복한 삶이 아닐까요.
그리고 배움의 장애물인 자만에 사로잡히기보다
낡은 말을 버릴 줄 아는 용기를 가져야 합니다.

여러분은 아래 내용 중 몇 가지에 동의하나요?

- 나는 귀하게 대접받고 존중받기를 원한다. (O, X)
- 나는 명령보다는 요청을 원한다. (O, X)
- 나는 부탁이나 명령을 받을 때 그 이유도 함께 듣기를 원한다. (O, X)
- 나는 강제보다는 선택을 원한다. (O, X)
- 나는 실수를 저질렀을 때 만회할 기회가 주어지길 원한다. (O, X)

아마도 다섯 가지 모두 동그라미를 선택하셨을 겁니다. 누구나 존중받길 원하고, 명령보다는 요청을 이유와 함께 듣고 싶어 하고, 어린아이라도 선택의 자유와 실수를 만회할 기회를 얻길 바라지요. 그래서일까요. 유연한 대화술을 창안한 미국의 경찰교육 훈련가 조지 톰슨 교수는 위의 내용을 '의사소통의 5가지 보편 진리'라고 말했답니다. 그렇다면 다시 한번 질문해볼게요.

여러분은 상대에게 이 다섯 가지를 깊이 생각해 말을 건네고 있나요?

"누구나 말을 잘하기를 원한다."

이 또한 보편 진리 가운데 하나가 아닐까 싶어요. 각자마다 여러 이유가 있을 겁니다.

먼저, 대인 관계를 원활히 하고 싶어서지요. 장애인이든 비장애인이든 '소통'의 어려움을 호소하는 사람이 생각보다 많습니다. 자기 생각과 감정을 명확히 전달해 오해와 갈등을 줄이고 싶다고요. 또 설득을 잘하고 싶은 마음도 간절하지요. 여기에 더해 어떤 문제가 발생했을 때, 더 나은 해결책을 제시할 줄 아는 어른다운 말을 하고 싶은 사람도 있습니다. 다른 욕심은 차치하더라도 최소한 무시당하며 살고 싶지 않은 마음도 있을 겁니다.

두 번째 말 잘하고 싶은 이유는 누구나 사회적 기회를 잡고, 인정을 받고 싶기 때문입니다. 한번은 말 공부를 하러 찾아온 20대 사회초년생이 이런 말을 하더라고요. "코로나 이후 사무실에서 점점 더 말이 사라지고 있어요. 전달할 사항이 있으면 메일이나 사내 대화창을 이용하고, 심지어 바로 뒤에 앉아 있는 사람에게 말 대신 문자를 보냅니다. 그러다 보니 구성원들이 갑자기 말할 상황이 생기면 어색하고 당황하더라고요. 앞으로는 말 잘하는 사람이 더 경쟁력 있겠다 싶어 말 공부에 나섰지요."

전화 공포증을 뜻하는 '콜 포비아Call Phobia'라는 말이 심심치 않게 들리는 요즘입니다. 사람들이 점점 음성 통화를 극도로 두려워한다는 거예요. 여기에 한 가지 더 '카페인 중독자'라고 들어보셨나요? 카카오톡, 페이스북, 인스타그램에 푹 빠져 사는 사람들이 늘면서 나온 신조어랍니다. 이제는 유튜브까지 가세했으니 아예 여러분 안에 카페를 들여놓은, 카페인유cafe in you 상황이 되지 않았나 싶습니다. 《다정하지만 만만

하지 않습니다》에서 정문정 작가는 이러한 현상을 그동안 지나치게 의존하던 '의사 표현의 외주화'가 빚어낸 결과라고 분석했어요. 모두 말보다 문자를 선호하는 시대에 말을 잘한다면, 보다 다양한 역할이나 업무를 맡게 되고, 리더십을 발휘할 기회가 많아지니 사회에서 인정과 존중을 받을 가능성은 훨씬 커질 겁니다.

세 번째 말 잘하고 싶은 이유는 자신감을 얻고 싶어서입니다. 제가 가르치는 학생들에게 말은 잘하고 싶은데 못하는 이유를 들어보니 '떨려서'라는 응답이 가장 많았습니다. 저는 매 학기 학생들과 일대일 상담을 하고 있는데요. 여러 명 앞에서 말하는 것을 꺼리는 20대 청년들을 배려해 개별적으로 고민을 듣고 있습니다. 따뜻한 차 한잔 마시며 대화하다 보면 학생들은 진로와 취업, 말 습관 등 평소 꾹꾹 눌러왔던 생각을 쏟아냅니다. '이렇게 말을 잘하는 학생이었던가?' 하고 깜짝 놀랄 때가 많습니다. 요즘 학생들이 수업 시간에 좀체 입을 열지 않는 이유를 들어봤어요. 말하기 싫거나 귀찮아서 또는 별생각이 없어서가 아닐까 싶었는데, 예상 밖의 답변이 돌아왔습니다. 떨려서랍니다. 코로나 이후로는 더욱더 사람 많은 곳에서 말하기 힘들어졌다고 토로하는 학생도 있었습니다. 긴장되는 상황에서 당황하지 않고 조리 있게 말하는 사람을 보면 그렇게 부럽대요. 말 좀 잘해서 자신 있게 살아봤으면 좋겠답니다. 상황에 끌려가는 사람이 아니라 상황을 이끌어가는 사람이 되고 싶다는 욕구는 누구에게나 있었습니다.

'말은 곧 인생'이라는 강원국 작가의 말처럼 일상은 말로 이뤄져 있고, 말이 모여 삶이 됩니다. 사는 내내 말은 선택이 아닌 필수 과목과 같아요. 인간과 떼려야 뗄 수 없는 말. 말이 필요한 상황을 피할 수 없다면, 우리가 먼저 바뀌어야 하지 않을까요?

이제는 말 못하는 이유를 애써 외면하지 말고 한번 생각해봅시다. 크게 세 가지 마음가짐이 우리 말을 가로막는 게 아닐까 싶어요. 여러분은 어떤 이유에 해당하는지 곰곰이 생각해보세요.

첫 번째, 포기와 원망하는 마음입니다. '나도 선천적으로 타고났으면 저만큼 했을 거야. 우리 집은 말을 배울 환경 자체가 애당초 틀려먹었어. 지금까지 경험으로 비춰봤을 때 절대로, 언제나 못하게 돼 있어.' 주어진 환경을 탓하며 자신이 만들어놓은 한계에 갇혀 있지는 않나요? '언제나, 절대로'라는 말은 어디까지나 추측일 뿐 가능성이 제로라는 뜻은 아니지요. 포기하거나 원망하는 마음에서 그치면 말할 기회를 싹둑 잘라버리는 결과를 낳습니다.

두 번째, 부러움입니다. '아이고 부럽다, 나도 저렇게 말 잘하고 싶은데' 하며 생각만 할 뿐 실천하지 않는 사람들이 많습니다. 책과 동영상, 전문가 교육 등을 통해 실행에 옮긴 사람 중에도 부러움으로만 끝나는 경우가 적지 않습니다. 왜냐하면 교육 수단에만 의존한 채 자기 노력은 기울이지 않기 때문입니다. 아무런 비판 없이 배운 내용을 무의식적으로 받아들이기만 하면 마음의 안도감은 잠시 줄지 몰라도 실력은 또 제자리거든요.

　세 번째, 자만하는 마음입니다. '난 말 공부 필요 없어.' 이렇게 말하는 분을 가만히 살펴보면 말로 인한 문제가 상당한데도 그 심각성을 자신만 모르는 경우가 많더라고요. 어느 날, 영어 학원에서 머리 희끗희끗한 70대 택시 기사님을 만났습니다. 외국인 손님에게 좀 더 자세히 한국을 알려주고 싶어 영어를 배우신다는 거예요. 제게 큰 가르침을 준 건, 할아버지의 배우는 자세였습니다. 틀려도 창피해하지 않고 끊임없이 말하기를 시도하고, 선생님의 입 모양, 발음을 뚫어지게 살피다 곧장 따라 해보는 겁니다. 젊은 날 화려한 이력과 경험에 갇혀 다 안다고 으스대기보다 매 순간 겸손하게 배우는 태도가 보는 내내 감동이었지요. 결국, 할아버지는 2, 30대 가득한 영어 학원에서 최우수 학생으로 졸업하셨답니다. 교만과 자만을 버리지 못해 자신의 말 습관을 살필 기회를 저버리는 사람들을 볼 때면 그 할아버지의 배우는 자세가 떠오릅니다.

　말을 못하는 건 말 자체보다 말을 대하는 우리 마음가짐의 문제라는 사실을 알 수 있습니다. 말은 아무 잘못 없어요. 말의 주인인 우리가 문제인 거지요. 믿고 싶은 대로 생각하는 게 인간이라면 한계가 정말 존재하는지 의문을 품고 1퍼센트 가능성에 희망을 갖는 게 더 현명하지 않을까요. "그게 가능하겠어?" 대신 "왜 그렇게 될 수 없다는 거지?" 하며 질문을 바꿔보는 겁니다. 불가능보다 가능성에 집중하는 삶이 더 행복한 삶이 아닐까요? 그리고 배움의 장애물인 자만에 사로잡히기보다 낡은 말을 버릴 줄 아는 용기를 가져야 합니다. 고집과 거부감을 내려놓고 살리는 말로 나아가야 해요. 마음이 바뀌어야 비로소 사고와 언어의 패러다임도 달라질 수 있으니까요.

유명한 실험 하나를 근거로 들고 싶어요. '시계 거꾸로 돌리기'라는 실험인데요. 미국 하버드대학교 교수이자 심리학 분야 거장인 엘렌 랭어Ellen Langer는 1979년에 70대 후반에서 80대 초반 어르신을 모집했습니다. 광고 전단에는 이렇게 써 붙였지요. "1주일. 조용한 시골집에서 함께 지내며 과거 이야기도 나누고 옛 추억에 관해 연구합니다." 실험 참가자 8명이 미국 동부에 있는 옛 수도원에 모였습니다. 다들 거동이 어려워 가족과 지인의 부축을 받고 힘겹게 찾아왔지요. 자유롭게 생활하되 몇 가지 조건이 따랐습니다. 첫째, 식사 시간, 스포츠나 영화 감상 시간, 정치 토론 시간에는 절대 빠지지 말 것. 둘째, 오늘을 1959년으로 생각하고 현재 시제로 말할 것. 이렇게 20년 전 상황으로 돌아가 미국 프로축구 챔피언 결정전을 함께 보며 이야기 나누고, 정치 상황을 치열하게 토론한 어르신들에게 어떤 변화가 생겼을까요? 실험 기간인 일주일이 채 끝나기도 전에 행동과 태도 모두 눈에 띄게 변했답니다. 이틀 만에 스스로 음식을 나르고, 청소도 적극적으로 나섰고요. 일주일 후 검사 결과, 자세와 걸음걸이가 개선된 건 물론이고 청력, 기억력, 악력도 좋아졌으며, 지능검사에서도 월등히 높은 향상을 보였다고 합니다. 단 일주일, 20년 전으로 돌아가 말하고 생각했을 뿐인데 수많은 측정 결과가 '더 젊어졌음'을 입증했다는 거지요. 육체를 지배하는 마음의 힘, 놀랍지 않나요. 엘렌 랭어 박사는 우리에게 말합니다. "우리의 발목을 잡는 것은 신체가 아니라 신체적인 한계를 믿는 사고방식이다."

말의 주인은 바로 나입니다. 그러니 쉽게 포기하거나 내버려두지 말고 아끼는 작품 다루듯 관심과 애정을 기울이면 어떨까요? 주인 마음대로 쓸 수는 있지만 함부로는 다루지 않았으면 합니다. 우리는 말의 주인이자 관리 책임자이기도 하니까요. 습관적으로 튀어나오는 말을 제어하지 못해 "이번 생은 틀렸어" 하고 틀 안에 가두지 않았으면 합니다. "내 말을 다듬어보겠다. 바꿀 수 있다"라는 믿음과 확신을 가지고 오늘부터 말을 향한 관심 스위치를 켜보자고요. 우리의 말도 달라질 수 있습니다.

PART ❶　　　　　　　　　R E A D Y

──────── 2 ────────

말에도
지도가 필요해요

나의 말을 바꾸고 싶다면,
먼저 다른 방법을 기꺼이 시도해볼 용기를 가져야 해요.
이전과 달라지고 싶다는 간절함과 달라지겠다는 확고한 의지,
곧바로 행동으로 옮기는 실천이 필요합니다.

막상 말을 다듬어보기로 결심하고 나니, 무엇을 어떻게 해야 할지 막막하지요. 아마 길을 잃은 듯한 느낌일 겁니다. 이럴 때 우리가 나아갈 길을 한눈에 볼 수 있는 지도가 있다면 어떨까요.

잠시 제 개인적인 이야기를 좀 해볼게요. 어릴 적 저희 삼 남매를 안전하게 키우려고 어머니가 운전을 시작했습니다. 1990년대 초까지만 해도 여성이 운전대를 잡고 있으면 남성 운전자들이 꼭 창문을 열고 소리치곤 했대요. "아줌마가 집에서 애나 보지 말이야! 어디 차를 끌고 나와서!" 아무런 문제를 일으키지도 않았는데 굳이 창문 손잡이를 열심히 돌려 연 다음, 한 번씩 훈수를 두곤 했답니다. 그러다 길이라도 잘못 들어서 엉거주춤하면 사방에서 경적을 울려대는 거예요. 자존심이 상한 어머니는 그 이후로 출발하기 전 더 철저히 준비했습니다. 가슴을 열고 뒤로 손을 뻗어 조수석 바로 뒤 그물망 속에 있는 지도를 꺼내셨어요. 서울 도로지도와 전국 도로지도였지요. A3 크기에 큼지막한 지도책을 펼치고 목적지를 찾은 다음, 도로번호와 방향을 머릿속에 꾹꾹 담으셨습니다. 가다가 기억이 잘 안 나면 어린아이였던 제게 그다음 어디서 몇 번 도로로 들어서야 하는지 다급히 묻곤 하셨어요. 덕분에 어머니도, 저도 공간 지각 능력자가 된 듯합니다.

지도는 갈 길이 막막하고, 심리적 압박에 불안했던 어머니에게 든든한 이정표가 되어줬어요. 어머니에게만 그랬을까요. 운전자는 지도가 없으면 새로운 길을 쉽게 가지 못할 겁니다. 기술이 발달해 지도책에서 내비게이션이라는 형태로 바뀌었어도 지도의 역할과 유용함은 여전하지요. 이제는 실시간 정체 구간에, 소요 시간까지 알려주니 아는 길도 습관적으로 목적지를 찍고 출발하는 사람이 적지 않습니다. 새로운 곳으로 여행을 가도 지도가 없으면 숙소, 관광지, 맛집 어느 곳 하나 쉽고 빠르게 찾을 수 없습니다. 그뿐인가요. 지도는 가야 할 곳과 가지 말아야 할 곳을 분명히 보여줍니다. 어느 방향으로 가야 할지, 어떤 길을 선택해야 에너지 낭비를 조금이라도 덜할 수 있는지 분별하게 하지요. 다시 말해 지도는 내가 지금 어디에 있는지, 어떻게 가야 하는지, 제대로 가고 있는지 자신을 돌아보게 하고, 문제를 인식해 방법을 찾아보고, 방향을 떠올리도록 도와줍니다.

길을 잃지 않는 삶을 위해서도 지도가 필요합니다. 여러분은 말의 길 위에서 헤매고 있지는 않나요. 목적지라고 할 수 있는 말의 목표 없이, 말 잘하고 싶다는 일념만으로 맹목적인 노력을 기울이고 있지는 않나요. 그저 불안하니까, 가만히 있으면 도태되는 것 같아 열심히 배우고, 따라 해봐도 말 실력은 그대로인 것 같은 느낌이 들지는 않나요. 목표 따위는 필요 없다며 입에서 나오는 대로 말을 툭툭 뱉었다가 뒤늦게 후회하지는 않나요.

인생 부스터를 장착하고 싶다면 말 지도를 챙겨야 합니다. 말 잘하는 다른 사람의 말 지도 말고, 나만의 말 지도가 필요해요. 내가 어떻게 말을 잘하고 싶은지, 궁극적인 목표가 무엇인지, 그럼 어떻게 해야 할지 나의 상황과 말 습관에 딱 맞는 말 지도 말이에요. 문학가 헤르만 헤세도 다른 사람의 길을 걷고, 다른 사람의 삶을 사는 것을 경계하라며 이런 말을 남겼습니다.

"다른 사람의 길을 걷는 것은 가시밭을 걷는 것과 같아 멀리까지 갈 수 없다. 다른 사람의 삶을 사는 것은 연극의 한순간과 같아 무대 아래의 허무함에 짓눌리게 된다."

주변에서 이런 광경을 종종 목격합니다. 평상시에는 자연스럽게 말하다가 대중 앞에만 서면 목소리를 변조하는 분이 있어요. 각 잡고, 있어 보이게 하는 말투랄까요. 가만히 듣다 보면 말투가 누군가와 똑 닮았습니다. 우리가 자주 접했던 유명 인사나 성직자 등의 말투지요. 여지없이 어색하고 듣기 부담스럽습니다. '힘 좀 빼면 좋겠는데', '원래 말투도 괜찮은 것 같은데'와 같은 여러 생각이 들면서 정작 내용은 잘 들리지 않는 겁니다.

사람마다 말의 목표는 다를 수밖에 없습니다. 경험과 생각, 환경, 생김새, 사회적 위치 등 모든 조건이 같지 않으니까요. 부모의 말투, 선생님의 말투, 심지어 유튜버의 말투를 그저 따라 하며 살고 있다면, 이제는 나만의 말로 삶을 열어가야 합니다. 이때 말 지도는 말에 대한 불평,

불만, 불신의 3종 고리를 끊을 수 있게 도와줍니다. 또 과거에 대한 후회와 미래에 대한 불안을 끊고, 실천하고 있는 지금, 현재에 집중하게 해주고요.

굳이 귀찮게 말 지도까지 만들어야 하나 싶으신가요. 거창한 계획서가 아닙니다. 머릿속에서만 떠도는 말 잘하고 싶다는 막연한 생각을 객관적으로 바라볼 수 있게 기록으로 정리해보는 거예요. 어렵게만 느껴지던 말의 길이 막상 눈으로 확인하면, '한번 가볼 수 있겠는데'라는 새로운 도전으로 바뀔 수 있습니다. 행복은 과정 중에서 얻고, 희망에서 나오는 것이라고 하잖아요. 말 지도는 막연한 희망이 아니라 구체화한 희망, 현실이 될 수 있는 희망을 보여줍니다.

나의 말을 바꾸고 싶다면, 먼저 다른 방법을 기꺼이 시도해볼 용기를 가져야 해요. 이전과 달라지고 싶다는 간절함과 달라지겠다는 확고한 의지, 곧바로 행동으로 옮기는 실천이 필요합니다. 상상만으로 말을 잘할 수는 없습니다. 상상은 단지 소원에 그칠 뿐이지요. 급한 불 끄기식의 임시방편 대신 근본적인 말 처방이 우리에게 필요합니다. 길은 바라보는 쪽으로 열리잖아요. 말의 길이 바른길로 나아가고 있는지, 그 방향을 한 번쯤 바로잡았으면 합니다.

편도 인생인 우리에게 내일이란 시간은 똑같이 초행길입니다. 변화가 빠르고 앞날이 불확실한 시대에 지금 우리에게 필요한 건 안개 속을 헤쳐나갈 수 있는 지도입니다.

한때 우리나라를 뜨겁게 달군 베스트셀러《미라클 모닝》에 이런 문구가 나옵니다. "지금 내가 있는 곳은 과거에 내가 있었던 곳의 결과지만, 앞으로 가게 되는 곳은 '바로 지금부터 어떤 사람이 될 것인가'라는 선택에 전적으로 달려 있다."

더 이상 '난 못해, 난 못할 거야, 난 못할 줄 알았다니까' 하지 말고 이루고 싶은 말 목표를 향해 출발해보자고요. 시도하기도 전에 못한다고 가슴에 대못을 박지 말고요. 여러분의 말 지도가 든든하게 손잡아줄 겁니다.

PART ❶ R E A D Y

— 3 —

말 지도는
내 삶의 로드맵

말을 잘하지 못한다고 해서 인생 실패까지는 아니지만,

생각하며 말하면

인생이 다르게 펼쳐질 수 있습니다.

여러분의 휴대전화 첫 화면에는 어떤 이미지가 담겨 있나요? 제 스마트폰에는 환하게 웃으면서 한 손으로 파이팅을 외치는 제 모습이 화면을 켬과 동시에 등장합니다. 자기애가 충만하다고요? 긍정적인 성격의 소유자여도 저를 드러내는 데는 미숙했던지라 처음에는 아주 민망했어요. 그래도 잘 나온 사진을 자랑삼아 올린 게 아니라 목적이 있는 사진이기에 이제는 익숙합니다. 사진 밑에는 이런 문구가 적혀 있어요. "영감과 감동을 주는 스토리텔러" 바로 저의 '말 목표'입니다.

아침에 알람을 끌 때도 보고, 수시로 문자나 시간을 확인할 때도 보고, 심지어 SNS를 켜기 전에도 보고, 자기 전 다시 알람을 맞출 때도 보지요. 첫 화면에 자동으로 뜨니 볼 수밖에 없습니다. 하루에 이 문구를 적어도 50번은 넘게 볼 거예요. 그러다 보면 '맞아! 내 말 목표가 이거지, 오늘 강연도 이 목표처럼 한번 해보자'라며 다짐하고, '오늘 대화는 말 목표에서 빗나가지 않았던가' 하고 자신을 돌아보기도 합니다. 긴장하는 상황에서도 말 목표 딱 한 가지만 생각하면 한번 해보자는 동기부여도 되고, 더불어 말실수를 반성하고 살필 수 있어 참 유용하더라고요. 스마트폰 첫 화면 덕분에 긍정적인 말과 생각을 자주 떠올리게 됩니다.

말 목표가 담긴 이미지는 제 말 지도의 휴대용 버전이라고 볼 수 있어요. 설명하는 글자가 너무 많으면 아무리 좋은 글이라도 보기도 전에 머리가 아프고, 자주 들여다보지 않게 되잖아요. 하지만 이 스마트폰 첫 화면은 언제 어디서든 쉽게 볼 수 있어, 볼 때마다 자연스럽게 말 지도의 전체 내용을 떠올리게 하는 요약판 역할을 해준답니다.

그렇다면 말 지도가 뭘까요? 말의 목표와 방향, 말 습관, 말 공부 전략 등을 담고 있는 로드맵을 말합니다. 머릿속에서만 대충 떠올리는 계획 말고, 수시로 확인할 수 있는 시각화된 안내도를 의미합니다. 한 번쯤 깊이 있게 나의 말을 생각해보고, 두 번째 뇌라고 할 수 있는 우리 손을 이용해 직접 기록하며 정리한 나만의 종이지도인 셈이지요.

만드는 사람의 취향, 성격, 창의성 등에 따라 말 지도의 형태는 다를 수 있어요. 하지만 본질은 똑같습니다. 내가 지금 어디에 있는지, 어떻게 가야 하는지, 제대로 가고 있는지를 한눈에 보여주는 청사진이라는 점이지요. 말이 인생이라면, 말을 돌아본다는 것은 자신의 인생을 성찰한다는 뜻이기도 합니다. 결국 말 지도는 인생 로드맵으로, 내 삶의 든든한 길잡이라고 할 수 있습니다.

말을 잘하고 싶다는 두루뭉술한 목표를 향해 과녁에 맞을 때까지 다트를 허공에 날리고 있지는 않았나요. 말의 변화를 위해서는 결과만 나와 있는 다트판이 아니라 뚜렷한 방향과 과정을 보여주는 지도가 필요합니다. 우리 말의 빈틈을 줄일 수 있는 구체적인 계획이 더 요긴하지요.
자기계발 분야의 전설적인 인물인 폴 마이어의 말에 잠시 귀 기울여보세요.

"명확한 계획이 명확한 결과를 낳는다. 불명확한 계획은 불명확한 결과를 낳는 것이 아니라, 아무런 결과도 낳지 못한다."

말 지도에 대해 가질 수 있는 오해를 먼저 살펴볼게요.

첫 번째, 말 지도는 완벽한 계획을 뜻하지 않아요. 언제나 수정과 보완이 가능합니다. 때로는 우리 삶이 계획대로 딱딱 맞아떨어지지 않잖아요. 오히려 계획대로 되지 않는 경우가 더 많을지도 모릅니다. 그렇다고 계획 없이 말하는 건 과거를 답습하는 결과만 낳을 뿐이에요. 말 지도를 보고 실천하다 보면 더 좋은 방법을 찾을 수도 있고, 상황이 달라져 말 공부 전략이나 실행 계획 등을 고칠 수도 있습니다. 심지어 말을 계속 돌아보면서 자신이 진짜 원하는 게 무엇인지, 어떻게 살고 싶은지, 어떤 방향으로 나아갈지가 더 또렷해져 최종 말 목표 자체가 바뀔 수도 있고요. 말 지도는 언제든 업데이트할 수 있습니다.

두 번째, 말 지도는 가능성에 한계를 짓는 틀이 아니에요. 얼마만큼 빨리 목표를 달성했는지 측정하는 표도 아니고요. 인생은 속도가 아니라 방향이 중요하다고 하잖아요. 말 지도는 올바른 방향으로 말을 익히고 가다듬고 있는지 점검할 수 있는 역할을 합니다.

세 번째, 말 지도는 거창하게 만들어야 하는 화려한 결과물이 아니에요. 누구에게 보여주려고 만드는 게 아니니까요. 새해에 우리가 다이어리를 대할 때 스티커를 붙이고, 글씨에 힘을 주고, 여기저기 공들이다가 정작 실천은 뒷전으로 밀리듯이, 예쁘게 꾸미는 건 중요한 문제가 아닙니다. 말에 대한 자기 생각을 간단명료하게 정리해도 괜찮습니다. 정리된 내용을 잘 보이는 곳에 두어 수시로 확인할 수 있으면 됩니다. 책상 앞에 붙여놓거나 컴퓨터 바탕화면에 띄워놓아도 좋아요. 스마트폰 화면에는 말 목표를 새긴 이미지만 보이게 하고, 메모 앱에 자세한 말 지도 내용을 담아놓아도 좋습니다. 정리된 생각은 우리의 태도와 행동을 끊임없이 채찍질해줄 겁니다.

그렇다면 이제부터 말 지도에 어떤 내용을 담아야 하는지 살펴볼까요. 구체적인 말 지도 작성법은 1장 '5. 나만의 말 지도를 그리는 5가지 방법'에서 소개하기로 하고요. 우선 말 지도를 구성하는 요소를 알아보겠습니다.

가장 중요한 것은 목적지, 즉 말 목표입니다. 내비게이션 성능이 아무리 좋아졌다고 해도 정확한 목적지를 찍지 않으면 무용지물이겠지요. 말을 따뜻하게 하고 싶다, 절대로 지지 않는 말을 하고 싶다, 식의 추상적인 목표는 건물명이나 도로명, 지번 없이 그저 '서울'이라고 적은 것과 똑같습니다. 좀 더 구체적인 언어로 표현한 말 목표를 담고 있어야 합니다.

이때 말 목표는 지극히 개인적인 목표를 뜻합니다. 집안을 일으키고, 나라를 지키고, 인류를 구하는 차원의 집단 목표가 아니에요. 스펙 쌓기나 물질적 성공을 위해 만드는 것도 아니랍니다. 그저 나의 말을 가다듬고, 삶에 용기와 희망을 불어넣어주는 지극히 일상적인 목표를 말합니다. 서울대학교 심리학과 최인철 교수가 이런 말을 했어요. "행복을 결정하는 건 목표의 크기가 아니라 목표의 개인적 의미다." 대의명분이 가득해도 나에게 의미가 있어야 중요한 목표라는 겁니다.

말 지도는 수많은 목표와 이 목표들을 하나로 아우르는 최종 말 목표를 담고 있습니다. 우선 개선이 시급한 말 분야를 떠올려 1차 말 목표를 정하는데요. 말 때문에 힘들고, 난처했던 경험을 기억 속에서 끄집어내 되짚어볼수록 목표는 더 구체적이고, 절실한 형태로 나타납니다. 그렇게 상황마다 하나씩 만든 세부 말 목표는 내용은 전부 다르지만, 관통하는 방향은 똑같습니다. 그게 바로 최종 말 목표지요. "목표는 우리 눈을 뜨게 하고, 목적은 가슴을 뜨겁게 한다"라는 말이 있습니다. 말 목표만 잘 세워도 말 지도는 절반 이상 성공한 셈입니다.

다음 구성요소는 장애물과 그 장애물을 걷어낼 수 있는 경유지입니다. 말 지도에서 장애물은 우리가 가진 말 습관, 경유지는 말 습관을 바로잡는 말 공부 전략을 뜻합니다. 목적지를 정하자마자 곧장 출발하면 좋겠지만, 먼저 자동차 상태를 점검하는 게 중요합니다. 목적지를 향한 수많은 선택지 가운데 자동차 성능에 맞는 길을 택해야 하고, 자동차 자체에 문제는 없는지 살펴봐야 하지요. 자동차 상태, 즉 나의 말 습관을 돌아볼 때는 다각도로 심도 있게 분석해보는 시간이 필요합니다. 자기 평가, 타인 평가, 전문가 평가를 두루두루 접할수록 더 좋습니다.

말 목표로 향하는 데 걸림돌인 말 습관을 자세히 알면, 해결 방향과 방법이 수면 위로 자연스레 떠오릅니다. 기름 보충이 필요하면 주유를, 대대적인 개선이 필요하면 수리할 수 있는 배움의 경유지, 즉 말 공부 전략을 지도에 담는 겁니다. 경주용 자동차가 트랙을 돌 때 몇 번씩 거치는 피트 스탑pit stop 같은 방식이면 더 좋겠지요. 점검과 주유, 수리 등을 한 번에 할 수 있으니까요.

마지막으로 말 지도에는 구체적인 실천 방안을 담아야 합니다. 말 공부의 기한과 연습 횟수 등의 실행 계획을 말합니다. 계획을 세우기는 쉬워도 실천은 누구나 어렵지요. 먼저 주저 없이 한 발자국을 내딛는 게 가장 중요합니다. 그리고 목표에 일관되게 집중할 수 있는 동력도 필요하고요. 이때 명료한 실천 계획은 흔들림 없이 달려나갈 수 있는 추진체가 되어줍니다.

말 지도는 말에 대한 궁색한 변명을 물리치고, 본격적으로 생각하며 말하기를 실천하기 위한 필수 준비물입니다. 말을 잘하지 못한다고 해서 인생 실패까지는 아니지만, 생각하며 말하면 인생이 다르게 펼쳐질 수 있습니다.

　살면서 무슨 일이 생길지도 모르는데 미리 계획할 필요가 없다고 생각하는 MBTI P(인식형) 유형이라서 무계획이 속 편하다고요? 말 지도가 필요한 건 알겠는데 오늘 말고 언젠가 한 번 만들어봐야 싶으신가요? 이 책을 펼친 여러분이라면 나중으로 미루지 마세요. 말로 인한 사건이 벌어지고 나서 후회하는 상황을 또 반복하지 말자고요. 미루는 삶은 후회와 실수를 반복하는 삶입니다. 당장 말을 개선해야겠다면 그때의 '절박함'을 잊지 말아야 해요. 말 지도를 만드는 그 언젠가를 바로 오늘로 당겨보세요. 어제의 나에서 벗어나는 지름길이 될 겁니다.

예시 　말 지도 작성 예시

PART ❶   R E A D Y

―――――― 4 ――――――

말 지도가 이끄는 기적

어쩌면 우리는 재능의 부족보다 결심의 부족으로
말의 상황에서 실패하는 게 아닐까 싶어요.

"강한 것보다 강한 것은 다른 것" 카피라이터 정철 작가의 책《영감달력》을 읽다 무릎을 탁! 쳤어요. '그래, 그렇지. 개성의 시작은 남다름, 개성의 완성은 나다움이라고 하지 않았던가!' 수십 년 동안 습관으로 굳은 말이 어떻게 하루아침에 바뀌겠어요. 의식적으로 노력을 기울이지 않으면 끄떡도 하지 않습니다. 변화를 이끄는 가장 강력한 힘은 그동안 해보지 않은 시도가 아닐까요. 나만의 말 지도로 목표가 있는 말하기, 생각하며 말하기를 실천하는 것은 내적 동기의 치트키가 될 겁니다. 여기, 한국과 미국에서 말로 일류가 된 두 사람과 앞으로 일류가 될 20대 청년들의 기적을 소개합니다.

'프레젠테이션의 대가' 하면 누가 떠오르나요? 바로 혁신의 아이콘, 스티브 잡스입니다. 병마와 싸우다 숨을 거둔 지 10년이 훌쩍 지났는데도 그 명성을 넘어서는 사람은 아직 없습니다. 다른 발표자들도 스티브 잡스를 따라 슬라이드를 준비하고, 무대 위를 거닐며 열심히 손을 움직여보는데 영 어색합니다. 애플 팬들 사이에는 '스티브 노트'라는 게 있다고 해요. 신제품을 발표하는 맥 월드 기조연설문과 함께 스티브 잡스의 발표 특징, 말하는 방법 등이 담긴 요약집이랍니다. 제품 설명서가 아니라 제품을 전달한 방식을 담은 족보라니. 기술과 함께 말의 세계에도 혁신을 일으켰구나 싶더라고요. 스티브 잡스가 누구도 부인할 수 없는 '발표의 일인자'로 평가받게 된 건 역시 남다름 때문이었습니다. 잠재 고객에서 구매 고객을 뛰어넘어 충성 고객으로 바꾸는 강력한 말의 힘을 누구보다 잘 알았던 거지요.

　스티브 잡스는 어떤 말 목표를 가지고 있었을까요? 언론 인터뷰나 서적 등을 들여다보면 힌트를 얻을 수 있습니다. 인생 목표는 세상을 바꾸는 것, 우주에 흔적을 남기는 것이었대요. 세상에나! 역시 보통 사람이 아니지요. 현실 목표, 즉 당장 해결할 1차 목표도 늘 있었답니다. '아이팟, 아이폰을 제대로 만들어 출시하겠다'라는 식이었지요. 지구를 넘어 우주에 흔적을 남기기 위해 야심 차게 만든 제품을 그냥 허투루 소개할 수 있었을까요. 스티브 잡스는 언제나 "나는 컴퓨터가 아니라 경험을 팔겠다"라고 말했다고 해요. 경험 총지휘자이자 경험 디자이너를 자청한 겁니다. 그래서일까요. 프레젠테이션을 분석해보면, 발표를 시작할 때 "이제부터 제품을 소개하겠습니다" 대신 "자! 이제 출발해봅시다!"라고 말하는 것을 종종 발견합니다. 같이 푹 빠져 제품을 경험해보자는 의도였지요. 스티브 잡스의 말 목표 핵심은 상대 마음을 움직이는 게 아니라, '마음이 움직여지게 말하겠다'가 아니었을까 싶습니다. 고객 스스로 새로운 제품을 손꼽아 기다리고, 긴 줄을 서서라도 손에 넣고 싶게끔 만드는 말. 보상이나 지시, 명령으로 강요하는 게 아니라 제품 자체의 매력을 부각해 잠재 고객의 마음을 요동치게 하는 말이요.

　강력한 힘을 가진 말을 내뱉기 위해 스티브 잡스는 제품을 만들 때 그 이상으로 발표 준비에 온 힘을 다했습니다. 얼마나 오랜 시간 치열하게 연습했으면, 주변 사람들이 '거의 집착에 가까울 정도로 탁월함을 추구한 고집쟁이'라고 불렀을까요. 5분 동안 진행할 시연을 위해 수백 시간 정성을 기울였다고 합니다. 제품 담당자의 의견을 물어가며 대본을 직접 쓰거나 수정하고, 심지어 발표 자료를 만드는 일조차 디자인팀의 도움을 받아 직접 했답니다. 내용 준비 후에는 여러 번에 걸쳐 리허설을 하고요. 1999년 10월, 새로운 아이맥(iMAC)을 소개할 당시 유명한 일화가 있습니다. 제품을 비추는 조명까지 좀 더 밝게, 좀 더 빨리 켜달라고 세세하게 주문하니 무대 전문가 표정이 어두워졌대요. '참 피곤한 사람이네'라고 생각했겠지요. 이때 쐐기를 박은 스티브 잡스의 한마디. "제대로 될 때까지 해봅시다. 알았지요?"

스티브 잡스는 메시지를 효과적으로 전달하기 위해 커뮤니케이션 전략을 총동원했습니다. 관중 머릿속에 자연스럽게 로드맵을 새길 수 있도록 내용을 구조화했지요. 그리고 왜 그 제품에 주목해야 하는지 이유와 목적을 명확하게 제시했어요. 구체적인 수치와 생생한 이미지 등을 활용해 슬라이드를 최대한 단순하게 만들고, 때로는 발표 중에 객석과 아이폰으로 통화를 하며 눈앞에서 시연을 펼쳤어요. 누구든지 쉽게 이해하는 차원을 넘어서 공감을 일으키는 남다른 전략이었던 겁니다.

그런데 스티브 잡스가 더 대단한 점은 프레젠테이션 스타일이 끊임없이 발전했다는 겁니다. 1984년 매킨토시를 소개하려고 처음 무대에 오른 이후 25년에 걸쳐 신제품을 직접 공개했는데 발표도 점점 진화했습니다. 스티브 잡스의 무대를 떠올리면 생각나는 대표적인 장면은 바로, 무대를 편안히 오가며 시각적인 슬라이드를 넘기면서 말을 이어가는 자연스러운 발표 스타일이지요. 무대 위에서 연단을 과감히 없애는 시도를 한 사람도 바로 스티브 잡스였습니다. 이때가 1997년이었어요. 10년 뒤 2007년에는 처음부터 끝까지 한 편의 드라마처럼 물 흐르듯 스토리텔링을 했는데요. 내용 구성뿐만 아니라 몸짓, 손짓, 목소리 크기, 속도, 침묵까지 치밀한 전략으로 무장해 최고의 발표라는 찬사를 받게 됩니다. 애플 팬들은 발표의 대가로 거듭난 스티브 잡스의 말 성장 과정을 오랜 세월 지켜봤으니, 그의 말에 더 열광할 수밖에 없었겠지요. 오죽하면 건강 악화로 2009년 맥 월드에서 기조연설을 하지 않겠다고 발표했을 때 항의 소동까지 빚어졌을까요.

스티브 잡스는 2005년 스탠퍼드대학교 졸업식 연설에서 이 말을 세 번이나 반복합니다. "Stay hungry, Stay foolish.(항상 갈망하고, 우직하게 나아가라.)" 끊임없이 배움의 열정을 다하고, 실패를 두려워하지 말고 도전하라는 졸업생들을 향한 메시지이자, 자신이 평생 마음속에 품고 있던 메시지였겠지요. 무대 위에서 활기차게 팔을 휘두르며 반짝반짝한 눈빛으로 신제품을 소개하던 스티브 잡스가 다시금 떠오릅니다. 배꼽 밑으로는 좀처럼 손이 내려가지 않을 정도로 손짓 하나까지도 간절한 메시지였던 겁니다. 그 간절함이 개발자, 경영인에서 머물렀을 한 사람을 프레젠테이션의 대가로 만들었던 게 아닐까요.

이제 우리나라를 대표하는 말 일인자를 생각해봅시다. 데뷔 34년, 지상파 방송 3사의 대표 예능 메인 MC, 2024년 브랜드 고객 충성도 대상 '가장 영향력 있는 예능인 5년 연속 1위', 바로 국민 MC 유재석입니다. 20년 넘게 최고 MC 자리를 지키고 있으니 신을 빗댄 유느님, 갓재석이라는 수식어가 그냥 나온 게 아니겠지요. 모든 세대가 다 알아볼 정도의 인지도를 갖는다는 게 어디 쉬운 일인가요. 동국대학교에서 스피치 커뮤니케이션 수업을 할 때마다 유명인의 말을 심도 있게 분석해 보는 과제를 내줍니다. 벌써 5년째 이어오고 있는데요. 그동안 수강생 200여 명이 말 잘하는 사람으로 꼽은 유명인은 누구였을까요? 학생 10명 가운데 8명이 유재석을 언급합니다. 오은영 박사, 장도연, 박나래, 신동엽 등 다양한 이름도 등장했지만, '유재석=말 잘하는 사람'이라는 인식이 압도적이었습니다.

그런데 유재석이 처음부터 말 잘하는 사람이었을까요. 이미 알려진 대로 그는 10년 가까이 무명 생활을 거쳤습니다. 그 이유는 놀랍게도 방송을 잘하지 못해서였대요. 좀 더 자세히 말하면 카메라 울렁증 때문에 말을 제대로 이어가지 못했다는 겁니다. 동료들 증언에 따르면 바깥에서는 빵빵 웃음을 터뜨리는 사람이 왜 방송에서는 기를 펴지 못하는지 이해할 수 없었답니다.

김제동과 함께 진행을 맡았던 〈해피투게더〉라는 프로그램을 기억하시나요? 벌써 20년 전 프로그램이더라고요. '쟁반노래방'이라는 코너에서 유재석이 자신의 데뷔 시절 일화를 소개한 영상을 본 적이 있는데요. 연예가중계 리포터로 소식을 전하는데 문화관광부를 문화공보부라고 말하고, 긴 문장이 머릿속에서 꼬여 대본을 내려다보기 일쑤였습니다. "죄송합니다"라는 말을 방송에서 어찌나 많이 하던지요. "안녕하세요, 반갑습니다" 이 두 마디를 좀 더 잘 해내고 싶어 톤을 높였다 낮췄다 수십 번 연습했는데 결국 실전에서는 "안녕갑습니다"라고 말실수를 했답니다. 요즘 말로 정말 웃픈 상황이지요. 현실은 냉혹해서 그 이후 방송 기회를 좀처럼 잡지 못했다고 해요.

그런데 도대체 그에게 무슨 일이 벌어졌길래 그냥 MC도 아니고, 국민 MC가 될 수 있었을까요. 유재석은 방송에서 "자신은 목표가 없다, 무언가 얽매이는 게 싫어 목표를 싫어한다"라고 종종 말했어요. 그저 순간순간 최선을 다할 뿐이라고요. 이 말에 유재석은 목표가 없는 사람이라고 단정 지으면 안 됩니다. 여기서 말하는 목표는 이루고 싶은 꿈이나 돈, 명예 같은 것을 의미한다는 걸 유추해볼 수 있거든요. 목표가 없다는 말 뒤에 항상 이런 이야기를 덧붙였어요. "남은 인생의 바람은 그저 남에게 베풀 수 있는 마음이 남아 있기를 바란다는 거예요." 주어진 기회에 최선을 다하겠다는 행위의 목표는 늘 가지고 살았던 겁니다. 방송할 때 유재석의 말 목표는 이것이 아니었을까요. '시청자에게 한 주의 즐

거움을 드리기 위해 최선을 다해 말하자! 초심을 잃지 말고 겸손하게 말하자!'

이 목표를 이루기 위해 유재석 또한 치열하게 연습했습니다. 하루라도 말을 안 하면 혓바닥에 가시가 돋는다는 마음으로 쉴 새 없이 떠들었대요. 녹화해둔 예능 프로그램을 계속 멈춰가며 진행자의 멘트를 유추하거나 다른 각도에서 말해보기를 반복했답니다. 낯선 시민들과 자연스럽게 대화를 이어가는 동료 MC 김용만의 진행을 옆에서 지켜보면서 감탄만 하고 끝내지 않았대요. 비록 메인 MC 김용만 옆에서 리액션을 담당하는 보조 MC 격이지만, 그의 진행 솜씨와 노하우를 내 것으로 익혀 다가올 기회를 절대 놓치지 않겠다고 다짐했답니다.

언젠가 개그맨 박명수가 〈박명수의 라디오쇼〉에서 이렇게 폭로한 적이 있어요. "유재석 집에는 TV가 8대나 있는데 모든 걸 다 본다, 아마 CCTV도 보고 있을 거다." 이처럼 텔레비전을 보며 방송가 유행을 파악하고, 매일 종이신문을 서너 개씩 보며 사회 흐름을 놓치지 않는다는 건, 매니저의 입을 통해서도 알려진 바 있지요. '언제나 공부하는 개그맨'이라는 소문이 방송 제작자들 사이에 퍼지면서 출연 기회는 점점 늘어갔습니다.

유재석이 무명 시절을 극복한 비결 중에는 상황을 피하지 않는 자세도 있습니다. 〈유퀴즈 온 더 블록〉이라는 tvN 프로그램에서 데뷔 초 펑펑 울었던 일화를 소개한 적이 있는데요. 방송하러 가는 길에 희극인실에서 안 와도 된다는 연락을 받았대요. 당일 캐스팅 명단에서 빠진 겁니다. 작은 역할도 내게 허락되지 않는 건가 싶은 마음에 목 놓아 울었다고 해요. 개그 동기인 김용만, 박수홍, 남희석 등은 최고의 주가를 달릴 때, 기껏해야 토크쇼 패널이나 코미디 프로그램 조연만 간신히 맡고 있으니 얼마나 속상했을까요. 대개 이런 경우, '나 안 해! 못해 먹겠어!' 하고 마지막 남은 자존심이라도 챙기려는 사람이 많은데요. 유재석의 선택은 달랐습니다. 하찮아 보이는 작은 역할이라도 기회가 생기면, "네! 하겠습니다" 하고 바로 달려갔대요. 못한다고 깨지고 사람들이 수군거려도, 절대 피하지 않고 또다시 떨리는 말의 상황을 마주했답니다.

유재석은 철저한 자기관리로도 유명하지요. 목적은 오로지 방송을 위해서라고 합니다. 방송을 위해 운동하고, 담배도 끊고, 좋아하는 라면도 밤에는 일절 먹지 않는대요. 꽉 찬 스케줄을 소화하면서도 아침 6시에 일어나 신문을 보며 공부하고요. 오로지 더 나은 방송을 만들고자 나쁜 습관을 모조리 끊어버린 겁니다.

"내가 생각하는 범위에서 최선을 다하면 안 돼. 그걸 벗어나서 최선을 다해야지."

유재석의 말에서 삶의 태도를 엿봅니다. 자신의 말을 끊임없이 돌아보고, 가다듬고, 실전에 뛰어들어 말해보고, 부족한 것을 또 채우고. 그러니 유재석의 말은 달라질 수밖에 없었겠지요.

이제, 말의 기적을 경험하고 있는 보통 사람들의 이야기를 소개합니다. 대학과 강연 현장에서 5년 넘게 말 지도를 알리고, 스스로 말 지도를 만들 수 있게 안내하다 보니 감사하게도 다양한 기적을 마주하는데요. 생각하며 말하기가 점점 퍼져나가는 게 이제는 눈으로 보입니다.

스피치 커뮤니케이션 수업을 듣는 학생들은 학기 초에 대부분 말에 대한 두려움을 호소합니다. 세 가지 표현이 꼭 등장해요. 당황, 긴장, 혼란. 아르바이트 현장에서 손님에게 예상치 못한 질문을 받고 말문이 막혀 곤혹스러웠다는 학생부터 군대 전역 후 코로나 상황까지 거치면서 세 명 이상 앞에만 서도 말할 때 숨이 막히고 떨린다는 학생까지 사연은 다양합니다. 심지어 면접에서 제대로 말하지 못해 고배를 마신 뒤로 또 실수할지 모른다는 트라우마 때문에 아무 일도 구하지 못하고 있다는 학생도 있었어요. 발표, 면접, 일상 대화…. 개선이 시급한 말 분야는 저마다 달라도, 말을 잘하고 싶다는 간절함은 똑같았지요.

그래서 수강생들과 함께 말 지도를 만들기 시작했습니다. 애써 지우려 했던 말에 대한 과거를 모두 끄집어냈어요. 정말 어렵고 괴로운 일이지요. 당황스럽고 암담했던 실패 상황을 떠올린다는 건 누구라도 쉽지 않거든요. 그냥 대충 떠올리는 게 아니라 등장인물, 상황, 장소, 오간 대화 내용까지 세세하게 되짚어봐야 했습니다. 기억을 퍼 올리다 보니 그냥 말을 잘하고 싶은 게 아니라 '왜', '어떻게' 잘하고 싶은지가 수면 위로 떠올랐습니다. 학생들은 그것을 말 목표로 세우고, 말 습관을 좀 더 자세히 분석해 각자에게 맞는 말 공부 전략을 구상했어요. 말 습관을 분석할 때는 타인 평가를 위해 다른 친구들 앞에서 낭독하고 발표하는 용기도 냈는데요. 다른 사람의 시선에서 나를 돌아보는 것을 점점 두려워하지 않았지요. 교수로서 저는 학생들이 미처 발견하지 못한 각자의 강점을 짚어주는 일에 주력했습니다. 강점을 극대화해 자신감도 챙기고 약점을 보완하는 식의 해결 방법을 택한 겁니다. 때로는 좀 더 나은 말을 할 방안을 학생들과 함께 아이디어 보태기 식으로 쌓아가기도 했고요.

학생들이 완성한 말 지도 속에는 자신에 대한 고민과 성찰이 고스란히 담겨 있습니다. 그리고 목표를 이뤘을 때의 모습이 개성 가득한 형태로 등장하는데요. 입사하고 싶은 회사의 사원증을 목에 걸고 환하게 웃는 미래 마케팅전문가도 있고, 〈유퀴즈 온 더 블록〉 MC 유재석과 조세호 사이에 나란히 앉아 신나게 이야기하는 미래 방송출연자도 있습니다. 스티브 잡스 얼굴에 자기 얼굴을 합성한 미래 프레젠테이션 대가도 있고요. 말 지도를 기대감으로 그려나간 학생들을 보며 그 미래가 이미 이뤄진 듯 저도 덩달아 신이 날 정도였습니다.

"일상에서 쉽게 지킬 수 있는 말 공부법이라 부담스럽지 않았다." - 미래 홍보 전문가 김○○

"말 지도 덕분에 고민 가득했던 마음이 안정을 찾았다."
- 미래 기자 윤○○

"한 학기 중 반밖에 안 됐는데 남들에게 말하는 것 자체가 두렵지 않고 익숙해졌다는 사실에 신기했다." - 미래 대화 전문가 김○○

"평생 모르고 살던 말 습관을 알게 돼 좋았다. 시간이 걸리더라도 내면의 생각 근육부터 채워가고 싶다." - 미래 언론인 성○○

"도망쳐서 도착한 길에 천국은 없다는데 나중으로 미루다 굳어버린 나의 말 습관을 마침내 마주하게 되었다."
- 미래 패션 크리에이터 유○○

"말 근육 훈련 3주차. 첫 녹음 때와 목소리가 확연히 달라져 뿌듯하다." - 미래 기자 나○○

"안 좋은 습관은 서로 연결돼 있다는 생각이 들었다."
- 미래 스튜어디스 이○○

"말 습관을 또렷이 알게 되니 개선하고 싶은 마음이 크게 들었다." - 미래 아나운서 윤○○

"상상하지 못했던 나를 마주할 생각에 벌써 마음이 두근두근하다." - 미래 광고 전문가 김○○

학기를 마칠 때면 학생들의 눈빛이 바뀝니다. 호기심과 설렘 가득한 눈빛이랄까요. 원래 설레는 사람은 빛이 난다잖아요. 개강 때와는 달라진 모습으로 교실 밖을 나서는 학생들을 볼 때마다 말 지도의 힘을 확인합니다.

어쩌면 우리는 재능의 부족보다 결심의 부족으로 말의 상황에서 실패하는 게 아닐까 싶어요. 두려움을 떨치고, 행동을 결심하는 그 시작은 말 지도에 있습니다. 첫발을 떼는 게 세상에서 제일 어려운 일이지만, 말 지도는 여러분이 목표를 향해 한 발자국 내디딜 수 있는 용기가 되어줄 겁니다. 우리 같이 지금부터 나만의 말 지도를 만들어볼까요?

PART ❶   READY

―――――― 5 ――――――

나만의 말 지도를 그리는
5가지 방법

나 자신을 온전히 생각해보는 여정이 의외로 매우 즐거울 겁니다.

말 지도를 완성하기도 전에

가슴이 콩닥콩닥 뛰는 경험을 하실 거예요.

먼저, 여러분이 가장 편하게 생각하는 도구를 준비해주세요. 아날로그 방식을 선호한다면 종이와 필기구를, 컴퓨터 자판이 더 편하다면 문서 작성 프로그램을 활용하면 됩니다. 처음부터 완벽하게 말 지도를 그리지는 않을 겁니다. 떠오르는 생각과 아이디어를 가감 없이 나열해보는 '브레인스토밍 기법'으로 시작하는 게 좋습니다. 대략 윤곽을 잡은 다음, 좀 더 구체적으로 자신의 말 습관을 돌아보고, 다양한 말 공부 방법을 알아보면서 다듬어가면 됩니다. 말 지도는 수정이 불가능한 게 아니라고 했지요. 나 자신을 온전히 생각해보는 여정이 의외로 매우 즐거울 겁니다. 말 지도를 완성하기도 전에 가슴이 콩닥콩닥 뛰는 경험을 하실 거예요. 자, 이제 여러분의 종이나 화면 위에 제목을 크게 적어봅시다. 〈○○○(이름)의 말 지도〉라고요. 여러분만의 말 지도를 지금부터 단계별로 채워보세요.

1단계 목적지 정하기(말 목표 설정)

지도에서 제일 중요한 목적지, 즉 목표를 세우는 단계입니다. 말을 잘해서 무언가를 이루겠다는 일반적인 목표와 다릅니다. 말을 어떻게 잘하고 싶은지, Why(목적)와 How(방식)를 구체적으로 담고 있어야 해요.

먼저, 말 잘하고 싶은 분야를 생각해보세요. 물론 모든 상황에서 말을 잘하면 좋겠지만 욕심은 내려놓고 차근차근 하나씩 다듬어가는 겁니다. 잘하고 싶은 분야에 동그라미를 친 다음, 개선이 가장 시급한 분야에 우선순위를 정해보세요.

예시 말 분야
방송, (MC), 인터뷰, 면접, 설득, 대화, (강의)(강연), 발표, 협상, 연설, 토론, 회의 등
☞ 우선순위: 1. 강의(강연), 2. 행사 사회(MC)

다음은 말로 인해 힘들고 곤혹스러웠던 경험 또는 실패 경험을 생생하게 떠올려보는 겁니다. 그리고 생각나는 대로 쭉 적어보세요. 언제, 어디서, 누구와 무슨 말이 오갔고, 어떤 상황이었으며, 왜 그랬는지, 그때 감정이 어땠는지 등을 세세히 나열해보는 겁니다.

말 경험을 떠올릴 때 도움이 될 만한 질문
- 오랫동안 기억에 남는 말 상황이 있는가?
- 특히 나의 말로 인해 힘들거나 난처했던 상황이 있었는가?
- 말하지 못한 걸 후회하거나 다시 말하고 싶었던 상황이 있었는가?
- 언제, 어디서, 누구와 벌어진 일이었는가?
- 당시 오갔던 구체적인 발언 내용은 무엇이었는가?
- 그때의 감정은 어떠했는가?
- 말 잘하는 누군가가 부러웠던 적이 있는가? 어떤 이유 때문인가?

> 🟡 **예시**　**나의 말 경험**

코로나 발생 첫해, D 대학에서 온라인으로 특강을 해달라는 연락을 받음. 집과 거리가 있는 곳이라 내심 오가는 시간도 아끼고 잘됐다 싶었음. 이미 만들어놓은 강연 자료도 있으니 20분 전 여유롭게 컴퓨터 앞에 앉음. 화면에 보이지 않는 하의는 실내복 차림 그대로. D 대학은 줌(Zoom) 대신 생소한 화상 프로그램을 사용했음. 설치도 문제없이 끝내고, 정각과 동시에 화면을 켜는 순간. 아뿔싸! 학생 150명의 화면이 일제히 깜깜. 두세 명 빼고 비디오를 다 꺼놓은 것. 슬라이드를 공유하는 순간 난감함은 더 커짐. 화면 위에 띄울 수 있는 학생 얼굴은 고작 5, 6명. 그마저도 모두 꺼져 있어 외로운 원맨쇼를 펼침. 얼굴도 없고, 반응도 없는 강의장에서 혼자 진행하는 기분이란 정말 끔찍했음. 잘 듣고 있는 건지, 내가 지금 뭐 하고 있는 건지, 공유하는 영상은 왜 소리가 안 나오는 건지…. 도무지 강의에 집중할 수가 없었음. 맡은 시간은 1시간 30분이었는데 준비한 슬라이드가 단 30분 만에 끝나버림. 억지로 질문을 유도하며 간신히 1시간 채움. 너무 당황하고 긴장한 나머지 블라우스가 흠뻑 젖음. '온라인 특강, 다시 하나 봐라!' 단단히 결심한 날.

　제가 실제로 겪은 일입니다. 다시는 비대면 특강을 안 하겠다고 다짐하고 그 뒤로는 요리조리 핑계를 대며 피했는데 코로나 기간이 그렇게 길어질 줄 누가 알았나요. 상황을 바꿀 수 없다면, 내가 바뀌어야 하는 상황이었죠. 마음을 고쳐먹고, 1차 말 목표를 세웠습니다. 문제는 크게 두 가지로 압축됐어요. 온라인 상황이 낯설다는 점과 화상 프로그램 작동에 미숙하다는 점. 이 둘을 합하니 구체적인 1차 말 목표가 완성됐습니다.

예시 **1차 말 목표**

나는 비대면 강의 상황에서도 당황하지 않고, 화상 프로그램을 능숙하게 다뤄 적극적인 소통을 이끄는 강연가다!

☞ (한 번 더 다듬기) 나는 비대면 상황에서도 당황하지 않고, 능숙하게 소통하는 강연가다!

이렇게 말의 상황에 따라 개선하고 싶은 1차 말 목표를 명확하게 세워보는 겁니다. 저처럼 강의와 행사 진행, 둘 다 동시에 챙겨야 하는 상황이라면 세부 말 목표가 두 개일 겁니다. 일반적으로는 하나씩 만들어 도장 깨기를 하듯 해결해나가는 방법이 좋습니다. 작은 성취감이 쌓이면 말에 대한 자신감도 커지고, 실천하는 속도에도 가속이 붙거든요.

이제 여러 세부 말 목표를 아우르는 최종 말 목표를 생각해보는 겁니다. 세부 말 목표들은 상황마다 전부 다르지만, 최종 말 목표는 모든 걸 관통하는 하나의 방향인 셈이지요. 말이 성장해가면서 최종 목표도 발전할 수 있습니다. 여기서 '최종'이라는 단어는 끝이 아니라 방향을 의미한다는 걸 잊지 마세요.

추가 예시

말 분야	1차 말 목표
발표	나는 떨지 않고 모든 역량을 펼칠 수 있는 발표자다.
면접	나는 예상치 못한 질문에도 안정적으로 답변하는 지원자다.
대화	나는 위축되지 않고 생각과 감정을 당당히 말하는 대화자다.
인터뷰	나는 돌발 상황에도 편안히 말을 끌어내는 진행자다.
설득	나는 열린 마음과 부드러운 말로 이끄는 설득가다.

예시　최종 말 목표

나는 영감과 감동을 나누는 스토리텔러다!

추가 예시

최종 말 목표
나는 지식과 생각을 공유하는 유연한 스토리텔러다.
나는 공감과 배려의 말로 사람을 움직이는 리더다.
나는 지친 사람들의 마음을 위로하는 스토리텔러다.
나는 조직과 사회에 온기를 불어넣는 개척자다.
나는 믿음과 신뢰를 주는 커뮤니케이터다.

2단계 목적지에 도달한 나 상상하기(목표 이미지화, 시뮬레이션)

말 목표를 세운 다음, 행위와 결과를 생생하게 머릿속에 그려보는 단계입니다. 마음속에 새긴다는 표현이 딱 맞을 거예요.

'이미지 트레이닝'이라는 말 들어보셨지요? '심상 훈련visualization 또는 시뮬레이션'이라고도 부릅니다. 운동선수들이 실제 시합에서 몸이 자동으로 반응해 더 좋은 성적을 거두려고 적극 활용하는 기법인데요. 올림픽 통산 금메달 23개로 역대 최고의 수영 선수로 꼽히는 미국의 마이클 펠프스가 대표적인 선수입니다. 2008년 베이징 올림픽 당시, 수경에 물이 들어가 하나도 보이지 않는 상황에서 평소 수백 번 시뮬레이션을 한 대로 스트로크(팔로 물을 끌어당기는 동작)하고, 정확한 순간에 턴해서 세계 신기록을 달성했지요. 과정을 실감나게 상상하고 이루고 난 다음의 결과를 미리 그려보는 건, 상상을 현실로 끌어당기는 기적을 일으킵니다. 또한 이미지로 저장된 기억은 문자보다 훨씬 더 오랫동안 기억에 남는대요.

자, 그럼 이제 여러분의 1차 말 목표를 다시 떠올려보세요. 직접 외쳐봐도 좋습니다. 그런 다음 눈을 감고 세 가지를 상상해보세요. 논리와 현실적인 한계 등은 모두 내려놓고 오감을 총동원해 마음껏 꼬리의 꼬리물기 상상을 해보는 겁니다. 상상하는 데는 돈이 들지 않습니다.

첫 번째, 1차 말 목표를 이룬 나의 모습, 감정과 표정, 행동 등을 생생하게 떠올립니다.

　두 번째, 주위의 반응을 상상해보세요. 대화 상대나 관객, 동료, 상사 등 그들의 표정과 행동을 머릿속에 그려보는 겁니다.

　세 번째, 말 목표를 이루기까지 과정을 하나씩 더듬어봅니다. 연습하고 훈련하는 모습, 돌발 상황에 대처하는 말과 태도 등을 아주 생생히 말이지요.

　이제 눈을 뜨고 거울을 보세요. 긍정적인 상상만으로도 얼굴이 한결 밝아졌을 겁니다. 기대와 설렘이 가득한 표정이랄까요. 그럼 1차 말 목표를 다시 한번 외쳐보세요. 손이 자동으로 올라가 주먹을 불끈 쥐게 될 겁니다.

　지금 여러분의 표정을 카메라로 담거나, 목표를 이루고 난 후의 표정과 가장 흡사한 사진을 찾아도 좋습니다. 그 이미지를 프린트하거나 휴대폰 바탕화면에 띄우고, 아래에 말 목표를 적어놓으면 언제 어디서든 마음을 다잡을 수 있는 휴대용 말 지도가 완성됩니다.

예시 휴대용 말 지도

3단계 장애물 파악하기(말 습관 분석)

목적지로 가는 길은 여러 갈래가 있습니다. 어떤 길로 가느냐도 물론 중요하지요. 그런데 자동차 상태를 고려하지 않은 채 아무 길이나 선택할 수 있을까요. 장거리 운행이 어려운 자동차를 끌고 먼 길을 나섰다가는 큰일이 날 수도 있습니다.

우리는 모두 말 지도 위를 달리는 자동차입니다. 자동차 상태는 우리가 지닌 말 습관이라고 할 수 있지요. 어떤 목소리를 가졌는지, 어떻게 말하고 있는지 등을 꼼꼼하고 정확하게 들여다보는 겁니다. 평생 한 번쯤은 자신의 말 습관을 꼭 돌아보셨으면 좋겠어요.

말 습관 분석은 3단계로 나뉩니다. 세 단계 모두 거친다면 정확도는 그만큼 더 높아지겠지요. 첫 번째, 자기 평가입니다. 목소리, 전달력, 말투, 말의 태도 등을 세세하게 생각나는 대로 나열해보고, 스스로 평가해봅니다. 처음에는 막연하게 느껴지다가도 어느 순간 구체적인 상황이 떠오르면 말 습관이 연이어 생각날 겁니다. 목소리와 전달력 등을 평가할 때, 녹음과 녹화를 활용하면 더 효과적입니다.

예시 1

다음 시를 미리 읽어보지 말고 바로 녹음해보세요. (스마트폰 녹음 기능 활용)

> **서시**
> 윤동주
>
> 죽는 날까지 하늘을 우러러
> 한점 부끄럼이 없기를,
> 잎새에 이는 바람에도
> 나는 괴로워했다.
> 별을 노래하는 마음으로
> 모든 죽어가는 것을 사랑해야지
> 그리고 나한테 주어진 길을
> 걸어가야겠다.
>
> 오늘 밤에도 별이 바람에 스치운다.

예시 2

녹음된 여러분의 목소리를 찬찬히 들어보세요. 그리고 자기평가표를 보며 해당하는 번호에 동그라미를 표시해보세요. 평소 여러분의 말 습관을 보태 평가해보면 더욱 좋습니다.

말 습관 자기 평가표	평가	특이점
① 말 속도가 너무 빠르고 급하다.		
② 말 속도가 너무 느려 지루하다.		
③ 끊어 읽는 곳이 불규칙해 어색하다.		
④ 소리가 작아 잘 안 들린다.		
⑤ 소리가 가늘고 떨린다.		
⑥ 소리가 커서 화난 것 같이 들린다.		
⑦ 목소리 톤이 단조롭고 일정하다.		
⑧ 목소리 톤이 높고 불안정하다.		
⑨ 종결어미에서 목이 쉽게 잠기고 갈라진다.		
⑩ 발음이 명확하지 않고 어눌하다.		
⑪ 유독 자주 틀리는 발음이 있다.		
⑫ 말을 자연스럽게 하지 못하고 자주 버벅거린다.		
⑬ 목소리가 어둡고 생동감이 없다.		
⑭ 냉정하게 툭툭 내뱉는 말투다.		
⑮ 아성, 즉 아이 같은 말투다.		
⑯ 사투리가 섞인 듯 억양이 어색하다.		
⑰ 목소리가 기계처럼 딱딱하고 감정이 없다.		
⑱ 비음(코가 막힌 듯이 내는 소리)이 심하다.		
⑲ 호흡이 짧고 불안정하다.		
⑳ 소리가 시원하게 나오지 않아 답답하게 들린다.		

기타 말 습관 ☞

결과가 어떤가요? 해당하는 게 너무 많아도 괜찮습니다. 여러분은 누구보다 냉철한 분석가인 겁니다. 자신을 더 꼼꼼하고, 깐깐하게 돌아본 거니까요. 목소리 평가 외에 평소 여러분이 고민하던 말 습관, 즉 말의 태도나 방식 등도 정리해보세요. 말의 내용이 빈약한지, 두서없이 말해 자주 삼천포로 빠지는지, 말투 때문에 종종 오해를 받는지. 깊이 생각할수록 여러 말 습관이 떠오를 겁니다.

말 습관 분석 두 번째 단계, 타인 평가입니다. 주변 사람에게 들었던 나의 말 습관을 기억에서 모조리 끄집어내보세요. 마땅히 떠오르지 않는다면, 지금부터 가까운 사람들에게 나의 말 습관을 물어봅니다. "내 말투 어때? 내 목소리 어때?" 대신 이렇게 요청하는 게 더욱 좋습니다. "내 말을 좀 더 다듬고 싶어. 내가 평소 어떻게 얘기하는지, 내 목소리는 어떤지, 의견 좀 말해줄 수 있을까?" 요청하는 이유를 밝히고 의견이나 조언을 구하는 식으로 질문하면 훨씬 더 영양가 있는 평가를 들을 수 있을 거예요.

단, 타인 평가를 들을 때 유념할 사항이 있어요. 바로 사실과 감정을 구분해 들어야 한다는 점입니다. 어느 날 제 아이가 신나게 이야기하는 제 입을 손으로 막는 겁니다. 그만 좀 말하라고요. 이런 경우, 솔직히 기분 나쁘지요. 머리 좀 컸다고 엄마한테 이러나 싶어 괘씸하기도 합니다. 그런데 말 공부를 하는 우리는 말에 대한 타인의 평가에 관대해야 해요. 나도 모르는 말 습관을 이야기해줬다는 건 두 팔 벌려 환영하고 감사할 일이지요. 감정은 잠시 내려놓고 사실에 주목해봅니다. 원인을 모를 때는 적절한 타이밍에 물어보고요. "엄마가 말이 좀 많았니? 아까 왜 입을 막았던 거야?" 그랬더니 아이가 이렇게 말하는 겁니다. "엄마는 똑같은 말을 또 하고, 또 하고, 항상 그래. 한 번만 말하면 좋겠어." 말 선생도 이렇게 또 하나의 말 습관을 알게 됩니다.

말 습관 분석 세 번째 단계는 전문가 평가입니다. 자기 평가, 타인 평가에 머무르면 일정 수준에만 그칠 수 있어요. 일반인보다 귀가 더 열리고, 스피치에 대해 더 많은 고민과 연구를 한 사람이 바로 말 전문가 아니겠어요. 전문가 평가를 들으면 전혀 모르고 살았던 말 습관을 발견하기도 하고요. 원인은 아는데 해결 방안을 모를 때 속 시원하게 해결할 수도 있습니다. 또 말의 언어적인 요소뿐 아니라 비언어적인 요소, 즉 시선 처리, 몸짓, 손짓, 표정 등 전반적인 부분도 확인해볼 수 있고요. 예전에는 말 전문가를 찾으면 아나운서 시험을 준비하냐는 질문을 듣곤 했지만, 요즘은 분위기가 완전히 달라졌어요. 정치인이나 회사 대표뿐 아니라 일반인들도 전문가에게 자신의 말 습관을 정확히 듣고, 올바른 방식으로 개선해 일상에 도움을 얻으려고 한답니다. 스피치 전문 학원이나 개인 강사를 신중히 선정해 목소리 분석을 받아볼 수도 있고, 대화나 설득 전문가를 찾아가 구체적인 말 문제를 짚어보는 것도 좋은 방법입니다. 성대 자체에 문제가 있는 경우, 음성치료 이비인후과 전문의의 도움을 받는 것도 좋습니다. 또 스피치 전문가가 여는 특별 강연을 적극 활용해보세요. 강연자 대부분이 끝날 무렵 질문과 고민 상담을 수시로 받겠다며 이메일이나 연락처를 공개하는데요. 여러분의 진솔한 말 고민과 함께 녹음본이나 녹화본을 보낸다면 강연자도 진심을 담아 피드백을 드릴 겁니다.

이제 자기 평가, 타인 평가, 전문가 평가를 거쳤다면 공통으로 언급된 말 습관을 찾아 정리해보세요. 말의 형태와 경향이 또렷이 드러날 거예요. 여러분의 말 습관을 정확히 알고 있다는 건, 앞으로 말을 어떻게 가다듬어야 할지 방향을 안다는 뜻이랍니다.

4단계 경유지 찾기(말 공부 전략)

목적지를 향해 달릴 때, 중간중간 주유할 곳도, 필요한 경우 수리할 곳도 있어야 합니다. 자동차 상태를 정확히 안다면, 무엇이 필요한지 분명히 알 수 있는데요. 말 지도에서 주유소, 정비소 같은 곳은 말 습관을 고칠 수 있는 배움의 경유지를 뜻합니다. 즉 말 공부 전략을 세우는 건데요.

구체적인 말 공부 전략을 가지고 실천하다가 또 다른 장애물인 말 습관을 만나면 다시 한번 전략을 세웁니다. 사람마다 말 습관이 전혀 다른 만큼 말 공부 전략도 똑같을 수 없겠지요.

일단 여러분이 정리한 공통된 말 습관 중에서 가장 시급하게 개선하고 싶은 문제를 몇 가지 꼽아보세요.

예시 공통 말 습관
① 소리가 웅얼웅얼해 무슨 말을 하는지 정확히 안 들린다.
② 소리가 작고 떨린다.
③ 말을 시작하면 꼭 삼천포로 빠져 후회한다.

예시 말 공부 전략
① 웅얼웅얼한 소리 ☞ 발음 문제 ☞ 조음기관 스트레칭, 발음 연습
② 작고 힘없는 소리 ☞ 발성 문제 ☞ 공명 발성 연습, 배 힘 강화 훈련
③ 두서없는 말 ☞ 말의 틀 부족 ☞ 조리 있는 말하기 연습

말 습관마다 연결되는 말 공부 전략이 대략 떠오를 거예요. 우선 자신이 알고 있는 지식과 정보 선에서 해결 방안을 생각해보세요. 그런 다음, 유튜브나 강연 등을 통해 다양한 말 공부 전략을 찾아봅니다. 작은 목소리, 발음 교정, 발표 울렁증 등 구체적인 핵심 키워드로 검색하면 훨씬 수월하게 찾을 수 있습니다. 이때 신뢰할 수 있는 전문가가 전하는 말 공부 전략을 참고하는 게 좋습니다. 수많은 연습 방법 중에서도 나에게 도움이 될 내용을 선별하고, 꾸준히 연습해볼 만한 방식을 따로 정리해둡니다.

5단계 출발하기(말 공부 실천)

말 습관을 파악하고 적합한 말 공부 전략도 세웠는데, 실천하지 않는다면 완전 헛수고겠지요. 마치 시험 전날 열심히 책상과 책장을 정리하고 공부할 준비를 다한 다음, 책상에 엎드려 자는 형국이랄까요. 실천이 뒤따라야 문제도 해결하고 두려움도 물리칠 수 있습니다. 언젠가 가수 아이유가 불안한 마음이 들 때 해소하는 방법을 방송에서 소개한 적이 있는데요. 거창하거나 어려운 게 아니었습니다. 무조건 몸을 일으켜 움직인다는 거예요. 일단 움직이면 조금씩 의욕이 생겨 현재에 집중하게 되고, 그러다 보면 불안한 마음도 가라앉는다는 겁니다. 참 현명한 방법이지요.

말 공부는 한 번 하고 끝이 아니라 사는 내내 갈고 닦아야 하는 평생 과제입니다. 그러니 열정과 끈기가 무엇보다 중요한 덕목이지요. 실천 계획이 구체적일수록 좋습니다. 무엇보다 실현 가능한 계획들로 채워야 하는 건 물론이고요. 기한과 횟수도 정해보세요.

말 공부 실천 계획

매일 실천

내용

① 기상 습관 : 얼굴 근육 풀기, 복식 호흡 및 명상, 조음기관 스트레칭

② 뉴스 앵커 모니터 및 기사 낭독 연습 (하루 2꼭지 연습)

③ 하루 10분 이상 책 낭독

④ 취침 습관 : 감정 일기 쓰기

기한 10월 1일(화) ~ 10월 21일(월)

(21일 법칙에 따라 시행해보고, 필요한 경우 전략 수정)

주 1회 실천

내용

① 온라인 강좌 : 스피치 ○○○ 수업 수강 및 내용 정리, 조리 있는 말하기 노하우 습득

② 인문학 독서 모임 참여 및 조리 있게 말하기 실전 연습

③ 일주일 1권 독서 및 생각 정리

기한 10월 1일(화) ~ 12월 31일(화) 14주 프로젝트

(2025년 마지막 날 평가하고, 2026년 계획 조정)

러시아 클래식 음악의 거장인 차이콥스키가 이런 말을 했다고 해요. 자존감 있는 예술가라면 기분이 좋지 않다는 핑계로 악보에서 손을 떼면 안 된다고요. 종종 환경이나 기분을 탓하며 실천을 뒤로 미루거나 포기하는 때가 있지요. 나 자신을 오늘 조금이라도 변화시키고, 어제보다 더 나아지게 하는 건 실천하는 사람만의 특권일 겁니다.

이제 말 목표와 말 공부 전략, 실행 계획을 담은 여러분의 말 지도를 깔끔하게 정리해 눈에 띄는 곳에 두세요. 한 장으로 프린트해 책상에 붙여도 좋고, 컴퓨터 바탕화면에 띄워놓아도 좋습니다. 스마트폰 화면은 작으니 상세한 말 지도를 옮겨놓을 수는 없겠지요. 대신 이미지에 말 목표만 새겨 화면에 띄우고, 구체적인 내용은 메모장에 넣어두어도 좋습니다. 수정 사항이 생길 때마다 메모장을 열어 바로바로 고치면 되니까요.

말 지도는 생각하며 말하기의 시작입니다. 말 지도를 수시로 보면서 목표를 틈나는 대로 마음에 새겨보세요. 지금 내가 내뱉는 말을 바로잡을 수 있는 기준이 될 겁니다. 물론 또다시 말실수할 수도 있습니다. 우리는 모두 불완전한 사람이니까요. 하지만 말 지도가 있다면, 똑같은 실수를 반복하는 횟수는 확연히 줄어듭니다. 나도 이제는 말을 잘할 수 있다는 자신감을 말 지도가 선사해줄 겁니다.

말 지도 사례 모음

실제 동국대 수강생들의 말 지도입니다. 말 지도의 형태는 다양합니다. 글로만 나열한 방식, 표로 정리한 방식, 이미지로 정리한 방식 등이 있지요. 사례 1~3은 어떤 형식으로 했는지 예시로 보고, 실제 말 지도는 내용이 중요하니 기억에 새길 수 있는 간편한 방식으로 나만의 말 지도를 작성해보세요.

사례 1

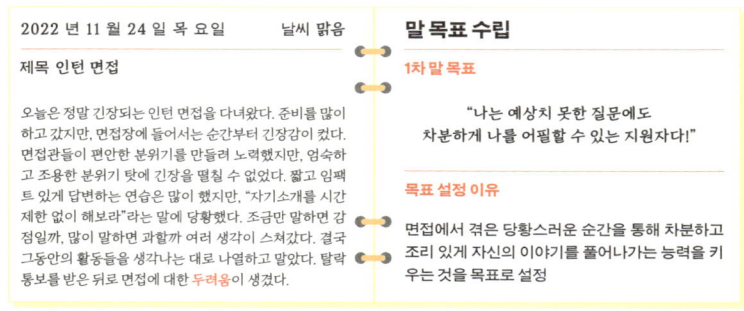

2단계! 목표 이미지화

목표 달성 후의 나의 감정

자신감
예상치 못한 질문에도 유연하게 대응하며, 조리 있게 말하는 내가 자랑스럽다.

만족감
내 이야기에 흥미를 느끼고 놀라는 면접관을 보며 만족감을 느낀다.

안도감
긴장감이 멀해지고, 편안하게 대화하는 나를 보며 안도감을 느낀다.

흥미로움
나의 이야기가 누군가에게 긍정적인 영향을 준다는 사실이 흥미롭다.

긍정적 에너지
면접 후 긍정적인 반응에 힘이 나고, 다음 도전에 대한 에너지가 생긴다.

기대감
이번 면접을 통해 성장한 나를 보며, 다음 도전이 기대된다.

목표를 위한 과정과 노력

① 거울 보고 연습하기
표정과 몸짓, 목소리 톤, 속도, 발음 등을 확인하며 말하기 연습

② 녹음 및 재청취
발음, 억양, 말의 흐름 등을 체크하기

③ 스토리텔링 연습
자신의 경험을 스토리 형식으로 구성하여 전달

④ 모의 면접
친구나 가족에게 면접관 역할을 맡겨 답변 연습

⑤ 부드러운 대화 연습
일상 대화 속에서 적극적으로 의견이나 생각을 표현

⑥ 전문가의 영상 보기
Ted 강연, 인터뷰 등 전문 발표자들의 영상을 보며 말하기 기법 분석

3단계! 말 습관 분석

장애물 면밀히 파악하기

자기 평가

스피치(목소리)

☑ **속도**
긴장할 때 말을 빨리 하는 경향이 있어, 듣는 사람이 이해하기 어려울 수 있다

☑ **시선처리**
청중과의 시선 교환이 부족해 보일 때가 있다

타인 평가   10월 16일(7주차 수업 중)

위 원고를 읽고 팀원 3명에게 받은 평가

(1) 목소리가 딱딱하지 않고 부드러웠다.
(2) 목소리가 가늘다. 호흡과 발성을 다듬으면 더 좋을 것 같다.
(3) '까닭'이라는 발음을 신경써서 하면 좋을 것 같다.
(4) 운율이 느껴지는 부분은 리듬감을 살려 발음하면 더 좋을 것 같다.

4단계! 말 공부 전략 수립

배움의 경유지 세우기

공통된, 시급한 말 습관 파악

발음
- 숫자 발음(특히, 연도나 소수점)을 읽을 때 오독이 있다.
- 퍼센트(%), 킬로그램(kg), 제곱미터(m²) 등 단위를 읽을 때 오독이 있다.
- 연속 발음(숫자+단위, 천과 백 단위)을 읽을 때 오독이 있다.

발성
- 다른 사람들 앞에서 읽을 때 긴장으로 인해 목소리에 떨림이 있다.
- 갑자기 말을 해서 목이 잠기는 경우가 있다.

호흡
- 발표 중에 긴장과 불안으로 인해 호흡이 더 짧아지고, 이로 인해 한 번에 길게 말하기 어려워져 말의 흐름에 끊김이 있다.
- 짧은 호흡으로 인해 목소리가 떨린다.

말 공부 전략 세우기

발음
- 읽기 연습 강화
- 자주 틀리는 숫자와 단위를 문장에 넣어 소리 내어 읽어보기, 예를 들어, "1,500만 원을 오십 퍼센트 할인합니다."와 같은 예시 문장을 반복 연습

발성
- 꾸준한 발성 연습과 조음기관 스트레칭(발성 기관인 목과 성대를 이완하고 준비)
- 발성 연습 문장 활용하기(다양한 단어와 문장이 포함된 발성 연습 문장을 통해 발음을 개선하고 말의 흐름을 조절)

호흡
- 복식호흡 훈련(한 손을 배에 두고 숨을 깊이 들이마신 후 천천히 내쉬면서 배에 힘을 줄. 숨을 들이쉴 때 배가 나오는 것을 느끼며 연습)
- 공명 훈련(입을 다물고 "음" 소리를 내면서 얼굴과 가슴에 울림이 퍼지도록 함. 이때 머리나 얼굴 쪽에서 진동이 느껴지면 공명이 잘 이루어지고 있다는 뜻)

5단계! 말 공부 실행

곧바로, 끈기 있게 달리기

전략 구체화(기한과 연습횟수)

❶ 복식 호흡 연습
- 목표: 호흡 길이와 안정감 개선
- 기한: 매주 3회, 올해 말까지(12월 31일)
- 연습횟수: 하루 10분씩 복식 호흡 연습(손을 배에 두고 깊은 호흡을 느끼기)
- 구체계획: 아침이나 자기 전 매주 월·수·금에 복식 호흡 연습을 꾸준히 반복

❷ 발음 교정 훈련
- 목표: 숫자와 단위 발음을 분명하게
- 기한: 매주 2회, 올해 말까지(12월 31일)
- 연습횟수: 한 회당 15분씩 발음 집중 연습
- 구체계획: 다양한 숫자와 단위를 포함한 문장을 준비해 천천히 발음하며, 정확히 발음 되었는지 녹음하며 확인

실행 각오

이번 말하기 훈련을 통해 **"나는 말로써 상대방에게 깊은 인상을 남기는 지원자다"** 라는 목표를 향해 꾸준히 나아가, 마침내 말 지도의 종착점에 도달할 것입니다. 호흡, 발음, 발성, 억양까지 모두 다듬어가며, 듣는 사람에게 확신을 주고 나의 진심을 전달할 수 있는 힘 있는 말하기를 완성해낼 겁니다. 이 여정의 끝에는 말로써 신뢰를 주고, 내 목소리로 깊은 인상을 남기는 내가 서 있을 것입니다.

사례 2 김○○의 말 지도

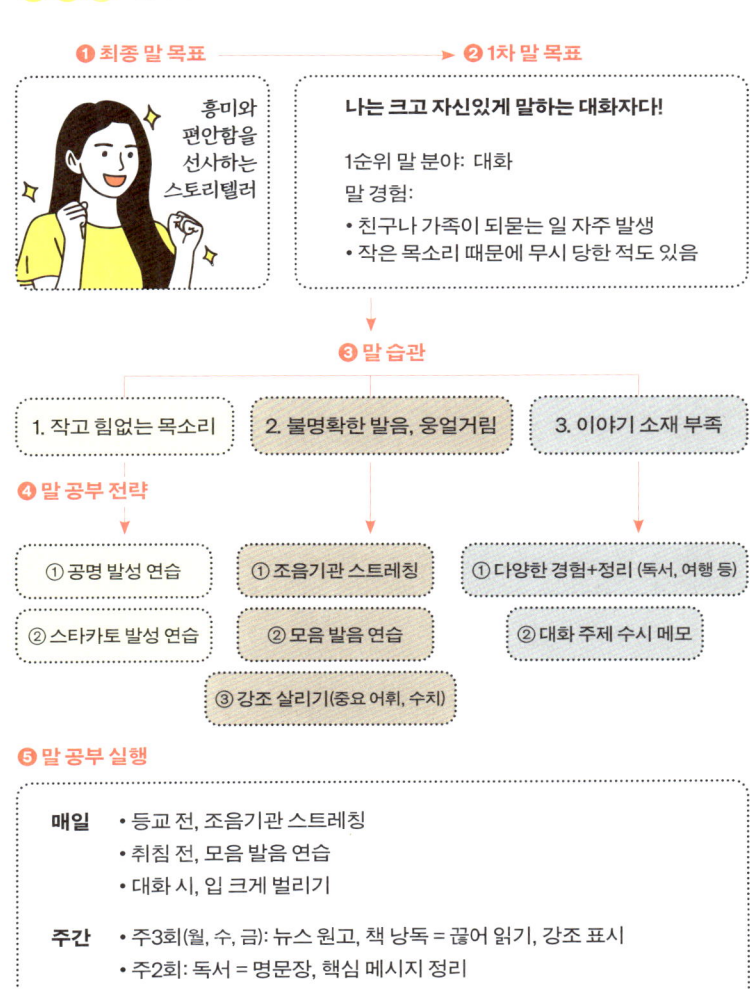

❶ 최종 말 목표: 흥미와 편안함을 선사하는 스토리텔러

❷ 1차 말 목표: 나는 크고 자신있게 말하는 대화자다!
- 1순위 말 분야: 대화
- 말 경험:
  - 친구나 가족이 되묻는 일 자주 발생
  - 작은 목소리 때문에 무시 당한 적도 있음

❸ 말 습관
1. 작고 힘없는 목소리
2. 불명확한 발음, 웅얼거림
3. 이야기 소재 부족

❹ 말 공부 전략
- 1. 작고 힘없는 목소리
  - ① 공명 발성 연습
  - ② 스타카토 발성 연습
- 2. 불명확한 발음, 웅얼거림
  - ① 조음기관 스트레칭
  - ② 모음 발음 연습
  - ③ 강조 살리기(중요 어휘, 수치)
- 3. 이야기 소재 부족
  - ① 다양한 경험+정리 (독서, 여행 등)
  - ② 대화 주제 수시 메모

❺ 말 공부 실행
- **매일**
  - 등교 전, 조음기관 스트레칭
  - 취침 전, 모음 발음 연습
  - 대화 시, 입 크게 벌리기
- **주간**
  - 주3회(월, 수, 금): 뉴스 원고, 책 낭독 = 끊어 읽기, 강조 표시
  - 주2회: 독서 = 명문장, 핵심 메시지 정리
- **수시**
  - 여행, 영상 시청 후 기억할 문장, 경험, 감상 정리

사례 3 장○○의 말 지도

1단계 말 목표 설정	**말 잘하고 싶은 분야 (우선순위)** 1. PT 발표 2. 기업 면접
	말 경험 강의실 앞에만 서면 머리가 하얘지는 PT 발표, 극도로 긴장해 심장이 터질 것만 같았던 면접
	1차 말 목표 나는 자신감 있고, 이해하기 쉽게 전달하는 발표자다.
	최종 말 목표 나는 목소리로 지친 사람의 마음을 위로하는 스토리텔러다.
2단계 목표 이미지화	**목표 달성 후 감정, 반응** • 나의 감정 : 서서히 변하는 목소리를 확인하며 점차 자신감 상승. 표준어를 완벽히 구사해 뿌듯함, 자기 확신 고조 • 타인 반응 : 좋은 목소리로 성공할 줄 알았다며 주변에 딸을 자랑하고 행복해하는 어머니. 내게 위로받으며 힘을 내는 친구들. 성공적인 PT 후 회식 자리에서 입이 닳도록 칭찬하는 직장 동료들. 신뢰감, 설득력 있는 목소리에 좋은 인상을 받았다며 계약 체결하는 고객
3단계 ① 말 습관 분석	**자기 평가** • 입을 벌리지 않아 발음이 새고 웅얼거림 • 목소리가 낮고 톤이 단조로워 생동감이 없음 • 경상도 사투리가 섞여 억양 어색 (첫음절 '이', '일' 악센트 도드라짐) • 돌려 말하는 습관으로 종종 논점 이탈
	타인 평가 • 가족 : "목소리가 낮게 울려 가슴을 울린다." • 친구들 : "설득력 있게 말을 잘한다.", "종종 이상한 억양이 들린다." • 학우들 : "사투리를 안 쓰려다 보니 음이 단조롭고 어색하다.", "끊어 읽는 부분에 습관적인 상승조가 있다."

3단계 ② **말 습관 분석**	**전문가 평가**	
	◦ 중저음, 울림이 있어 신뢰감을 주는 발성 ◦ 발음의 선명도 높이기 (예: 입을 좀 더 확실히 벌리기) ◦ 음이 단조롭고 생동감이 없음 ◦ 입 모양과 소리, 엇박자로 나옴	
	시급한 말 습관	
	경상도 사투리, 돌려 말하는 습관, 불명확한 발음, 단조로운 톤	
4단계 **말 공부 전략**	◦ 경상도 사투리 : 뉴스 앵커 쉐도잉 후 반복 연습, 녹음 ◦ 돌려 말하는 습관 : 논리적 글쓰기(일기, 독후감), 독서 토론 참여하기 ◦ 불명확한 발음 : 발음 연습표 활용, 소리 내어 책 읽기 반복 훈련 ◦ 단조로운 톤 : 온라인 강의 수강(발성법)	
5단계 **말 공부 실천**	**매일 (기한: 10/23(월)~12/31(일), 70일)**	
	◦ 기상 루틴 : 얼굴 근육 풀기, 복식 호흡 ◦ 뉴스 앵커 쉐도잉 및 녹음 ◦ 하루 30분 소리 내어 읽기 ◦ 취침 루틴 : 감정 일기 쓰기	
	주 2회 프로그램 (기한: 10/23(월)~12/3(일), 매주 화, 토)	
	◦ 클래스 101 강의 수강 (당신의 목소리에 건배, 성우 소리 연기법)	
	주 1회 프로그램 (기한 없음, 매주 목요일 진행)	
	◦ 독서, 영화감상 모임 참여 ◦ 1, 3주 (목) : 비대면 줌 독서 토론 ◦ 2, 4주 (목) : 대면 독서 토론 * 인상 깊은 구절 인용 및 구체적인 근거 제시 * 핵심 메시지 한두 문장으로 압축하기	

말이 쉬운 것은
그 말에 대한 책임을
생각하지 않기 때문이다.

易其言也 無責耳矣 (이기언야 무책이의)

맹자

PART ❷   G E T   S E T

말하기
필수 근육
두 가지,

길고 둥글까요?

PART ❷　　　　　　　　　　G E T　　S E T

―――――――― 1 ――――――――

말을 잘한다는 의미

자신이 상처를 준지도 모르고
말을 잘한다고 착각하는 사람도 있습니다.
입술의 30초가 마음의 30년이 되는 줄 모르고요.

옳은 말과 올바른 말은 각각 어떤 뜻이고, 무엇이 다를까요. 예를 한번 들어보겠습니다. 선생님이 아이들에게 거북이의 수명에 관해 이야기합니다. "거북이는 야생에서 보통 30~50년 살아요. 평균 수명이 100년 이상인 장수거북, 코끼리거북도 있답니다." 그러자 한 아이가 호기롭게 손을 듭니다. "그런데 선생님은 100살도 못 살고 죽겠지요? 하하하!" 소년의 말에 아이들이 다 깔깔깔 웃습니다. 선생님은 기분이 상합니다. 이때 아이가 한 말은 옳은 말일까요, 올바른 말일까요.

100살까지 산다는 건 여전히 흔한 일이 아닙니다. 100세를 못 채우고 죽을 확률이 더 높은 게 사실이지요. 맞는 말, 즉 옳은 말입니다. 머리로는 충분히 이해되는 말입니다. 그런데 이 옳은 말은 허점이 있어요. 아무리 옳은 말이라 해도 여러 차례 되풀이하면 짜증을 유발합니다. 듣기 싫은 말이나 잔소리로 여기며 반감을 사게 되지요. 그리고 옳은 것의 기준 또한 사람마다 다를 수 있습니다. 나이, 성별, 국적, 인종, 살아온 환경과 문화에 따라 차이가 있을 수 있어요.

반면 올바른 말은 다릅니다. 말이 향하는 사람과 우리를 둘러싼 상황을 고려해 건네는 말이거든요. 친절한 말 또는 배려하는 말이라고도 불리는데요. 이런 말은 마음의 공감을 불러일으킵니다. 때로는 심금을 울려 자꾸 곱씹게 하고, 조금 더 들려주길 바라게 하지요.

여러분의 말에는 옳은 말이 더 많나요, 올바른 말이 더 많나요. 비중에 따라 말에 대한 해석과 나에 대한 평가가 달라집니다. 친절한 말, 배려가 깃든 말, 즉 생각하며 건네는 말은 한순간에 저절로 이뤄지지 않는다는 걸 잘 압니다. 나이가 들면 성인이 될 뿐, 모두가 어른이 되는 게 아닌 것과 같은 이치지요. 올바른 말의 비중이 늘어간다는 것은 점점 어른다운 말로 향하는 과정이 아닐까 싶어요.

"내 아이가 말 좀 잘했으면 좋겠어요." 학부모들을 만나면 자주 듣는 말입니다. 바람도 담겨 있지만, 원망과 한탄도 섞여 있지요. 말이라도 큰 목소리로 시원하게 했으면 하는 생각에 아이를 향해 외칩니다. "말 좀 똑바로 해!", "말 좀 제대로 해!", "제발… 말 좀 해!" 오죽 답답하면 큰소리가 절로 나올까 충분히 공감되곤 합니다. 그런데 말 문제의 원인이 아이에게만 있을까요. 개인의 부족함으로만 몰아세울 수 있을까요. 진짜 문제는 그냥 말하라고만 하는 부모와 이 사회에 있는 건 아닐까요.

한국인의 말 공부 역사를 한번 생각해봅시다. 누구나 평생 한 번쯤은 말을 공부한 적이 있습니다. 바로 아주 어릴 적이지요. 안겨 있는 나를 향해 엄마나 아빠, 할머니, 할아버지가 사랑스러운 눈빛으로 바라보며 이렇게 말합니다. "따라 해봐. 엄마! 아빠! 아이고 잘하네!" 듣고 따라 했을 뿐인데 물개박수에 칭찬 세례가 쏟아집니다. 이후 두세 살쯤 단어를 연결해 대화 훈련을 거듭하는 과정에서도 극찬은 계속됩니다.

그러다 유치원에 들어가고, 초등학교, 중학교, 고등학교에 진학하면서 점점 읽고 쓰기식 말 공부로 바뀝니다. 올바른 말을 듣고 따라 하는 방식은 급격히 줄어들고요. 그리고 더는 부모가 가르치지 않고 학교나 학원에 위탁합니다. 국어, 논술, 독서라는 형태로요.

이제 성인이 됩니다. 주민등록증이 나옴과 동시에 말 공부는 중단됩니다. 개인적으로 노력을 기울이지 않는 이상 지긋지긋한 공부와 결별을 선언하는 사람도 많지요. 어휘 암기는 물론 독서와도 거리가 멀어집니다. 점점 말귀도 줄고, 글귀도 줄어듭니다. 말귀, 글귀가 어두운 사람들이 만나 대화를 나누면 어떤 일이 벌어질까요. 서로 말이 통하지 않아 복장 터지는 일만 가득해집니다. 어떻게 해야 말을 잘하는 건지 알려주는 어른도, 가르쳐주는 곳도 찾아보기 어렵습니다. 그런 건 개인이 알아서 찾아보고, 알아서 배우는 것으로 생각하지요.

우리는 대부분 어릴 적 '한때' 부모로부터 물려받은 말 습관 그대로 평생을 사는지도 모릅니다. 강의를 통해 만난 20대부터 70대까지 성인들에게 물었습니다. "여러분의 말은 누구를 닮았나요?" 왜 그럴 때 있지 않나요? 전화를 받았는데, "어머! 네 엄마인 줄 알았다! 어쩜 그리 말투가 똑같니?"라는 말을 들을 때요. 대부분이 엄마의 목소리나 말투와 닮았다는 얘기를 들어봤다고 답하더군요. 가장 오랜 시간 함께하며 말의 씨앗을 뿌린 존재가 엄마라는 사실을 확인할 수 있었습니다. 이 밖에 아빠나 선생님도 등장했습니다. 놀라운 응답도 있었어요. 한 대학생이 학창 시절 그토록 미워하던 선생님의 말투를 따라 하는 자신을 발견하고는 깜짝 놀랐다는 겁니다. 가벼운 인사말을 할 때도 욕설로 시작하는 그 말투를요. 우리가 어떤 말을 보고 듣고 가까이해야 하는지 다시 한번 알 수 있는 대목입니다.

그런데 요즘 10대 이하 어린이와 청소년들에게 자신의 말투에 영향을 미치는 사람을 물어보면 새로운 존재가 급부상합니다. 바로 유튜버입니다. 언젠가 게임 중계를 좋아하는 남자아이가 유튜버의 독특한 말투 그대로 일상 대화를 이어가는 걸 보고 깜짝 놀란 적이 있어요. 속사포 랩도 아니고, 사투리도 아니고 도무지 정체를 알 수 없는 억양과 말투랄까요. 올바르지 않은 표현과 발음, 자유롭게 넘나드는 욕설이 아이들의 말을 점점 잠식하는 건 아닌지 걱정입니다.

어릴 적 길든 말로 평생을 살고, 말의 주인 자리를 다른 사람에게 내준 채 살았을 때 어떤 일이 일어날까요? 올바른 말이 무엇인지 모를 때 발생하는 불편과 갈등은 개인적인 문제로만 끝날까요? 사람과 사람이 모여 사회를 이룹니다. 올바른 말이 아닌 각자 기준대로 내뱉는 옳은 말만 넘친다면 갈등과 싸움은 불 보듯 뻔합니다. 거친 말, 긴장을 유발하는 말, 나와 남을 동시에 해치는 말이 가득하면 사회 분위기도 그대로 닮아갑니다. 결국 사람의 말이 모여 사회를 이룬다고도 볼 수 있지요. 지금 우리 사회와 우리 말은 괜찮은가요?

이제는 말을 잘한다는 정의를 다시 생각해봐야 합니다. 조리 있게 말하는 것, 경청하는 것, 지지 않는 것, 이기는 것, 시의적절한 말을 내뱉는 것…. 각자 생각하는 정의를 한데 모아 정리할 필요가 있습니다. 그래야 말을 잘한다는 게 무엇인지를 분명히 알고, 부족한 부분을 살핀 다음 자신의 말을 가다듬을 수 있을 테니까요.

앞으로 '말을 잘한다는 것'을 생각할 때마다 독수리의 양 날개를 떠올려보세요. 독수리가 하늘 높이 솟아오르고, 목표물을 향해 쏜살같이 날아가기 위해서는 두 날개의 균형이 중요합니다. 한쪽 날개가 부실해서는 원하는 방향과 속도로 날 수 없지요.

그렇다면 말에 있어 각각의 날개는 무엇을 의미할까요. 하나는 말 근육과 연결된 화술을, 또 하나는 생각 근육과 연관된 콘텐츠를 뜻합니다. '말 근육 vs. 생각 근육', '목소리 vs. 말'로 두 날개를 떠올리면 좀 더 쉬울 겁니다.

말의 기술, 즉 화술은 흔히 목소리가 좋다, 나쁘다를 결정하는 호흡, 발성, 발음을 기초로 이뤄지고 있는데요. 그런데 과연 화술만 뛰어나면 말을 잘한다고 할 수 있을까요?

목소리 좋은 한 선배가 있습니다. 동굴 같은 저음에 귀에 쏙쏙 박히는 정확한 발음, 호감을 주는 외모로 인기가 참 많았지요. 그런데 그 선배를 만나고 돌아올 때면 기분이 좀 언짢은 거예요. 대화가 썩 유쾌하지 않았습니다. 감미로운 음성을 듣는 내내 내 마음은 왜 복잡해질까 의아했고, 그래서 선배의 말을 되돌아봤습니다. 이유가 서서히 수면 위로 떠올랐습니다. 제 말이 번번이 막히고, 부정당하고 있었던 겁니다. "선배! 요새 다시 마라톤 붐이 일더라고요. 저도 서서히 거리를 늘려 언젠가 하프에 한 번 도전해보려고요." "에이, 네가 마라톤을 잘 몰라서 하는 말인데, 그거 잘못하면 무릎 나가! 나이 들어 무릎 상해! 하지 마!" 의견을 묻자고 건넨 말도 아닌데 늘 예스가 아닌 노부터 말하니 제가 모자란 사람, 세상 물정 하나도 모르는 사람 취급을 당하는 것 같더라고요.

혹시 주변에 비슷한 누군가가 떠오르나요? 화술에는 큰 문제가 없는데 말로 상대에게 비수를 꽂고 상처를 주는 사람이요. 심지어 자신이 상처를 준지도 모르고 말을 잘한다고 착각하는 사람도 있습니다. 입술의 30초가 마음의 30년이 되는 줄 모르고요.

생각 근육으로 이뤄진 한쪽 날개, 즉 콘텐츠 영역은 말의 내용만을 의미하지 않습니다. 시의적절한 말을 어떤 표현과 전개 방식으로 할지, 어떤 표정과 몸짓으로 전달할지, 사람과 상황을 고려한 말의 재료와 틀, 태도를 종합적으로 담고 있지요.

반대로 내용 준비와 태도에는 문제가 없는데 전달력이 떨어져 제 평가를 받지 못하는 경우도 많습니다. 말이란 입 밖으로 나가는 순간 듣는 사람의 것이 된다는데, 상대 귀에 정확히 도달하지 못한 채 허공에서 사라져버리는 말도 있습니다. 화술을 소홀히 여겨서는 안 되는 이유지요.

결국 말을 잘한다는 것은 말 근육과 생각 근육을 고르고, 탄탄하게 다진 상태를 뜻합니다. 독수리의 균형 있는 양 날개처럼요.

말쟁이, 능변가, 달변가, 소통의 달인. 말 잘하는 사람을 뜻하는 다양한 표현입니다. 담고 있는 의미와 뉘앙스는 조금씩 다른데요. 말솜씨가 능란한 사람은 능변가, 노련하게 막힘없이 말하는 사람은 눌변의 반대인 달변가라고 부릅니다. 능변, 달변까지는 아니어도 절제된 말과 태도로 상대를 사로잡는 소통의 달인도 있지요. 그렇다면 말쟁이는 무슨 뜻일까요. 말이 많거나 말만 잘하는 사람을 낮잡아 부르는 표현입니다. 여러분은 말쟁이가 되길 원하나요, 소통의 달인이 되길 원하나요. 아니면 좀 더 나아가 능변가, 달변가가 되길 원하나요.

오늘부터 좋은 말, 예쁜 말, 현명한 말, 센스 있는 말, 기분 좋게 하는 말, 다가오게 하는 말, 미움받지 않는 말, 빚지지 않는 말, 위로하는 말,

치유하는 말, 용기를 주는 말, 살리는 말을 할 줄 아는 '말 잘하는 사람'이 되고 싶다면, 말 근육과 생각 근육을 균형 있게 길러보길 추천합니다. 두 날개가 여러분의 힘찬 비상을 도와줄 겁니다.

PART ❷　　　　　　　　　　GET SET

―――――― 2 ――――――

말 근육, 생각 근육은
왜 중요할까?

말 근육과 생각 근육을 꾸준히,

탄탄하게 만드는 습관은 처음엔 내가 만들지만,

나중에는 그 습관이 나를 만든다는 사실을

꼭 기억하면 좋겠어요.

시각장애, 발달장애, 뇌병변 장애를 겪는 청년들이 스피치 훈련을 할 때의 일입니다. 내일의 MC를 꿈꾸는 2, 30대 젊은이들이 모였으니 배움의 열기가 아주 뜨거웠는데요. 비록 눈이 안 보이고 몸이 불편해도, 새로운 목표를 품고 땀 흘리는 모습은 결코 다르지 않았습니다.

그런데 말하기의 기초인 조음기관을 푸는 시간에 예상치 못한 어려움을 발견했어요. 입과 혀를 동시에 움직여 내는 '똑딱똑딱' 시계 초침 소리나 입술을 작고 동그랗게 오므려 내는 휘파람 소리, 위아래 입술을 빠르게 떠는 '푸르르르' 소리를 쉽게 내지 못하는 겁니다.

물론 비장애인 중에도 이런 소리를 내기 어려워하는 분들이 있습니다. 그런데 대부분 소리가 잘 안 나오는 것뿐이지 입술과 혀 자체를 움직이는 데 불편한 경우는 상대적으로 적었어요. 무소음 시계나 스마트폰 시계에 익숙한 아이들은 똑딱똑딱 초침 소리를 한 번도 들은 적이 없어 혀를 움직여서 내는 소리가 아닌 정확한 입말로 자음과 모음이 선명하게 들리도록 '똑!딱!똑!딱!'이라고 말하기도 했지요.

발음이 잘 안 되는 청년들의 입 모양과 발화 방식을 유심히 살펴봤습니다. 입술과 입 주위 근육, 혀 근육이 단단히 굳어 있는 걸 확인할 수 있었어요. 원인은 다양할 겁니다. 말할 기회가 적었거나 어릴 때 적절한 언어 치료를 받지 못했을 수도 있지요. 분명한 건 소리를 내는 조음기관이 원활하게 움직여지지 않으니 말하기가 점점 꺼려지고, 말하는 상황을 피하니 말 근육은 점점 더 굳어만 갔던 겁니다.

본격적인 말 근육 훈련에 돌입했습니다. 자음, 모음 발음을 하나하나 연습하고, 혀의 위치와 입술 모양을 정확히 바로잡고, 조음기관 스트레칭을 반복했습니다. 학생들이 어찌나 열심히 참여하던지 훈련할 때마다 굵은 땀방울이 뚝뚝 떨어지고, 티셔츠가 흠뻑 젖을 정도로 최선을 다하는 겁니다. 다행히 노력은 배신하지 않았습니다. 딱딱했던 말 근육이 서서히 풀리면서 이전보다 훨씬 편하고, 자유롭게 움직일 수 있는 부드러운 근육으로 변해갔습니다.

말을 한다는 건 이렇게 엄청난 에너지와 노력이 필요한 일입니다. 입이 열려 있다고 그냥 나오는 게 아니에요. 더군다나 말을 이해한다는 건 기적 같은 일 아닌가요. 사람마다 인지 필터가 다르잖아요. 세대, 경험, 감정 등 어느 것 하나 똑같지 않은 사람이 만나 말의 내용과 의미를 이해하고, 적절한 말을 내뱉는다는 건 정말 놀라운 일입니다.

말이 오가는 과정을 한번 생각해보세요. 의사소통에 필요한 네 가지 필수 요소가 있는데요. 첫 번째는 **알맹이**, 즉 말하고자 하는 내용입니다. 수많은 생각과 감정, 알고 있는 지식 가운데 말의 재료를 선별하는 일 자체가 쉽지 않습니다. 두 번째는 **조립**, 전하려는 메시지를 말로 어떻게 옮길지 이리저리 궁리하는 과정인데요. 상대의 의도를 충실히 반영하는 말을 생각하고, 어울리는 표현이나 어휘를 고르고, 적절한 말의 틀을 결정해야 합니다. 세 번째는 **전달**, 상대 귀에 정확히 당도할 수 있도록 또렷한 발음과 시원한 발성, 안정된 호흡으로 말해야 합니다. 또

한 표정과 몸짓, 손짓, 자세, 시선 처리도 신경 써야 하고요. 전화로 말할지, 직접 만나서 말할지 전달 방식을 결정하는 일도 중요합니다. 마지막 네 번째는 **독해**. 듣는 일은 청자가 하는 일이지만, 독해가 잘 되게 하는 건 화자의 책임도 크지요. 물론 외부 소음이나 듣는 사람 내면의 소음까지 막을 수는 없지만요.

이 네 가지 요소가 톱니바퀴처럼 잘 맞아 빠르게 오가야 의사소통이 원활하게 이뤄질 수 있습니다. 알맹이, 조립, 전달, 독해 중 하나라도 부족하면, 말 못하는 사람으로 여겨지고 때로는 뜻이 왜곡돼 갈등이나 다툼으로 이어질 수 있어요. 그러니 의사소통은 눈을 고정하고, 생각 근육을 움직여야 하는 독서만큼이나 아니 그 이상으로 어려운 일입니다.

시각, 청각, 언어 3종 장애를 겪은 헬렌 켈러가 이런 말을 했어요. "보이지 않는 것은 사물과의 단절이고, 들리지 않는 것은 사람과의 단절이다." 그 답답함과 불편을 온전히 헤아릴 수는 없지만, 시각장애나 청각장애를 겪는 분들을 가까이서 지켜보며 헬렌 켈러의 말을 찬찬히 돌아봤습니다. 보통 청각장애가 있는 경우, 언어 장애를 동반할 확률이 높다는데요. 우리는 보통 주변 소리를 통해 언어를 배우고 단어와 문법 구조를 익히는데, 이런 학습 과정을 경험하지 못해 언어 발달에 어려움을 겪는 경우가 많았습니다. 듣지 못하고, 말하지 못하는 건 사람과 사람이 단절되는 일이라니 말을 절대로 당연하거나 하찮게 여겨선 안 되겠다는 생각이 간절해집니다.

말하는 것 자체만으로도 에너지가 많이 필요한데, 말을 제대로 잘하는 건 얼마나 더 힘든 일일까요. 결코 거저 주어지는 선물이 아닙니다. 씨 뿌리고, 물 주고, 관심과 정성을 기울여야 얻을 수 있는 귀한 열매이지요. 엄청난 노력과 훈련이 필요한 일입니다. 말을 잘하고 싶을 때 필요한 두 가지 근육, 말 근육과 생각 근육을 단단히 바로잡지 않으면 정말 어려운 일입니다.

이번에는 말 근육과 생각 근육이 중요한 이유를 구체적으로 살펴볼게요. 먼저 말 근육이 부족하면 어떤 일이 벌어질지 생각해봅시다.

첫 번째, 전달에 문제가 생깁니다. 호흡이 짧고 불안정하면 하고 싶은 말을 제대로 전할 수 없어요. 긴장하고 있다는 사실을 상대에게 금방 들키고 맙니다. 목소리는 점점 갈라지고, 문장 끝으로 갈수록 힘이 빠지지요. 이런 상황을 의식하면 더 긴장하게 되고 그럼 또다시 호흡이 가빠집니다. 악순환의 연속이지요.

두 번째, 목이 상하고, 오랫동안 말하지 못합니다. 크고 시원한 발성이 뒷받침되지 않으면 상대에게 되묻는 말을 자주 듣게 되고, 듣는 사람이 5명만 넘어가도 쉽게 목이 아픈 상황이 발생합니다. 이런 경우는 한 번도 제대로 된 소리를 내본 경험이 없었을 가능성이 큽니다.

마지막 세 번째, 발음에도 심각한 영향을 줍니다. 발음이 또렷하지 않으면 자신감과 전문성이 없어 보인다는 오해를 사거나, 심한 경우 뜻이 왜곡될 수도 있지요. 말 잘한다고 평가받는 사람 치고 발음이 모호한 사람은 없습니다.

　그럼, 생각 근육이 부족할 때는 어떤 일이 일어날까요. 크게 세 가지 **불**不이 작동합니다. 첫 번째는 '말 재료의 **부**不족' 현상입니다. 말할 기회가 생기면 뭘 얘기해야 할지 막막했던 경험이 있을 거예요. 유익한 책과 영화도 꽤 본 것 같은데 막상 말할 거리가 떠오르지 않는 겁니다. 들은 얘기, 본 얘기, 경험 얘기를 줄줄 말하는 사람을 보면 그저 부러울 따름이지요.

　두 번째는 말의 틀 **부**不재로 이어집니다. 애써 용기 내 말을 시작했는데, 하다 보면 자꾸만 중언부언하고 결과는 늘 삼천포로 빠집니다. 두서없는 말과 쓸데없는 말로 인해 나중에 꼭 후회하지요.

　세 번째는 말의 태도 **불**不량으로도 연결됩니다. 흔히 말의 태도는 공감 능력이나 말 센스로도 불리는데요. 말의 태도가 불량하면 "너 T야?"라는 볼멘소리를 듣거나 오해와 갈등을 불러일으킬 수도 있습니다.

　그런데 말 근육과 생각 근육이 중요한 더 큰 이유가 있어요. 바로 마음 근육과 연결되어 있기 때문입니다. 목이 쉽게 지치고 상하면 신체 컨디션에도 영향을 주고, 마음도 덩달아 가라앉습니다. 몸 상태가 좋지 않을 때도 대번에 목소리 질이 떨어지면서 마음과 행동이 소극적으로 변하게 됩니다. 또 생각 근육이 빈약해 말을 제대로 하지 못하면 자신감을 넘어 자존감까지 떨어질 수 있습니다. 말로 인해 관계가 흐트러지고, 기회를 잃고, 갈등을 빚는 다양한 경험을 거치면서 애써 일군 마음 밭이 엉망이 되고 맙니다. 반대로 말 근육과 생각 근육을 단련해 기운이 생기면 모든 일에 의욕이 넘치고, 자신감을 챙길 수 있습니다. 새로운 도전에도 주저함 없이 나서게 되고요.

그렇다면 말 근육과 생각 근육을 어떻게 길러야 할까요? 구체적인 훈련 방법을 익히기 전에 꼭 기억해야 할 점이 있습니다. 말할 때 필수인 성대와 조음기관, 얼굴은 모두 '근육'으로 이뤄져 있다는 사실입니다. 언어음을 만들어내는 발음 기관을 '조음調音기관'이라고 부르는데요. 입술, 이, 잇몸, 입천장, 혀 등을 가리킵니다. 이 또한 근육으로 이뤄져 있거나 근육에 둘러싸여 있는 기관이지요. 따라서 근육의 특성을 잘 이해하고, 알맞은 방법을 적용하면 훨씬 효과적으로 움직일 수 있습니다.

몸 근육을 길러본 적이 있다면 근육의 성질을 잘 아실 텐데요. 대표적인 세 가지를 꼽아볼까요. 첫 번째, 근육은 노력하지 않으면 나이 들수록 점점 빠집니다. 한 살 한 살 나이 먹는 것도 서글픈데 근육까지 점점 사라지는 거지요. 그런데 몸 근육만 빠지는 게 아니라, 말 근육도 같이 느슨해진다는 사실을 알고 계시나요. 평소 책을 즐겨 읽는다는 5, 60대에게 직접 소리 내어 읽어보길 요청했습니다. 그랬더니 눈으로는 잘 읽혔던 글이 입으로는 시원하게 나오질 못하는 겁니다. 끊어 읽기가 어색하고, 자꾸 버벅대며 한 문장을 제대로 소화하기 힘들어했어요. "어머나, 내가 평생 글 쓰고, 책 읽는 사람인데 이렇게 낭독을 못할 줄이야" 하고 충격을 받는 분도 적지 않습니다. 눈으로 글을 보고, 뇌에서 인지하고, 운동기관에 지시를 내려, 성대와 조음기관 등이 움직이게 하는 일련의 발화 과정이 점점 둔해지는 겁니다. 이 또한 우리가 받아들여야 할 자연스러운 노화 현상 중에 하나지요. 그런데 우리에겐 희망이 있습니다. 노화를 아예 막을 수는 없지만, 충분히 늦출 수는 있습니다. 친구 사이에도 20살 때는 나이가 비슷해 보이던 얼굴이, 환갑 때는 나이 차가 크게 나는 경우를 종종 보는데요. 말 근육, 생각 근육도 개인의 습관과 노력에 따라 달라질 수 있습니다. 목소리를 끊임없이 갈고닦은 60대 성우의 음성을 떠올려보세요. 소리만 들으면 절대 나이를 가늠할 수 없답니다. 제가 이렇게 자신 있게 말할 수 있는 이유가 있어요. 저와 함께 말 근육을 훈련한 대학생들과 30~70대 사이 일반 여성들이 4개월 만에, 짧게는 6주 만에 자연스럽게 이야기하듯 낭독하는 모습을 수없이 목격했거든요. 속도의 차이는 있어도 누구나 노화를 늦추는 건 가능합니다. 걱정, 근심, 후회로 생각 지방만 늘리지 말고, 이제는 말 근육, 생각 근육을 탄탄하게 단련해보면 어떨까요.

두 번째, 근육은 주의 깊게 단계적으로 늘려야 합니다. 마라톤을 즐기는 일본 소설가 무라카미 하루키가 근육은 잘 길들인 소나 말 같은 사역 동물과 비슷하다고 비유했어요. 시간을 충분히 들여 살살 달래가면서 일을 시켜야지, 무리하게 혹사하면 쉽게 고장 나 버린다는 뜻입니다. 헬스에서도 '점진적 과부하 원칙'이 있대요. 운동량을 단번에 서둘러 늘리는 게 아니라 단계적으로 서서히 능력치를 높이는 방식인데요. 그러면 근육도 자연스럽게 적응해가며 훈련을 견딜 수 있다고 해요. 좋은 목소리를 빨리 내고 싶은 욕심에 하루에 1시간씩 낭독하고, 무리하게 소리를 지르며 목을 혹사하는 것은 결코 바람직하지 않겠지요.

세 번째, 근육은 반복 학습으로 길러집니다. 무라카미 하루키가 근육을 또 이렇게 비유했어요. '근육은 무척 고지식한 성격의 소유자'라고요. 마라톤을 하며 근육과 오랜 기간 신경전을 벌인 사람만이 쓸 수 있는 적확한 표현 같아요. 근육은 관심을 가지고 단련하면 능력이 향상하지만, 내버려두면 금세 흐물흐물해지고 쓸모가 없어진다는 겁니다. 그동안 적지 않게 노력을 기울였으니 그 상태 그대로 머물러주면 좋으련만 봐주는 법이 없습니다. 쉽게 빠진 근육을 되돌리려면 처음부터 되풀이해야 하고, 시간도 더 많이 들지요. 근육도 효율을 엄청나게 따져서 가능하면 힘을 안 들이며 지내고 싶어 한대요. 그래서 연습을 며칠 쉬면 근육은 '이래도 되는 거구나' 하고 자동으로 판단해 한계치를 떨어뜨린다는 겁니다. 근육이 스스로 판단한다는 표현 자체가 좀 우습지만, 우리가 계속 관심을 기울여야 할 살아 있는 존재라는 건 분명하지요. 제대로 된 훈련 방식으로 꾸준히 움직이다 보면 어느 순간, 불평하지 않고 비로소 자기 일로 받아들이는 상태가 된답니다. 그게 바로 '체화'로, 근육이 저절로 움직이게 몸에 깊이 새긴 결과이지요.

나이 들수록 건강을 위해 몸 근육을 단련하는 게 필수이듯, 어른답게 말을 잘하기 위해서는 말 근육, 생각 근육 훈련이 꼭 필요합니다. 꾸준함이 세상에서 제일 어려운 일임을 잘 압니다. 하지만 근육 운동이란 게 반복 훈련을 대체할 왕도도 없을 뿐 아니라, 그만큼 결과로 꼭 보답한다고 하잖아요. 하기 싫은 이유를 떠올리기보다 쉽게 질리지 않고 세수하고 밥 먹듯 일상처럼 해낼 수 있는, 재미있는 훈련 방법을 마련하는 게 더 현명하겠죠. 가령, 점심 식사를 하고 식곤증이 올 때 '매일 10분 낭독' 또는 꿀잠을 위해 걱정 근심을 내려놓을 수 있는 '자기 전 10분 낭독'처럼 말이에요. 나중에 후회만 하는 삶을 이제는 끊어보자고요.

근육 운동을 할 때는 세 가지 '관'만 기억하세요. 관점, 관심, 관리. 근육은 쓰면 쓸수록 나이가 들어도 더 잘 움직일 수 있다고 **관점**을 전환하고, 애정 어린 **관심**으로 꾸준히 **관리**하면 오랫동안 건강하게, 제대로 쓸 수 있습니다.

'습관이 곧 자기 자신'이라는 아리스토텔레스의 말이 있습니다. 말 근육과 생각 근육을 꾸준히, 탄탄하게 만드는 습관은 처음엔 내가 만들지만, 나중에는 그 습관이 나를 만든다는 사실을 꼭 기억하면 좋겠어요. 우리 모두 습관이 행복한 사람이 되어보자고요.

PART ❷　　　　　　　　　G E T S E T

———— 3 ————

나의 말은
어떤 근육이 부족할까?

단 한 번의 완벽한 말이 아니라
건강하고 오랫동안 올바르게 말하는 것이
우리의 훈련 목적임을 잊지 말아야 해요.

운동할 때 제일 중요한 건 무엇일까요. 먼저, 내 몸 상태를 제대로 알아야 합니다. 아무리 좋은 운동이라도 나에게 맞지 않으면 효과가 없고 오히려 해가 될 수 있으니까요. 운동은 노동이 아닙니다. 목적부터가 다르지요. 《으뜸체력》이란 책을 쓴 스포츠 트레이너 심으뜸 작가는 이렇게 설명했어요. "노동은 생산성을 목적으로 하지만, 운동은 학습에 초점을 둔 움직임이다." 건강과 회복을 위해 하는 운동이니만큼 근육 상태에 집중해 부족한 점을 알아차리고, 알맞게 단련하는 게 중요하다는 말이겠지요. 말하기를 위한 근육 훈련 과정도 마찬가지입니다. 운동이 아니라 노동으로 여긴다면 삶의 우선순위에서 자꾸 밀리고, 하지 못할 핑계만 늘어갈 겁니다. 단 한 번의 완벽한 말이 아니라 건강하고 오랫동안 올바르게 말하는 것이 우리의 훈련 목적임을 잊지 말아야 해요.

말하기 필수 근육 두 가지! 앞에서 언급한 '독수리의 양 날개' 기억하시죠. 말 근육과 생각 근육 가운데 여러분은 어떤 근육이 부족한지 현재 상태를 지금부터 꼼꼼히 점검해보세요.

말 근육 점검
① 낭독을 통한 점검
먼저, 여러분 눈앞에 보이는 읽을거리를 하나 고릅니다. 온라인 신문 기사, 종이 신문, 책, 잡지, 논문 등 어떤 것이든 좋습니다. 책을 택했다면 마치 타로점 뽑듯 한 페이지를 펼쳐보세요. 자, 준비되셨나요. 그럼 지지금부터 스마트폰 녹음 기능을 켜고, 시작 버튼을 누름과 동시에 소리 내어 글을 읽어봅니다. 두 페이지 정도 내리읽는 것을 추천합니다.

어느 정도 읽었다면, 녹음을 중단하고 여러분의 목소리를 들어봅니다. 낭독할 때 느낌과 녹음본을 들었을 때의 생각을 토대로 아래 질문에 따라 스스로 진단해보세요.

(10문항)

✓	낭독의 흐름이 자연스럽지 않았는가?
	흐름이 자꾸 끊겼는가? 원인은 무엇이라고 생각하는가?
	끊어 읽기(띄어 읽기)가 어색했는가?
	갈수록 호흡이 부족했는가? 몇 줄 또는 몇 페이지에서부터 호흡이 달리기 시작했는가?
	갈수록 목이 불편했는가? 몇 줄 또는 몇 페이지에서부터 목이 아프기 시작했는가?
	내용 전달이 잘 안 되었는가? 원인은 무엇이라고 생각하는가?
	오독이 잦았는가? 자주 틀리는 발음이 있는가? 적혀 있지 않은 불필요한 조사를 덧붙이지는 않았는가?
	침이 마르거나 또는 침이 너무 많이 나와 낭독하는 데 방해가 됐는가?
	읽는 속도가 갈수록 빨라졌는가?
	녹음한 나의 목소리가 어둡고 생기가 없었는가? 무미건조해 지루하지는 않았는가?

② 대화를 통한 점검

혼자 낭독할 때는 그런대로 괜찮은 것 같은데, 누군가와 대화할 때의 목소리가 고민인 분들이 꽤 있습니다. 말의 내용 자체가 정확히 전달되지 않아 답답했던 분은 아래 내용을 꼭 점검해보세요. 그동안 나눈 대화 상황을 떠올려도 좋고요. 가족이나 친한 친구를 만났을 때 미리 양해를 구하고 대화를 녹음한 다음 나중에 다시 들어보는 방법도 좋습니다.

(5문항)

✓	상대가 자꾸 되묻는 일이 발생하는가?
	쉬운 내용을 전달할 때도 자주 버벅대는가?
	영혼 없이 기계처럼 말한다는 소리를 듣는가?
	쉽게 흥분해 목소리가 커지거나 빨라지는가?
	아이처럼 말한다는 소리를 자주 듣는가?

③ 대중 스피치를 통한 점검

5명 이상만 넘어가도 말하기가 부담스럽다는 분이 많습니다. 코로나 이후 이런 고백이 부쩍 더 늘었어요. 실제로 대학생과 일반 성인 들이 제게 자주 토로하는 대표적인 말 고민 중 하나거든요. 나만의 고민이 아니었구나 안심하셔도 좋습니다. 부담감을 조금은 내려놓고 이제는 진지하게 원인을 파악해보는 시간을 가져봅시다.

여러 명 앞에서 자기소개할 때, 학교나 회사에서 발표할 때, 리더로서 연설할 때, 강의나 강연을 할 때 등 상황을 구체적으로 떠올리며 아래 질문에 답해보세요.

(5문항)

✓	호흡이 가빠지고 목소리가 떨려 관중이 눈치챌 정도인가?
	마이크 없이 육성으로 말하는 것은 무리인가?
	마이크를 사용해도 뒤쪽 관객이 잘 안 들린다고 하는가?
	웅얼웅얼한다는 소리를 자주 듣는가?
	말하고 나면 목이 쉬거나 불편한가?

🗣 말 근육 점검 결과는? (총 체크 개수)

_____개 / 20개

🗣 내가 가장 먼저 훈련해야 할 부분은? (   )

① 호흡   ② 발성   ③ 발음

생각 근육 점검

이번에는 목소리가 아닌 말 상태를 살펴보겠습니다. 우리 속담에도 목소리보다 말에 관한 내용이 훨씬 많은데요. '말 한마디에 천 냥 빚도 갚는다, 가는 말이 고와야 오는 말이 곱다, 발 없는 말이 천 리를 간다, 자랑 끝에 불붙는다' 등 하나같이 말의 중요성을 강조합니다. 사실 말로 인한 문제를 더듬어보면 목소리 때문이라기보다 말의 내용과 전달 방식, 태도로 빚어지는 경우가 훨씬 많지요. 목소리가 그리 좋지 않아도 상대의 귀를 붙잡고, 마음을 움직이는 설득의 달인도 적지 않습니다. 나의 말은 어떠한지 다각도로 점검해봅시다.

(6문항)

	말의 재료 점검
✓	막상 말할 기회가 생기면 무슨 말을 해야 할지 난감한가?
	상황에 딱 맞는 용어가 떠오르지 않는 경우가 종종 있는가?
	사용하는 어휘의 빈약함을 자주 느끼는가?
	명언이나 명대사 등을 적절히 언급하고 싶은데 잘 떠오르지 않는가?
	말이 구체적이지 않고 모호하거나 대충 얼버무리는 경우가 많은가?
	사람들에게 말해줄 에피소드가 딱히 없다는 생각이 드는가?

(7문항)

	말의 틀 점검
✓	말하다 보면 꼭 삼천포로 빠지는가?
	말의 시작은 창대하지만 끝은 미약한가?
	두서없이 말하는 경우가 많은가?
	말의 핵심, 즉 알맹이가 없는 경우가 많은가?
	한 문장이 장황하지 않은가? (예: ~고, ~했으며, ~했는데… 식으로 절대 끝나지 않는 한마디)
	"그래서 하고 싶은 말이 뭔데?"라는 소리를 종종 듣는가?
	발표나 연설, 강연 등을 할 때 말의 재료를 어떤 순서로 풀어야 할지 막막한가?

(7문항)

	말의 태도 점검
✓	말할 때 태도로 오해를 받는 경우가 종종 있는가?
	사람들 앞에만 서면 머릿속이 하얘지는가?
	시선을 어디에 두고 말해야 할지 자주 헤매는가?
	어떻게 리액션(반응)해야 할지 난감할 때가 많은가?
	예상치 못한 질문을 받으면 당황해 말을 제대로 잇지 못하는가?
	부정적인 말과 태도(한숨, 짜증 섞인 표정 등)의 빈도가 더 높은가?
	반대 의견을 들으면 공격적이거나 방어적으로 답하는가?

- 생각 근육 점검 결과는? (총 체크 개수)

    _____개 / 20개

- 내가 가장 먼저 훈련해야 할 부분은? (   )

    ① 말의 재료   ② 말의 틀   ③ 말의 태도

3 - 나의 말은 어떤 근육이 부족할까?

PART ❷   GET SET

― 4 ―

말 근육 단련법 10가지

호흡과 발성, 발음은 조금만 신경 써서 연습하면
소리의 질이 금세 달라질 수 있습니다.

말 근육 훈련은 건강하고 좋은 목소리를 내는 데 꼭 필요합니다. 상대의 귀에 정확히 도달할 수 있는 배려하는 말하기의 시작이고요. 지금까지 내 말을 잘 알아듣지 못하는 상대 탓만 했었나요. 사실 전달하는 우리에게 더 큰 문제가 있었던 건 아닌지 돌아봐야 합니다.

호흡과 발성, 발음은 조금만 신경 써서 연습하면 소리의 질이 금세 달라질 수 있습니다. 생각 근육보다 훨씬 더 빨리 효과를 볼 수 있지요. 앞서 말 습관을 돌아봤을 때, 말 근육의 문제가 더 많았다면 오늘부터 꾸준히 훈련해보세요. 모든 연습을 한꺼번에 하겠다는 욕심은 내려놓고, 가장 필요한 훈련부터 하나씩 해봅니다. 처음에는 책을 보며 방법을 따라 하다가 나중에는 내 몸이 알아서 연습 방법을 기억할 때까지 해보세요. 목소리 변화를 한번 제대로 맛보고 나면, 그다음에는 스스로 신나서 또 다른 말 근육 훈련을 시작하게 될 거예요.

말 근육 단련법 1 말의 체력은 호흡

갓난아기가 자고 있을 때 유독 눈에 띄게 들썩이는 신체 부위가 있어요. 바로 배입니다. 몸이 작으니 배가 풍선처럼 부풀었다 가라앉는 모습이 더 크게 보이지요. 사람은 태어날 때, 배로 숨을 쉬는 '복식 호흡'을 기본으로 합니다. 태중에 있을 때, 탯줄을 통해 세상과 연결됐던 배꼽이 기를 모으는 중심으로 작용한다는 주장도 있지요. 그러다 나이가 들면서 숨이 오가는 거리가 점점 짧아져 가슴을 움직이는 흉식 호흡으로 바뀌었다가 숨을 거두기 직전에는 얼굴과 목 주위만 겨우 움직이는 쇄골 호흡으로 생을 마감합니다.

　호흡이 건강과 수명에 영향을 준다는 연구 결과를 한 번쯤 들어보셨을 거예요. 장수 동물인 코끼리, 거북이, 고래 등의 공통점이 느리고 긴 호흡이라는데요. 오래 사는 것까지는 바라지 않더라도 사는 동안 건강하게 살기 위해서는 호흡을 바로잡는 것이 중요합니다.
　게다가 말을 잘하려면 기초 체력인 호흡이 꼭 뒷받침돼야 해요. 호흡이 짧으면 전하고 싶은 말을 제대로, 안정적으로 할 수 없을 뿐더러 긴장 상태를 상대에게 고스란히 들키고 맙니다. 말의 내용보다 전달의 미숙함이 도드라져 보일 수 있지요. 그렇다면 복식 호흡은 어떻게 해야 할까요.

① 현재 호흡 방식 살피기

먼저 코로 크게 들이마시고, 입으로 '후~' 하고 천천히 내뱉어보세요. 이때 움츠러들었던 가슴이 열리고, 어깨가 위로 올라가는지 살펴보는 게 중요합니다. 거울 앞에서 내 모습을 면밀히 관찰하며 연습하면 신체 움직임이 더 잘 보이겠지요. 가슴과 어깨가 움직였다면, 흉식 호흡을 하고 있다는 증거입니다.

② **자세 바로 세우기**

호흡하기 전 자세부터 바로 세워야 합니다. 어깨를 한번 뒤로 돌렸다가 팔을 아래로 툭 떨궈주세요. 목과 어깨에 힘이 들어가지 않고 편안해야 합니다. 의자에 앉았다면 등받이에서 엉덩이와 등을 뗍니다. 앵커들은 대부분 의자의 반만 걸터앉는데요. 무게 중심을 등 쪽이 아닌 배로 집중하기 위한 기본 자세입니다. 다리는 두 주먹이 들어갈 정도로 벌리고, 옆에서 봤을 때 무릎이 90도 각도가 되도록 두 발의 위치를 잡고, 발바닥을 땅에 온전히 닿게 둡니다.

일어서서 호흡한다면, 두 발을 어깨너비로 벌리고 시선은 정면을 바라본 다음, 몸을 전체적으로 5도 정도 살짝 앞으로 기울입니다. 그럼 우리 몸은 넘어지지 않으려고, 엄지발가락과 배에 자동으로 힘을 주게 됩니다. 이때 목과 어깨, 팔 등 다른 부위는 힘을 빼는 게 관건입니다.

③ **느리고 깊게 숨을 마시고 내쉬기**

이제부터는 오직 배의 움직임에 집중해야 합니다. 제대로 움직이는지 잘 모르겠다 싶을 때는 양 손바닥을 배에 살포시 얹어보세요. 그런 다음, 코로 숨을 깊게 들이마셔서 배가 풍선처럼 불룩 튀어나오게 해주세요. 많이 나오는 분은 옆구리까지 빵빵해진답니다. 숨을 들이마실 때 배가 반대로 쪼그라든다면 가슴이 팽창되는 흉식 호흡을 하는 중이니 주의하세요. 이제 들숨을 마신 상태에서 숨을 잠시 멈췄다가 입으로 '후~' 하며 천천히 내쉽니다. 들숨보다 날숨을 더 길게 하는 게 가장 중요합니다. 들이마실 때 4초, 멈추고 나서 4초, 내쉴 때 8~10초가량 속으로 천천히 숫자를 세어보는 것도 호흡에 집중할 수 있는 좋은 방법입니다. 배에 공기가 가득 차는 것 같지 않다면 하품을 크게 해보세요. 단번에 배가 빵빵해지는 것을 확인할 수 있습니다.

내쉬는 숨이 모자란다면, 공기를 들이마셨다가 내뱉을 때 처음부터 몰아서 확 내쉰 건 아닌지 점검합니다. 단번에 공기를 크게 바깥으로 빼내면, 나중에 더는 나올 숨이 없습니다. 숨을 처음부터 끝까지 고르게 내뱉으면 훨씬 더 오랫동안 뿜아낼 수 있어요. 잘 안 될 때는 '후~' 대신 '스~' 소리를 내면 일정하게 숨을 내보내는 연습을 할 수 있습니다.

④ 빠르게 코와 입으로 숨을 마시고, 입으로 천천히 내쉬기

실제 대화 상황에서는 깊고 느리게 숨을 들이마실 여유가 없습니다. 한창 말하다가 "잠깐만! 나 숨 좀 마시고"라고 할 수는 없잖아요. 문장과 문장 사이, 끊어 읽는 구간에서 코와 입으로 빠르게 숨을 들이마셔야 합니다. 그럼 같이 연습해볼까요. 속으로 하나, 둘, 셋을 외치자마자 놀란 토끼처럼 코와 입으로 숨을 빠르게 들이마십니다. 그런 다음, 공기를 내뱉을 때는 천천히 길게 뿜아내는 겁니다. 뱃속에 모아둔 공기가 모두 빠져나와 배가 남김없이 쪼그라들 정도로요. 학생들에게 종종 이렇게 외치기도 한답니다. 배꼽이 등에 붙을 때까지! 이때 몸이 앞으로 자연스럽게 기울여지도록 놔두어야 합니다. 몸에 힘을 바짝 주고 꼿꼿하게 버티지 않아도 됩니다.

말 근육 단련법 2 호흡량 업↑ 긴장 다운↓

호흡의 길이는 사람마다 전부 다릅니다. 긴 숨, 짧은 숨이라는 평가도 상대적이지요. 다만 현재 나의 호흡을 기준으로 5~10초 정도만 늘려도 훨씬 더 안정적으로 말할 수 있습니다.

호흡량은 누구나 충분히 키울 수 있어요. 규칙적으로 천천히, 깊게 호흡을 하면 폐의 공기 용적을 최대화할 수 있답니다. 어쩌면 사는 동안 폐의 기능을 제대로 다 쓰지 않는 사람이 더 많을지도 모릅니다.

처음에는 의식적인 노력이 필요합니다. 저는 일상 루틴에 복식 호흡을 넣어 생활하는데요. 건강, 심리적 안정, 말하기 모두 챙길 수 있어 여러분에게도 추천합니다. 아침에 눈 뜨자마자 누운 채로 천천히 3~5번 정도 숨을 들이마시고 내쉽니다. 누워서 호흡하면 다른 신체 기관은 이완된 상태에서 배에만 집중할 수 있어 훨씬 좋더라고요. 천장을 바라보고 바르게 누워 무릎을 구부린 다음, 두툼한 책 한 권을 배에 올려놓고 복식 호흡을 해보세요. 이때 배 위에 올린 책이 위, 아래로 움직인다면 제대로 호흡하고 있다는 증거입니다. 시간 여유가 있다면 침대에 걸터앉은 상태에서도 눈을 감고 편안하게 2~3번 더 복식 호흡을 이어갑니다.

저는 행사나 강연 등 공식 일정으로 사람들 앞에 나서기 전, 이동하는 차 안에서 또는 무대 뒤에서도 복식 호흡을 합니다. 대부분 긴장하면 호흡에 집중하지 못하고, 대충 짧게 들이마시고 내쉬게 되는데요. 단 2~3분 만이라도 호흡에만 집중해 천천히, 깊고, 길게 내뱉으면 긴장감이 한결 누그러지면서 심리적 안정감도 챙길 수 있습니다.

호흡은 심장박동이나 내장 운동과 달리 자율신경계 가운데 우리가 마음먹은 대로 움직일 수 있는 유일한 기능이라고 해요. 마음 근력을 강조한 김주환 교수는 《그릿》에서 호흡에 집중하며 공기가 들어갔다 나오는 느낌 자체를 알아차리는 것도 중요하다고 말합니다. 이를 통해 호흡과 심박수가 안정되고 불안과 초조함을 일으키는 뇌 부위인 편도체가 안정을 찾을 수 있다는 겁니다.

점심 식사 후 나른해질 때도 눈을 감고 잠시 복식 호흡을 해보세요. 자기 전에도 걱정과 스트레스가 가득 쌓인 하루를 정리하며 복식 호흡을 해보는 겁니다. 이렇게 일상에서 복식 호흡을 위한 시간을 중간중간 배치해놓으면, 어느덧 복식 호흡이 습관화된 자신을 발견할 수 있답니다.

이제 호흡량을 늘리는 다양한 방법을 소개할게요. 매일 혼자 연습하는 것도 좋고, 아이와 함께 또는 같이 말 공부하는 친구와 함께하면 훨씬 재미있게 오랫동안 훈련을 이어갈 수 있습니다.

① 스톱워치 활용법

현대인의 필수품인 스마트폰의 스톱워치 기능을 활용해보세요. 홈 화면에서 '시계' 버튼을 누르면 스톱워치를 쉽게 찾을 수 있습니다. 천천히 깊게 숨을 들이마시고, 천천히 끝까지 내뱉기를 2번 정도 반복한 후에 마지막 세 번째에 숨을 최대한 많이 들이마시고, 시작 버튼을 누름과 동시에 천천히 내뱉습니다. '후~' 하고 끝까지 뽑아내는 게 핵심입니다. 날

숨이 멈춤과 동시에 정지 버튼을 눌러 몇 초를 기록했는지 확인한 후 여러분의 말 노트에 날짜와 1차 호흡 기록을 적습니다. 두 번째 시도할 때는 첫 기록보다 더도 말고, 덜도 말고 딱 2초만 늘려보세요. 똑같이 2번 복식 호흡을 한 다음, 세 번째에 스톱워치를 누르면 됩니다. 처음에는 얼굴도 빨개지고 날숨이 더는 나올 수 없을 것 같아도 매일 또는 자주 2초씩 늘리기를 반복하면 놀랍게도 호흡이 길어집니다.

🎤 2025년 0월 0일 호흡 훈련

② 한 호흡 낭독법

호흡량을 늘리는 두 번째 방법은 '한 호흡 낭독법'입니다. 앵커 시절, 방송국에 출근해 신문을 읽을 때마다 내용도 파악하고, 입도 풀고, 호흡도 늘릴 겸 자주 연습했던 방법인데요. 배가 불룩해질 정도로 숨을 크게 들이마신 다음, 주어진 지문을 읽을 수 있는 데까지 소리 내 읽고, 날숨이 끝나면 또 공기를 가득 채운 다음, 읽을 수 있는 데까지 읽는 것을 반복하는 방식입니다. 평소에 끊어 읽는 부분이 나오면 잠시 멈출 뿐 숨을 들이마시면 안 됩니다.

다음 연습자료를 '한 호흡 낭독법'으로 읽어보세요. 한 호흡으로 어디까지 소리 내 읽을 수 있는지 표시해두면 좋습니다. 참고로 저는 '~ 온몸으로 표현해보자'까지 한숨으로 읽었답니다. 그리고 또 숨을 크게 들이마신 다음 끝까지 읽었고요. 저와 여러분을 비교해 절망하는 건 금물입니다! 저는 매일 복식 호흡을 실천하는 말 선생이잖아요. 호흡 훈련을 계속하다 보면 저보다 더 긴 호흡을 충분히 가질 수 있습니다.

연 습 자 료

말의 인상은 표정과 목소리에 따라 완전히 달라진다. 이때 핵심은 가벼움이다. 요즘은 너무 무게감이 있거나 부담스러운 사람을 선호하지 않는다. 그러니 몸을 늘 가볍게 만들어두는 것이 중요하다. 그러면 마음이 열리면서 대화와 리액션도 더 자연스럽고 원활해진다. 상냥함, 융통성이 느껴지는 가벼움을 온몸으로 표현해보자. 막 목욕을 마치고 나온 듯한 상쾌함, 시원한 맥주를 한 잔 들이켰을 때의 느낌, 아이 같은 활기차고 밝은 기운 등을 떠올려보자.

_《어른의 말공부》, 사이토 다카시, p.34

③ 티슈 호흡법 및 물컵 호흡법

여럿이 같이 복식 호흡을 연습할 때, 티슈와 물컵을 활용해보세요. 호흡의 흐름을 눈으로 직접 확인할 수 있는 데다, 재미까지 챙길 수 있어 모두가 즐겁게 연습할 수 있습니다.

먼저, 티슈 호흡법은 말 그대로 미용 티슈를 활용하는 간단한 연습 방법입니다. 한 사람당 한 장이면 충분합니다. 티슈 상단의 두 모서리를 양손으로 한쪽씩 잡습니다. 그런 다음 티슈를 들어 얼굴 앞 10cm 정도 거리에 둡니다. 티슈 아래쪽 중앙이 입과 수평으로 같은 위치가 되게 높이를 바로잡아주세요. 이제 숨을 아주 깊게 들이마신 다음 '후~' 하고 천천히 고르게 내뱉습니다. 가벼운 티슈가 쉽게 반대편으로 뜨지요. 날숨으로 띄운 티슈가 제자리에 돌아오지 않게 최대한 끝까지 버팁니다. 누가 마지막까지 남았는지 겨뤄보는 것도 재미가 쏠쏠하답니다.

두 번째, 물컵 호흡법은 물과 투명 컵, 빨대가 필요한데요. 컵 안에 물을 1/3 정도 담은 다음, 빨대로 '후~' 하고 공기를 불어넣어 뽀글뽀글한 기포를 만듭니다. 맞습니다. 어릴 때 엄마가 장난치지 말라며 못 하게 했던 바로 그 놀이입니다. 물의 양을 컵에 절반 이하로 넣으면 바깥으로 튀는 일도 거의 없습니다. 이 연습도 나이 상관없이 모두가 재미있어 하는 복식 호흡법입니다.

말 근육 단련법 3   크고 시원한 '포물선 발성'

이제 발성입니다. 호흡에 자음과 모음 소리를 얹어 바깥으로 내보내는 게 바로 발성이지요. 호흡이 말의 체력이라면, 발성은 말의 크기와 에너지의 방향을 뜻합니다. 발성만 들어봐도 내향적인지 외향적인지, 소극적인지 적극적인지 알 수 있는데요. 발성이 곧 열정과 자신감을 보여주는 척도이기 때문입니다.

배가 움직이는 복식 호흡을 제대로 익혔다면 훨씬 단단하고 풍성한 소리를 낼 수 있습니다. 어릴 적 장난감 중에 뒤로 당겼다가 손을 놓는 순간 쏜살같이 앞으로 나가는 자동차, 기억나시죠? 이 자동차가 멀리까지 가려면 어떻게 해야 하나요. 뒤로 있는 힘껏 끌어당겨야 합니다. 더는 밀리지 않는 마지막 지점까지요.

발성도 마찬가지입니다. 자음과 모음을 얹을 호흡이 몸속 깊숙이 들어갔다가 나와야 멀리 있는 사람에게까지 소리가 잘 전달될 수 있어요. 소리가 작고 힘이 없는 말 습관을 가진 분이라면 꼭 발성 훈련에 집중해보세요.

① 허밍 연습

먼저, 자세를 바로잡고 시작합니다. 좋은 소리는 좋은 자세에서 나오니까요. 앉은 자세라면 골반을 들어올려 허리를 곧게 세웁니다. 시선은 정면을 바라본 상태에서 숨을 들이마신 다음 '음~' 하고 편안하게 허밍해보세요. 목과 입에 힘이 잔뜩 들어간 채 허밍하는 건 아닌지 주의를 기울입니다.

입과 코 앞쪽에서 울림이 더 많이 생기는 방법을 알려드릴게요. 침을 한번 꼴깍 삼켜보세요. 혀가 입천장에 빈틈없이 찰싹 붙게 됩니다.

그 상태에서 호흡이 드나드는 배와 코에만 집중하고 허밍을 해보는 겁니다. 소리를 목에서 코로 끌어올린다는 생각만 해도 음질이 훨씬 부드럽고 풍성해집니다. 성악가들은 심지어 소리의 울림을 코에서 이마 앞쪽까지 끌어올려 두성頭聲을 낸다고 해요. 우리는 코까지만이라도 울림을 끌어올려 보자고요.

② 포물선 연습

이제 '아~' 소리를 내보겠습니다. 우리말 '아'는 입을 가장 크고 둥글게 벌려야 하는 모음인데요. 입을 덜 벌리는 경우가 의외로 많습니다. 거울을 보고 꼭 한번 입 모양을 확인해보세요. 그 상태에서 혀를 낮추면 목구멍이 더 크게 열리고, 입안 공간이 훨씬 넓어집니다. 혀를 마치 밥숟가락처럼 안쪽을 옴폭하게 만드는 겁니다. 목에 부담을 덜 주면서 소리를 크고 울림 있게 내는 공명 발성의 기본 자세랍니다. 입안의 공간을 좀 더 크게 만들고 싶다면, 양쪽 어금니를 위아래로 더 벌려보세요.

목소리가 멀리 도달하는 방법을 또 하나 알려드릴게요. 야구공은 직구로 던졌을 때와 포물선으로 던졌을 때 중 어느 쪽이 더 멀리 날아갈까요? 바로 포물선입니다. 이 원리를 소리에 그대로 적용하면 됩니다. 송곳처럼 뾰족하게 꽂히듯이 내는 게 아니라, 포물선을 그리며 위로 띄우듯이 '아~' 소리를 내면 훨씬 풍성하게 멀리까지 내보낼 수 있습니다. 목에도 힘이 덜 들어가고요. 마치 누군가 나의 멱살을 잡고 있듯이 몸을 위로 끌어당기며 소리를 내는 것도 좋은 방법입니다.

③ 크레센도·데크레센도 연습

음악 용어로 크레센도는 점점 세게, 데크레센도는 점점 여리게를 뜻하는데요. 목소리를 더 시원하고 풍성하게 만들고 싶거나 음량 조절이 잘 안 되는 분들에게 좋은 훈련법입니다. 작게 말하지 못하고, 늘 소리를 지르는 발달장애 청년에게 이 방법을 적용했더니 '작고 여리게, 크고 강하게'라는 음량 변화를 쉽게 익힐 수 있었답니다.

연습할 때 마치 지휘하듯 움직이는 손을 바라보면서 '아~' 소리를 내보는 겁니다. 손이 포물선으로 위로 올라가면 점점 크고 강하게, 아래로 내려가면 작고 여리게 소리를 냅니다. 손동작에 맞춰 음량과 세기를 조절하는 연습법입니다.

크레센도든 데크레센도든 음량의 변화는 있어도, 공기가 배까지 들어갔다 나오면서 배 힘으로 소리 낸다는 점은 똑같습니다. 배 힘은 풀어진 채 목으로만 작고 여리게 소리 내는 건 정확한 발성이 아니지요. 간단한 인사말로도 크레센도, 데크레센도 연습을 할 수 있습니다. 먼저 숨을 크게 들이마신 다음 '안녕하세요'를 한 음절씩 천천히 엿가락 늘이듯 소리 내는데, '요'자에서 점점 크게 했다가 점점 작게 끝까지 소리를 뽑아냅니다.

안~ 녕~ 하~ 세~ 요~~~~~~~~~~~~~~~~~~~~

　'아~' 소리를 낼 때보다 '요~' 소리를 낼 때 훨씬 더 오랫동안 발성할 수 있는데요. 공기가 빠져나가는 입 모양이 작아졌기 때문입니다. 이번에는 세 문장 인사말로 배 힘을 동원한 음량 변화를 연습해보겠습니다. "안녕하세요. ○○○(이름)입니다. 반갑습니다." 이 세 문장을 말할 때 두 가지 공통점이 있습니다. 첫 번째, 복식 호흡으로 소리 내야 합니다. 두 번째, 각 문장의 첫음절을 말할 때 배를 안으로 쏙 집어넣으면서 한 문장을 한 묶음으로 읽습니다. 단, 끝음절인 '요'와 '다' 자는 소리를 잡지 말고 멀리 던져주세요. 유일한 차이점은 첫 문장은 음량 25퍼센트로 시작해 점점 커지다가 마지막 문장은 100퍼센트로 발성한다는 겁니다.

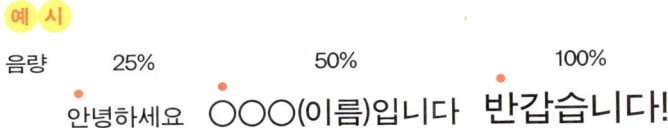

④ 노래 연습

발성 노하우를 하나 더 알려드릴게요. 조금 특별한 방식으로 노래를 불러볼 텐데요. '오~' 소리로 원하는 노래를 부르는 겁니다. 애국가, 동요,

가곡, 발라드 등 어떤 장르든 좋습니다. 단, 조금은 느리고 여유로운 곡을 골라주세요. 크게 숨을 들이마시고, 천천히 내쉬며 소리를 바깥으로 뽑아내는 게 훈련의 핵심이니까요. 그런 다음, 한 호흡으로 한 줄씩 '오~' 소리를 내며 부릅니다. 이 연습 후 대화해보면 곧장 음질이 단단하고 풍성해져 깜짝 놀라실 거예요.

예시

노래	동해물과 백두산이 마르고 닳도록
발성 연습	오~~~~~~~~~~~~~~~~~~~~~~ (이후 크게 들숨)
노래	하느님이 보우하사 우리나라 만세
발성 연습	오~~~~~~~~~~~~~~~~~~~~~~ (이후 크게 들숨)

말 근육 단련법 4   배 힘을 강화하는 '스타카토 발성'

많은 사람이 배를 움직여 소리 내는 게 생각처럼 쉽지 않다고 말합니다. 몸이 너무 말라 배의 움직임이 작은 사람도 있고, 생각과 행동이 일치하지 않아 배가 타이밍에 맞춰 제대로 왔다 갔다 하지 못하는 사람도 있지요. 복식 호흡을 바탕으로 소리를 낸다는 게 어떤 느낌인지 대번에 알 수 있는 발성법이 있습니다. 바로 스타카토 발성입니다.

음악에서 스타카토는 음의 길이를 줄여 짧게 연주하라는 뜻인데요. 말 근육 훈련에서도 스타카토 기법은 배 움직임을 느끼고, 생각한

대로 즉각 배를 움직이게 만드는 효과적인 연습 방법입니다. 한 번만 제대로 해도 배가 당기고 땀이 나는 의외의 경험을 하실 수 있을 거예요. 꾸준히 연습한다면 뱃살이 찔 겨를도 없겠지요. 말 근육도 단련하고, 건강도 챙기고 일석이조랍니다.

　　아래 내용을 한 줄마다 한 호흡으로, 배를 쏙쏙 집어넣으며 스타카토 발성을 해볼게요. 앞서 코와 입으로 빠르게 들이마시는 호흡법 기억하시죠. 빠르고 크게, 배가 순식간에 볼록해지게 들이마신 다음, 한 줄을 스타카토로 배를 쏙쏙 집어넣어 소리를 냈다가 또다시 빠르고 크게 숨을 들이마신 뒤, 다음 줄을 스타카토로 읽는 겁니다. 배에만 신경을 쓰다 보면 '하하하하'가 아니라 '학학학학'으로 목에서 소리를 가로막는 경우가 종종 있는데요. 소리를 멀리까지 시원하게 날려 보낸다는 생각으로 크게 터뜨려야 합니다.

　　글자당 10번씩입니다. '하'부터 '히'까지 중간에 쉬지 말고, 끝까지 소리 내어보세요.

(빠르고 크게 들이마시고) 하하하하하하하하하하
(빠르고 크게 들이마시고) 허허허허허허허허허허

(빠르고 크게 들이마시고) 호̇호̇호̇호̇호̇호̇호̇호̇호̇호̇

(빠르고 크게 들이마시고) 후̇후̇후̇후̇후̇후̇후̇후̇후̇후̇

(빠르고 크게 들이마시고) 흐̇흐̇흐̇흐̇흐̇흐̇흐̇흐̇흐̇흐̇

(빠르고 크게 들이마시고) 히̇히̇히̇히̇히̇히̇히̇히̇히̇히̇

말 근육 단련법 5 또렷한 발음의 시작 '조음기관 스트레칭'

표준국어대사전에 '발음'이라는 단어를 검색하면 '음성을 냄'이라고 설명하고 있습니다. 너무 짧고 단순해 여전히 가려운 느낌이랄까요. 좀 더 깊은 의미가 궁금할 땐 한자를 톺아봅니다. 발음은 필 발發 자에, 소리 음音 자로 이뤄져 있는데요. 소리가 꽃이 피듯 피어나다니 참 예쁜 의미를 담고 있지요. 좀 더 들여다보면 발發 자는 '활 따위를 쏘다'라는 뜻도 있습니다. 결국 발음은 음성을 내기만 하면 끝이 아니라 꽃이 피어나듯 또는 화살이 과녁에 정확히 꽂히듯 정성을 기울여야 할 행위라는 것이지요. 아름답게 활짝 피어나고, 화살의 명중률이 높을 때 비로소 발음이 좋다고 할 수 있습니다.

소리를 내는 건 발성, 음성을 내는 건 발음, 이렇게 기억하면 좋은데요. 소리를 낼 수 있는 생명체는 많지만, 음성을 내는 건 오직 인간만이 할 수 있는 능력이에요. 요즘 'AI 음성'이라는 표현을 자주 쓰지만 엄밀히 말하면 인간의 음성을 학습해 따라 하는 'AI 소리'라고 할 수 있습니다.

다시 본론으로 돌아와서 음성, 즉 자음과 모음을 또렷하게 내려면 동원되는 발음 기관을 먼저 준비시켜야 합니다. 앞서 언급했듯, 음을 만들어내는 기관을 조음기관이라고 하고, 입술과 이, 잇몸, 입천장, 혀 등으로 이뤄져 있습니다. 조음기관과 더불어 얼굴 근육, 성대까지 같이 풀어준다면 좋은 음성을 낼 준비가 된 겁니다. 지금까지 아무런 준비 운동 없이 음성을 내왔다면, 정확하고 또렷한 발음과 건강하게 오랫동안 사용할 수 있는 목소리를 위해 조음기관 스트레칭을 꼭 생활화하길 권합니다.

만약 스피치 불안증이 있다면 말하기 전 조음기관 스트레칭을 꼭 해보세요. 턱근육, 얼굴근육, 안구근육 등은 뇌 신경계와 관련 있는 신체 부위인데요. 이곳을 풀어주고 이완하는 것만으로도 두려움을 유발하는 편도체를 안정시킬 수 있답니다. 긴장하면 이를 꽉 깨물거나 얼굴이 굳었던 분들은 힘을 풀고 편안하게 움직여보세요.

이제 조음기관 스트레칭을 한번 해볼게요. 입을 크게 움직이고, 눈까지 일그러질 정도로 얼굴을 부지런히 움직이는 게 핵심입니다. 소리를 바깥으로 꼭 내야 하고요.

① **아 에 이 오 우** (5번 반복)

② **똑딱똑딱** (입을 오므렸다가 벌렸다 하면서 혀를 입천장에 마찰해 내는 소리를 여러 번 반복)

③ **입안에 공기를 가득 채워 좌우로 움직이기** (입안을 풍선처럼 한껏 부풀린 다음, 공기를 왼쪽 오른쪽으로 몰기)

④ **혀로 치아 쓸기** (입을 다문 상태에서 혀로 치아를 하나하나 천천히, 정성스럽게 쓸어주기를 시계 방향으로 5~10번, 반시계 방향으로 5~10번 반복)

⑤ **푸르르르~** (위아래 입술을 모았다가 앞으로 내밀며 순간적으로 터뜨리면서 입술을 떠는 소리. 잘 안 될 땐, 부릉부릉을 여러 번 반복한 후 바로 이어 푸 소리로 바꾸면 입술이 자연스럽게 떨림)

⑥ **아르르르~** (물을 약간만 머금고 고개를 뒤로 젖힌 다음 가글 하듯 성대 떨어주기를 여러 번 반복, 환절기 목감기 예방에도 탁월하니 꼭 실천해보세요!)

②, ④, ⑥은 발표나 연설, 면접 등 실전에 들어가기 직전에 하면 좋은 조음기관 스트레칭이에요. 조음기관을 충분히 풀어주면 곧바로 풍성하고도 또렷한 음성으로 바뀐답니다!

말 근육 단련법 6 생활 속 조음기관 길들이기 훈련

"간장공장 공장장은 강 공장장이고, 된장공장 공장장은 공 공장장이다." 아나운서가 되기 위해 준비할 때도, 되고 나서도 참 많이 연습했던 문장이에요. 이와 비슷한 발음 연습용 문장들을 유튜브나 방송 등에서 많이 접해보셨을 텐데요. 단순한 듯하면서도 입과 혀가 내 마음대로 움직이지 않아 어찌나 당황스럽던지. 슬슬 오기가 생겨 틀리지 않고 빠르게 발음하려 애썼던 기억이 생생합니다.

이번에는 흔한 발음 연습표 말고, 생활 속에서 쉽고 재미있게 실천할 수 있는 조음기관 훈련 방법을 소개해볼게요. 혼자 하는 것도 좋지만, 가족이나 친구와 함께 게임처럼 하면 훨씬 더 즐겁답니다.

① 이름 연습

남자아이를 키우는 부모는 대개 공룡이나 포켓몬 이름을, 여자아이 부모는 요정 티니핑의 이름을 줄줄 꿰는 경우가 많습니다. 발음하기도 어려운 그 수많은 이름을 아이들은 어쩜 그리 야무지게 말하는지요. 공룡이나 포켓몬, 티니핑의 이름으로 발음 연습을 해보세요. 절대 만만치 않습니다. 처음부터 빠르게 말하려고 도전하면 뇌와 입의 오작동을 경험하실 거예요.

발음에 신경 쓰며 천천히, 하나하나 소리를 내다가 단어가 익숙해지면 점점 속도를 빠르게 해보세요. 스마트폰 사진첩에 저장해뒀다가 심심할 때마다 한 번씩 해보는 것도 좋습니다. 틀리지 않고, 끊김 없이 누가 끝까지 집중해서 발음하는지 내기를 해보는 것도 재미있는 연습 방법으로 추천합니다.

제가 아이에게 그림 동화책을 읽어주다가 발견한, 아주 신박한 발음 연습용 자료를 여러분과 나눕니다. 공룡 이름이 뒷목 잡게 만들 수 있으니 인내심을 가지고 끝까지 집중해 연습해보세요.

연 습 자 료

공룡 이름

브라키오사우루스, 벨로키랍토르, 알로사우루스, 아르케옵테릭스, 안킬로사우루스, 이구아노돈, 스켈리도사우루스, 스테고사우루스, 스피노사우루스, 힙셀로사우루스, 후쿠이베나토르, 메갈로사우루스, 카르카로돈토사우루스, 캄프토사우루스, 케라토사우루스, 케티오사우루스, 코엘로피시스, 코리토사우루스, 모노클로니우스, 오르니토미무스, 디메트로돈, 디플로도쿠스, 파라사우롤로푸스, 펜타케라톱스, 플라테오사우루스, 플레시오사우루스, 프로토케라톱스, 트라코돈, 트리케라톱스, 티라노사우루스

포켓몬 이름 (포켓몬스터 썬&문 등장 캐릭터 일부)

피카츄, 라이츄, 파이리, 꼬부기, 버터플, 야도란, 피죤투, 또가스, 잠만보, 리자몽, 질퍼기, 탕구리, 고디탱, 겟핸보숭, 네크로즈마, 루가루암, 마

그카르고, 망나뇽, 메가갸라도스, 슈륙챙이, 스컹탱크, 야느와르몽, 일레도리자드, 제르네아스, 지우개굴닌자, 카푸꼬꼬꼭, 토게데마루, 카푸브루루, 프레프티르, 히포포타스

티니핑 이름 (캐치! 티니핑 시즌 1 등장 캐릭터 일부)

하츄핑, 샤샤핑, 꾸래핑, 나나핑, 솔찌핑, 행운핑, 포실핑, 말랑핑, 새콤핑, 달콤핑, 바네핑, 방글핑, 부투핑, 아잉핑, 앙대핑, 차나핑, 주네핑, 차캐핑, 코자핑, 토닥핑

어려운 나라 이름

트리니다드토바고, 세인트키츠네비스, 세인트빈센트그레나딘, 마다가스카르, 보스니아헤르체고비나, 시에라리온, 상투메프린시페, 카보베르데, 리히텐슈타인, 앤티가바부다, 푸에르토리코, 키르기스스탄, 에스와티니, 바누아투, 벨로루시, 보츠와나, 에리트레아, 코트디부아르, 아제르바이잔, 타지키스탄, 투르크메니스탄, 파푸아뉴기니, 니카라과, 엘살바도르, 오스트레일리아

② 간판, 번호판 연습

자동차나 버스 등을 타고 이동할 때 눈에 보이는 간판을 소리 내어 읽어 보세요. 의외로 발음하기 어려운 단어가 참 많습니다. 눈을 부릅뜨고

다시 읽으려고 하면 차가 꼭 움직이지요. 이미 차가 떠났으니 놓친 건 과감히 패스. 조음기관을 부지런히 움직여 다음 간판을 줄줄이 읽어봅니다.

눈으로 보고, 뇌에서 인지하고, 조음기관에 지시해 움직이는 일련의 발화 과정이 빠르고, 순조롭게 이뤄질 때까지 수시로 연습해보세요. 노화를 늦출 수 있는 아주 좋은 방법이랍니다.

한 가지 방법이 더 있습니다. 차량 번호판인데요. 눈에 보이는 번호판을 모조리 다 읽어보세요. 아이와 차를 타고 갈 때 같이 번호판 읽기 게임을 하면 지루할 틈이 없습니다. 모든 차가 똑같은 흐름으로 가지 않아 새로운 차들이 눈앞에 자주 등장한답니다. 그럴 때 먼저 새 번호판을 재빨리 읽은 사람이 이기는 게임이에요. 승부욕에 불타서 앞다퉈 읽다 보면 저절로 발음 연습이 됩니다.

연 습 자 료

간판 읽기

뮤즈헤어, 솔방울약국, 주택수리토탈인테리어, 할머니손뼈해장국, 무한리필돈까스, 집찾아드림부동산, 좋은몸의료기구, 우리동네고깃간, 한샘농수산마트, 원조할머니시골밥상, 피어리스플라워, 어여쁘리헤어샵, 쉐르빌클래식피아노, 어린이픽처북아지트, 으뜸안경콘택트, 내과비만클

리닉 5대암공단검진센터, 대지공인중개사사무소, 다모임노래연습장, 모아모아스터디카페, 심심뷰티심리상담센터

③ 책 제목 연습

집에 있는 책장 앞에 섭니다. 만약 없다면 서점이나 도서관에서 해보는 것도 좋습니다. 책장 윗줄에서부터 아랫줄까지 왼쪽에서 오른쪽으로 책 제목을 빠르게 읽어보는 거예요.

어른 책, 아이 책 할 것 없이 모두 발음 연습하기 좋은 재료들입니다. 가급적 몸은 가만히 둔 채 눈을 움직여 발음에만 집중하는 게 좋습니다. 유독 말이 꼬이는 책 제목이 있을 거예요. 그럴 때는 해당 책을 슬쩍 앞으로 빼내 표시합니다. 그리고 맨 아랫줄까지 책 제목을 다 읊은 다음, 앞으로 빼낸 책 제목만 다시 입에 익숙해질 때까지 읽어보는 겁니다.

세 가지 연습 방법을 통해 이미 눈치채셨겠지만, 조음기관을 건강하게 길들이려면 틈틈이 눈에 보이는 말 재료를 모조리 소리 내어 읽는 게 좋습니다. 눈으로 읽을 줄 안다고 발음을 제대로 낼 수 있는 건 아닙니다. 내 안의 자만을 과감히 내려놓고 입을 많이 움직이는 사람만이 발음에 대한 자신감을 챙길 수 있다는 사실을 잊지 마세요.

책 제목

해변의 카프카, 세계의 끝과 하드보일드 원더랜드, 달리기를 말할 때 내가 하고 싶은 이야기, 꽃을 꺾어 집으로 돌아오다, 조지 오웰 더 저널리스트, 호밀밭의 파수꾼, 백년 동안의 고독, 참을 수 없는 존재의 가벼움, 나는 메트로폴리탄 미술관의 경비원입니다, 나는 좌절의 스페셜리스트입니다, 마이크로 리추얼, 눈이 보이지 않는 친구와 예술을 보러 가다, 너무 보고플 땐 눈이 온다, 엄마의 주례사, 꽃길이 따로 있나 내 삶이 꽃인 것을, 서랍에 저녁을 넣어 두었다, 이토록 고고한 연예, 두근두근 내 인생, 하늘과 바람과 별과 인간, 딥러닝 레볼루션, 호모 데우스, 사피엔스, 팩트풀니스, 오래된 미래, 나의 문화유산답사기, 클래식 마음을 어루만지다, 프리다칼로 내 영혼의 일기, 그림을 닮은 와인 이야기, 시모어 번스타인의 말, 생각지도 못한 생각지도

말 근육 단련법 7 어려운 발음 물리치는 '모음 연습법'

제 노트북 바탕화면에는 '어려운 발음'이라는 파일명의 메모장이 있습니다. 책을 읽다가 또는 뉴스를 보다가 언제 어디서든 발음이 꼬이는 단어가 등장하면 이 메모장에 모아뒀다가 따로 연습하는데요. 누구나 실생활에서 한 번쯤 접할 수 있는 단어라 수업 시간에도 생생한 연습자료

로 활용합니다. 대표적인 단어 몇 가지를 적어볼게요. 여러분도 소리 내어 발음해보세요.

연습자료

훈련 실습장, 의료법 개정, 보건의료 정보원, 드라마 불문율, 노르에피네프린, 유량 접근법, 유럽 항공안전청, 해운항만청장, 성혼선언문 낭독, 황반변성 망막, 법제처 법무담당관, 무역정책 대변혁, 불확실성 확대, 공적 연금 가입 비율, 스트레스 지수 측정, 신호 과속 단속 장비

아무리 신경 써서 읽어도 발음이 꼬이는 단어가 꼭 있습니다. 열심히 준비한 발표나 연설인데 전문 용어나 지명, 이름 등을 잘못 발음한다면 그보다 더 아쉬울 수는 없겠지요. 긴장하면 발음이 더 꼬이기 때문에, 준비 단계부터 완전히 입에 착 달라붙을 때까지 반복 연습하는 게 중요합니다. 발음하기 어려운 단어를 만났을 때, 좀 더 쉽게 해결할 방법을 소개할게요. 바로 모음 연습법입니다.

잠시 자음을 다 떼어버리고 모음으로만 5번 정도 반복해 말합니다. 받침 자음자도 다 없애고요. 빠르게 말해도 막힘없이 읽을 수 있다면, 그제야 자음과 모음을 다 붙여 원상태로 읽어봅니다. 발음이 이내 선명하게 나오는 아주 신통방통한 연습법이랍니다. 같이 한번 해볼까요.

예시단어: 해운항만청장

① 예독 없이 발음해보기

　☞ 해운항만청장

② 모음으로만 5번 연습하기 (속도 느리게 → 빠르게)

　☞ 애 우 아 아 어 아

③ 곧바로 자음, 모음 모두 붙여 읽기

　☞ 해운항만청장

　대부분 받침 때문에 발음이 꼬인다고 생각하는데요. 사실 한국어 발음의 성패는 모음에 달려 있다고 해도 과언이 아닙니다. 모음을 정확하게 구별해 말할 줄 알면, 발음의 선명도를 확연히 높일 수 있습니다. 평상시 웅얼웅얼하거나 의미 전달을 잘못하는 경우가 잦다면 모음에 특히 신경 써보세요. 여러분이 꼭 기억했으면 하는 모음 발음법 세 가지를 정리해드릴게요.

선명한 모음 발음을 위한 핵심 세 가지

❶ 입을 크고, 부지런하게 움직인다.
발음이 부정확하다는 평가를 듣는다면, 자신이 생각하는 것보다 좀 더 크게 입을 벌려야 합니다.

❷ 이중 모음, 원순 모음에 정성을 기울인다.
이중 모음(ㅑ, ㅕ, ㅛ, ㅠ, ㅒ, ㅖ, ㅘ, ㅙ, ㅝ, ㅞ, ㅢ / 11개)은 단모음(ㅏ, ㅐ, ㅓ, ㅔ, ㅗ, ㅚ, ㅜ, ㅟ, ㅡ, ㅣ / 10개)과 달리 시작과 끝의 입 모양과 혀의 위치가 변합니다. 조음기관을 좀 더 신경 써서 부지런히 움직여야 한다는 뜻이지요. 그런데 귀찮으니까 대충 발음하는 경우가 참 많습니다. 특히 원순 모음(ㅗ, ㅜ)을 결합한 이중 모음 발음을 가장 많이 틀립니다. 좌회전을 [자해전]으로, 괜찮다를 [갠찬타]로, 나눠 먹다를 [나너 먹다], 심지어 [노나 먹다]로 말하기도 하지요. '대충 말하기'가 아닌 '정확하게 말하기'를 실천해보자고요.

❸ ㅐ와 ㅔ 발음 차이를 정확하게 익힌다.
- 학생들에게 가장 많이 질문받은 단어는 바로 '내'와 '네'입니다. '내가', '네가'를 어떻게 달리 발음하냐는 건데요. 영어로 You, 즉 '너'를 뜻하는 '네'라는 단어를 쉽게 발음하지 못해 '니' 또는 '너'로 바꿔 말

하는 경우가 많습니다. ㅐ와 ㅔ 발음만 정확히 구별해도 여러 이중 모음, 즉 ㅒ, ㅖ, ㅙ, ㅞ 발음까지 쉽게 해결할 수 있습니다.

- 먼저 ㅏ와 ㅣ가 결합한 ㅐ는 입을 크게 벌린 상태에서 양옆으로 입술을 당겨주면 됩니다. 반면, ㅓ와 ㅣ를 합한 ㅔ는 입을 안으로 모으고 발음하지요. 입 모양을 옆으로 벌리느냐, 안으로 모으느냐의 차이인데요. 음색도 달라집니다. 옆으로 벌렸을 땐 밝고 경쾌한 소리가 나지만, 입을 안으로 모을 땐 낮고 어두운 소리로 바뀌지요.
- 그렇다면 나머지 이중 모음은 어떻게 발음할까요. "얘가 그랬어!"라고 말할 때 'ㅒ'와 "왜 그럴까?"라고 물을 때 'ㅙ'는 입을 옆으로 쫙 벌리면서 말하면 되고요. '예쁘다'라고 표현할 때 'ㅖ'와 과자 '웨하스'를 말할 때 'ㅞ'는 입을 안으로 모은 상태에서 발음하면 됩니다.

말 근육 단련법 8 　꼭 기억해야 할 표준발음법

"표준발음이 왜 필요해요? 의미만 통하면 되지"라는 질문을 받은 적이 있어요. 그런데 표준어가 있어도 발음을 내 마음대로 한다면 의미와 진심이 과연 잘 전달될까요. 표준발음법은 한 나라의 기준이 되는 발음 원칙입니다. 언어의 중심을 잡아준다고 해도 과언이 아니지요. 도덕 교과서 같은 말처럼 들릴지 몰라도 표준어와 표준발음은 사회를 하나로 묶어주는 아주 고마운 언어 규칙입니다. 서로 다른 지역에 살더라도 의사소통의 벽을 뛰어넘게 하거든요.

표준발음을 모른다고 해서 사는 데 아무런 지장은 없습니다. 단, 여러분이 사는 지역과 만나는 사람의 한계를 넘어설 수는 없지요. 삶의 반경을 확장하는 데에도 표준발음은 중요한 도구입니다. 표준발음을 알고 제대로 사용할 줄 아는 작은 차이가 언어의 품격을 좌우하기도 합니다.

그렇다면 표준발음법을 어디서 찾아볼 수 있을까요. 바로 국립국어원 누리집(www.korean.go.kr)에 있습니다. 20년 전, 아나운서 초창기에는 표준발음사전을 무겁게 가지고 다녀야 했는데요. 이제는 인터

국립국어원 누리집 ⇨ 어문규범 ⇨ 표준어규정 ⇨ 제2부 표준발음법

넷이 연결되는 컴퓨터나 스마트폰만 있어도 언제 어디서든 쉽게 확인할 수 있습니다.

자음과 모음 발음법부터 장단음을 구별한 음의 길이, 받침 발음, 음의 다양한 변화 규칙까지 예시와 함께 상세히 정리돼 있는데요. 심심할 때 들여다보면 우리 말의 규칙을 제대로 알아가는 재미가 꽤 쏠쏠합니다. 얼른 써먹어 보고 싶은 욕구가 샘솟을 겁니다.

한국어를 사용하는 분이라면 꼭 기억해야 할 표준발음법 세 가지를 정리해볼게요. 이 말인즉슨 이 세 가지를 가장 많이 실수한다는 뜻이기도 합니다.

① '의' 발음법

모음 '의'는 위치에 따라 발음이 달라집니다. 표준발음법에 따라 엄밀히 말하면, 어떠한 상황에서든 [의]로 발음하는 게 원칙이지만, 실제 사람들은 그렇게 쓰지 않는다는 거예요. 그래서 표준발음법 제2장 5항 해설에는 이렇게 적혀 있습니다.

'현실 발음에 따라 [이]나 [에]로 발음하는 것도 허용한다.'

먼저 의사, 의미, 의지처럼 첫음절에 자리하면 고민 없이 이중 모음

[의]로 발음하면 됩니다. 반면, 사의, 정의, 주의, 협의, 수의사처럼 첫음절 이외의 모음 '의'는 [이]로 발음해도 됩니다. 마지막으로 조사 '의'가 있는데요. 유명한 노래 〈고향의 봄〉을 떠올려볼까요. '나의 살던 고향은 ~' 이라고 부를 때 [나의]라고 이중 모음을 명확히 살려 발음하면 굉장히 어색해집니다. 일상에서는 조사 '의'를 [에]라고 흔히 발음하기 때문인데요. 평상시 대화할 때는 전혀 문제 되지 않다가 막상 책을 소리 내어 읽을 때 조사 '의' 앞에서 멈칫하는 분이 많습니다. [의]로 발음하자니 뭔가 부자연스럽게 느껴져서인데요. 이제부터 조사 '의'는 말할 때처럼 편안하게 [에]라고 발음해도 됩니다.

예 시

- 의사, 의지, 의미, 의중, 의자, 의심

  ☞ [의]로 발음해야 함

- 사의, 정의, 본의, 중의, 제의, 협의, 여의도, 모의고사

  ☞ [이]로 발음해도 됨

- 꽃의 이야기, 강의의 성패

  ☞ [꽃에 이야기], [강이에 성패]로 발음해도 됨

② 음의 동화 '구개음화 현상'

소리와 소리가 이어서 날 때, 서로 영향을 받아 닮아가는 현상을 '음의 동화同化'라고 합니다. 구개음화, 비음화, 유음화 등 다양한 형태로 구분

합니다. 갑자기 국어 시간 같지요.

어려운 용어는 다 차치하고 가장 많이 틀리는 발음을 소개합니다. 바로 구개음화 현상인데요. 아래 문장을 어떻게 발음해야 정확할까요.

예시

정원이네 뒷밭은 콩밭이요, 옆밭은 팥밭이다.

① 정원이네 [뒤바츤] [콩바치오], [엽바츤] [팥바치다]
② 정원이네 [뒤바슨] [콩바시오], [엽바슨] [팥바시다]
③ 정원이네 [뒤바튼] [콩바치오], [엽바튼] [팥바치다]

정답을 알려면 구개음화 현상을 알아야 합니다. 국어 시간에 배운 내용을 다시 떠올려볼까요. 구개음화는 받침 ㄷ과 ㅌ이 뒤에 모음 'ㅣ'와 결합하면 ㅈ과 ㅊ으로 발음되는 현상이에요. 여기서 꼭 기억해야 할 점은 모음 'ㅣ'를 만났을 때만 나타나는 현상이라는 거예요. 다른 모음이 나올 때는 바뀔 이유가 없는 거지요.

그렇다면 정답은 바로 ③번입니다. '뒷밭은'처럼 받침 ㅌ에 'ㅡ'라는 모음이 뒤따르면 ㅌ을 그대로 ㅇ 자리에 넣어 발음하면 됩니다. '밭이요' 처럼 모음 'ㅣ'를 만났을 때만 ㅊ으로 바꾸고요.

유명 가수들도 자주 실수하는데요. 가령 '내 곁을 떠나지 마오'라는 가사를 [내 겨츨]이라고 발음하는 경우가 많습니다. [내 겨츨]이 아니라

[내 거틀]이라는 것, 꼭 기억하세요.

③ 받침 ㄹ 발음

요즘 20대 이하 대학생, 청소년, 어린이 사이에 흥미로운 현상을 발견합니다. 받침 ㄹ을 영어 R처럼 굴려서 발음하는 겁니다. 저를[저르얼], 나를[나르얼], 10월[시우얼], 월말[우얼마알] 하고요. 이렇게 발음하는 젊은 층이 생각보다 많습니다. 왜 그럴까요? 아마도 조기 영어교육의 영향이 아닐까 싶습니다. 1990년대 중반 등장한 영어유치원이 2000년대에 들어서며 본격적으로 성행하게 됐는데요. 그 첫 세대가 현재 20대입니다. 조기 영어교육 바람이 불면서 상대적으로 한국어를 소홀히 다루다 보니 영어식 한국어 발음이 빈번히 나타난 것으로 보입니다.

하지만 한국어 ㄹ과 영어 R 발음은 전혀 다릅니다. 특히 혀의 위치가 완전히 다르지요. 영어 R은 혀가 앞에서 뒤로 말려 들어가는 데 반해, 한국어 ㄹ은 혀끝이 치조 즉, 가운데 윗니 바로 뒤 입천장에 붙습니다.

영어식 발음으로 ㄹ을 굴려서 말한다면, 이 연습을 수시로 해보세요. 좋아하는 노래를 '랄랄랄라'로 부르는 겁니다. 혀끝을 치조에 붙였다가 떼는 행위에 집중하면서요. 뇌가 혀의 위치를 정확히 인지하도록 훈련하는 겁니다. 다음 문장을 발음에 신경 써서 읽어보세요.

소녀들이 랄랄랄라 랄랄랄라 춤을 춘다.

갈날달랄말발살알잘찰칼탈팔할

가을, 보건실, 반달, 샛별, 꿀벌, 칼날, 팥순, 밀실, 쌀알, 말글, 갈라, 날라, 달라, 말라, 발라, 몰라, 일월, 칠월, 월말, 고릴라

말 근육 단련법 9 매일 10분 낭독 훈련

기초 체력이 없는 말 근육을 탄탄히 만들고 싶다면 하루 10분씩 낭독을 해보세요. 10분이 부담스럽다면 5분 낭독부터 시작해도 좋습니다. 5분 정도면 일반 단행본 기준으로 3~4쪽 정도 읽을 수 있는 시간인데요. 혼자 읽는다고 소곤소곤 소리를 내거나 무미건조하게 읽는 게 아니라 누군가에게 들려주듯 생기 있고 실감 나게, 소리를 바같으로 시원하게 뽑아내는 게 핵심입니다. 복식 호흡을 3번 정도 천천히 길게 한 다음 낭독을 시작하면, 좀 더 편안하고 안정감 있게 목이 아닌 배 힘으로 소리 낼 수 있어요.

반드시 책으로만 낭독 훈련을 할 필요는 없습니다. 바로 눈앞에 보이는 보고서, 논문, 잡지, 신문 등 어떤 자료든 괜찮습니다. 눈으로만 글을 읽으면 집중력도 흐려지고 지루할 때가 있는데, 그럴 때마다 소리 내어 읽어보세요. 물론 처음에는 읽느라 내용이 머릿속에 들어오지 않을 수도 있어요. 낭독 훈련을 자주 하다 보면 오히려 집중력이 높아지면서

내용 파악이 더 확실하게 될 겁니다.

저와 함께 말 공부를 시작하는 분들은 6주 동안 매일 같이 낭독 미션을 수행하는데요. 각자 정한 책을 원하는 시간에 5분 이상 읽고 기수별 채팅방에 '미션 클리어'라고 외치는 단순한 과제입니다. 그런데 결과는 모두를 놀라게 합니다. 더듬더듬 읽던 사람이 물 흐르듯 낭독하고, 소리의 힘이 부족하던 사람이 단단하고 또렷한 음성으로 낭독하게 되거든요. 시작했을 당시와 6주 후의 녹음본을 비교해보면 노력은 결코 배신하지 않는다는 것을 분명하게 보여줍니다.

낭독을 좀 더 재미있게 즐길 수 있는 다양한 방법을 소개할게요.

먼저 누워서 낭독하기입니다. 특히 아이를 키우는 부모라면 잠자리 독서 시간을 나의 말 근육 훈련 시간으로 활용해보세요. 자기 전 아이와 부모는 종종 실랑이를 벌입니다. 자기 싫은 아이는 계속 책을 읽어달라 하고, 피곤한 부모는 내일 많이 읽어줄 테니 오늘은 이만 자라며 달래곤 하지요. 이왕 읽는 거, 이 시간을 10분 낭독 훈련의 기회로 삼아보세요. 누워서 읽으면 다른 신체 기관은 자연스럽게 힘이 빠져 배의 움직임에만 집중할 수 있는데요. 때로는 그림책의 순수한 이야기와 따뜻한 이미지에 덩달아 뭉클해져 마음 근육까지 챙길 수도 있습니다.

두 번째, 걸으면서 낭독하기입니다. 처음 시도하는 사람들 중에 의외로 걷는 행위와 말하는 행위에 불협화음이 일 때가 많습니다. 걷는 흐름에 맞춰 낭독하면 말의 리듬감을 살릴 수 있을 뿐더러 호흡 연습도 동시에 할 수 있어요. 요즘 독서 모임에 참여하는 분들이 참 많은데요. 책에 대한 생각을 나누기 전 다 함께 낭독으로 시작해볼 것을 추천합니다. 돌아가면서 읽는 낭독 행위를 윤독輪讀이라고 하는데요. 때로는 모두 일어서서 테이블을 가운데 두고 원을 만들어 함께 걸으면서 윤독하는 겁니다. 마음도 차분해지고, 서로의 음성을 귀담아들으며 책에 몰입할 수 있는 계기가 됩니다. 처음 만나면 어색한 분위기를 깨기 위해 저마다 아이스 브레이킹ice breaking 시간을 갖는데요. 걸으면서 윤독하는 건 어색함을 녹이는 아이스 멜팅ice melting 시간이 될 거예요.

　세 번째, 주기적으로 녹음하기입니다. 처음 낭독을 시작할 때 녹음하고, 15일 뒤 한 번, 30일 뒤 또 한 번 녹음해 들어보세요. 목소리와 낭독의 변화를 확인하면서 계속 다듬어나갈 수 있어요. 처음에는 어색해서 듣기 싫게 느껴지던 내 목소리에 점점 익숙해지게 될 거예요. 목소리를 사랑한다는 건 나를 사랑하는 것과 같아요. 내가 먼저 내 목소리를 아끼고 사랑해야 남들에게도 나눌 수 있는 게 아닐까요. 칭찬에 자극받는 분이라면 괜찮은 구절을 녹음해 개인 SNS에 일주일에 한 번씩 올려보세요. 친구나 지인의 칭찬과 응원 댓글에 용기를 얻어 더 신나게 낭독하게 될 겁니다.

말 근육 단련법 10 좋은 소리 분별 훈련

좋은 소리를 내려면 먼저 좋은 소리를 분별할 줄 아는 열린 귀를 가져야 합니다. 언어의 음악을 받아들이는 귀가 닫혀 있다면 나의 말 습관이 무엇인지, 무엇이 가장 큰 문제이고, 어떻게 개선해야 할지 도무지 알 수 없습니다.

글을 잘 쓰려면 다독多讀, 다작多作, 다상량多商量 즉, 많이 읽고, 많이 쓰고, 많이 생각하라는 말이 있지요. 좋은 목소리를 내기 위해서도 마찬가지입니다. 많이 듣고, 많이 따라 하고, 많이 생각해보는 게 중요합니다.

이때 라디오와 오디오북은 훌륭한 훈련 도구가 될 수 있습니다. 목소리가 좋다는 평가를 두루 받는 진행자의 음성을 자주 들어보세요. 목소리가 구체적으로 어떤 형태를 띠고 있는지, 어떤 특색이 있는지, 좋다고 평가받는 이유가 무엇인지를 분석해봅니다. 저는 아나운서 준비생 시절, 각 방송사 진행자들의 음성을 수시로 듣고 따라 했는데요. 나중에는 라디오에서 흘러나오는 음성만 듣고도 '어떤 프로그램 진행하는 누구 아나운서'라고 정확히 맞출 정도로 음성을 구분할 수 있었습니다. 다양한 음성을 듣고, 나름의 생각과 평가를 정리해보세요. 말 공부 친구들과 같이 의견을 나누는 것도 좋은 방법입니다. 듣는 풍월이 늘면, 듣는 귀도 훨씬 크게 열리거든요.

좋아하는 진행자, 좋아하는 음성이 있다는 건 소리를 분별할 줄 아는 귀가 생겼다는 뜻입니다. 저는 개인적으로 KBS 클래식FM에서 진행하는 아나운서들의 음성을 좋아하는데요. 틈틈이 챙겨 듣다 보면 좋아하는 진행자의 호흡과 발성, 속도, 포즈(끊어 읽기) 등에 익숙해지고, 나중에는 자연스럽게 따라 하게 됩니다. 아나운서가 진행하는 라디오 프로그램에는 보통 낭독 코너가 있는데요. 뮤지컬, 오페라의 대사 한 대목이나 책의 좋은 글귀를 읽어줍니다. 주어진 글을 어떤 방식으로 맛깔스럽게 소화하는지 듣고 따라 해봐도 큰 도움이 됩니다.

좋은 음성만 챙겨 듣기에도 우리 인생은 너무나 짧습니다. 소음과 악담으로 괴롭힘당한 우리 귀를 종종 정화하고, 우리 음성이 향해야 할 주파수를 바르게 맞춰보면 어떨까요?

PART ❷　　　　　　　　　G E T　　S E T

───────── 5 ─────────

생각 근육 단련법
10가지

스마트폰에 빼앗겼던 생각의 주도권을

다시 챙겨오는 작업이 반드시 필요합니다.

"생각하는 대로 살지 않으면 사는 대로 생각하게 된다."

프랑스 소설가 폴 부르제Paul Bourget의 말을 이따금 떠올리곤 합니다. 생각은 말을 낳고, 말은 행동을 낳고, 행동은 습관을 바꿔 결국 우리 운명을 좌우한다는데, 우리는 과연 잘 생각하며 말하고 있을까요. 그저 입에서 흘러나오는 대로 내뱉으며 살지는 않나요. 무의식적으로 말하는 와중에 삶이 고스란히 드러나기에 유영만 작가는《언어를 디자인하라》에서 '언어가 삶의 비늘'이라고 표현한 게 아닐까 싶습니다.

말 근육보다 생각 근육의 빈약함을 호소하는 분이 많습니다. 화술을 가르치는 교육 기관이나 온라인 플랫폼은 많지만, 생각 근육은 스스로 방법을 찾고 끈기 있게 노력해야 하는 측면이 강해서일 텐데요. 훈련을 통한 효과도 서서히, 점진적으로 나타나는 터라 시간과 노력, 에너지 투입이 만만치 않지요. 하지만 생각 근육이 단단해지면, 말에 자신감이 생기고, 관계가 달라지고, 새로운 기회가 열리며, 삶이 윤택해진다는 건 분명한 사실입니다. 말이 바뀐다는 건, 곧 내가 바뀐다는 뜻이니까요.

삶에 근본적인 처방이 필요하신가요? 그렇다면 오늘부터 생각 근육 훈련을 하나씩 실천해봅시다.

생각 근육 단련법 1 오감 열기의 시작, 기록

세상은 생각할 틈을 좀체 허락하지 않습니다. 빠르게 변하는 디지털 세상, 쏟아져 나오는 영상물, 쉴 새 없이 자극하는 광고 속에 모두가 시속 200km 이상으로 내달리는 기분입니다. 머리와 가슴을 자극할 뿐 울림과 여운을 주는 건 없어요. 뇌에서 쾌락이나 즐거움 등의 신호를 전달하는 물질인 '도파민'에 대해 들어보셨을 겁니다. '행복 호르몬'이라고도 불리지요. 그런데 요즘은 도파민 과잉이 더 큰 문제랍니다. 점점 더 큰 자극을 받아야 행복 호르몬이 나오는 지경까지 이르렀답니다. 스탠퍼드대학교 중독치료센터 소장인 애나 렘키 교수는 디지털 세상의 등장이 다양한 자극에 날개를 달아주었다고 말합니다. 또한 그는 스마트폰이 디지털 도파민을 전달하는 '현대판 피하주사침'이라고도 표현했어요. 이 말은 스마트폰을 지닌 거의 모든 사람이 무언가에 서서히 중독되어 가고 있다는 이야기입니다. 내 의지로 멈출 수 없는 상태, 생각의 주도권을 빼앗긴 상태가 되는 거지요.

내 생각이 점점 사라지고 마음의 감수성이 메말라가니 우리 말도 날로 건조해집니다. 말을 아끼거나 삼키는 횟수가 늘면서 어떤 말로, 어떻게 표현해야 할지 막막할 때가 늘어만가고요. 때로는 과격한 말을 쏟아낼 때도 있습니다.

말의 품격은 횟수가 아니라 본질에 달려 있습니다. 질적인 향상을 위해서는 감성 수혈이 필수인데요. 오감이 열려 있어야 새로운 언어와 상황에 마음이 열리고, 온전히 받아들일 수 있습니다. 스마트폰에 빼앗겼던 생각의 주도권을 다시 챙겨오는 작업이 반드시 필요합니다.

이때 기록은 날아가버리는 생각을 붙잡고, 내 생각을 추려서 기억의 저장고에 오랫동안 보관할 수 있는 좋은 방법입니다. 보관을 잘해야 필요한 순간에 적합한 단어나 문장, 생각을 꺼내어 다시 사용할 수 있거든요.

함께 나누는 '기록 노하우'

❶ 마음에 드는 노트를 준비한다.
- 쓰고 싶은 마음을 불러일으키는 노트를 신중히 고릅니다.
- 저는 깔끔하게 줄만 쳐 있는 노트를 애용합니다. 월별, 날짜 구분이 있으면, 그 공간을 다 채워야 한다는 강박이나 쓰고 싶은 내용이 넘칠 경우 아쉬움이 꼭 생기더라고요.

❷ 좋은 문구나 에피소드 등을 틈틈이 기록한다.
- 우연히 만나게 된 광고 문구나 명대사, 명문장 등을 사진으로 찍거나 쪽지에 적어두었다가 기록용 노트에 옮겨 담습니다.
- 재미있는 에피소드도 생생한 말의 재료로 사용할 수 있으니 상황을 대략 정리해둡니다. 중요한 대화 내용은 구체적으로 적어놓을수록 나

중에 활용할 때 빛을 발한답니다.

❸ 나의 생각을 반드시 보탠다.

- 말의 재료를 수집만 하면 기억에 오래 남지 않습니다. 자신의 기분과 감정, 생각을 다른 색 펜으로 같이 적어두는 게 가장 중요해요.
- 생각이 꼬리에 꼬리를 물 때, 글로 자유롭게 나열해보세요. 생각의 가지치기를 할 수 있는 멈춤의 시간이 반드시 필요합니다.
- 긍정의 말과 자신을 향한 믿음으로 노트를 채워보세요. 감사, 사랑, 감동, 희망 등의 긍정적인 감정은 마음의 진동을 더 크게 일으켜 말의 변화를 앞당깁니다.

예시 말 선생의 기록

2021년 5월 1일
영화 〈배트맨 비긴즈〉 알프레드가 주인공 브루스에게 하는 말

우리가 왜 넘어지는지 아십니까? 덕분에 일어서는 법을 배울 수 있으니까요.

Why do we fall sir? So that we can learn to pick ourselves up.

☞ 수많은 넘어짐 끝에 아이도 첫걸음을 내딛는다. 경력의 반대말은 '역경'. 나는 수없이 많은 역경을 이겨내왔으니 얼마나 감사한 일인가.

'실패했다'라는 말에서 실패가 아닌 '했다'에 주목하는 내가 되기를!

2025년 3월 2일

tvN 토크쇼 〈백억짜리 아침식사〉 중 출연자 멘트

"아름답다의 어원은 나답다래요."

☞ 아름다운 것은 나다운 것. '개성의 완성은 나답게'라는 문구도 떠오른다. 내 삶의 목표도 아름다운 사람이 되는 것이다.

생각 근육 단련법 2
독서를 활용한 말 재료 수집 (+ 스토리텔러의 독서법)

책은 수많은 말의 재료를 담고 있는 보물창고입니다. 나의 말이 영양가 없이 빈약한 것 같다면 책을 한번 '제대로' 읽어보세요. 생각의 그물망이 촘촘해지면서 걸려드는 단어, 표현, 예시가 점점 늘어나 자꾸 써먹게 될 겁니다. 저도 학창 시절에는 학업과 취업을 위한 독서만 겨우 하는 사람이었어요. 그러다 30대 후반 뒤늦게 책의 맛에 빠지고 나서야 사람들이 왜 그토록 책이 위대하다고 하는지 알 것 같더라고요. 생각을 뒷받침하는 다양한 예시와 근거, 상황에 딱 맞는 적확한 어휘를 책에서 채집할 줄 알게 되면서 추상적이고 두루뭉술했던 말에도 힘이 생겼습니다. 유영만 교수는 《독서의 발견》에서 '독서는 피클'이라고 표현했는데요. 피클에서 오이로 다시 돌아갈 수 없듯이 책은 사람을 변화시키는 무서운 힘이 있습니다.

그런데 중요한 건, 기억에 남는 독서를 하려면 책을 '제대로' 읽을 줄 알아야 한다는 점이에요. 마지막 책장을 덮음과 동시에 내 머릿속의 지우개처럼 모든 내용이 사라졌던 경험을 한 번쯤 해보셨을 거예요. 그럴 때 손을 부지런히 움직여보세요. 다산 정약용 선생이 강조했던 독서법인데요. 둔필승총鈍筆勝聰, 즉 '둔한 붓이 총명함을 이긴다'라는 뜻으로, 기록의 중요성을 담고 있습니다.

독서 노트를 따로 준비해 책에 나온 중요한 문구와 명언, 어휘, 생각 등을 정리해봅니다. 생소한 어휘가 나오면 그냥 넘기지 말고, 국어사전을 꼭 찾아보세요. 독서 노트에 적어둔 새로운 어휘가 늘어날수록 여러분의 표현도 다채로워질 거예요. 저에게 보물 1호는 말의 재료가 가득 담긴 독서 노트인데요. 이 노트를 토대로 다양한 말과 글을 빚어내고 있습니다.

독서 노트가 옆에 없는 날에는 곧장 책에 기록합니다. 마음을 사로잡은 문장에 밑줄을 긋고, 여백에 생각을 적어두고, 모서리를 접어 표시하지요. 예쁜 북마크가 있다면 나를 멈춘 페이지에 붙여놓는 것도 좋습니다. 책의 맨 앞 색지(면지)에는 책을 다 읽은 뒤, 간략한 소감과 생각을 적어두기도 하고요.

함께 나누는 '스토리텔러를 위한 독서법' 3B 독서법(Before-Book-Behind)

❶ (Before) 읽기 전 질문을 정리한다.

- 독서는 작가의 말에 경청하는 행위라고 생각해요. 책장을 여는 것은 작가를 만나는 일이지요. 본격적으로 만나기 전, 질문거리를 준비하면 더 유익한 만남이 되지 않을까요.
- 책 제목과 부제, 홍보 문구, 저자 소개, 목차, 서문만 먼저 살핀 다음, 일단 책을 덮습니다. 마치 서점에서 이 책을 살까 말까 결정할 때처럼요. 그런 다음 책과 저자에게 궁금한 점을 생각나는 대로 독서 노트에 나열해보세요.

❷ (Book) 질문에 대한 답을 찾아가며 읽는다.

- 이제 본격적으로 책을 읽다가 질문에 대한 답을 찾으면 고개만 끄덕이지 말고, 요약 정리해봅니다.
- 읽다가 나중에 말이나 글로 인용하고 싶은 문구가 나타나면 독서 노트에 적어보세요. 그 문장과 연결해 떠오른 생각이나 아이디어가 있다면 다른 색 펜으로 함께 적어둡니다. 때로는 작가의 생각과 일치하지 않을 때도 있습니다. 그럴 때는 생각만 하고 넘어가지 말고, 작가의 의견과 내 의견이 어떻게 다른지 정리해보세요. 마치 작가와 마주 앉아서 반론을 제기하는 것과 같습니다. 물론 반론에 대한 답을 곧바로

들을 수는 없지만, 궁금증을 간직한 채 작가의 또 다른 책을 읽어보는 것도 유익한 독서 방법입니다.

- 단, 모든 책을 처음부터 끝까지, 글자 하나도 놓치지 않고 읽겠다는 마음은 내려놓으세요. 이야기의 흐름을 따라가야 하는 문학 작품이 아닌 이상, 때로는 원하는 소주제로 바로 넘어가도 좋고, 뒷받침하는 예시를 건너뛰며 읽어도 괜찮습니다. 세상에 있는 모든 책을 한 권의 책이라고 생각하고, 지금 내가 읽는 책을 한 줄이라고 여기면 독서에 대한 부담을 크게 덜 수 있을 거예요.

❸ **(Behind) 핵심 메시지를 한 문장으로 정리한다.**

- 작가가 결국 나에게 하고 싶은 말이 무엇인지 한 문장으로 정리해보세요. 핵심 메시지를 간파했다는 건 작가의 말을 잘 경청했다는 뜻입니다. 등장인물의 이름이나 용어, 사건, 심지어 작가 이름마저 기억 속에 희미해진다 해도, 내가 적은 한 문장은 오랫동안 기억에 남을 거예요. 이 문장을 토대로 다른 사람에게 이 책이 필요한 순간, 추천해줄 수도 있고요.

 말 선생의 독서 노트

2024년 2월 9일(금)
《데일 카네기 인간관계론》, 데일 카네기, 상상스퀘어, 2023년

① Before(질문)

- 원제《How to win friends and influence people》에서 win의 의미는 무엇일까?
- 1936년 출간된 이 책을 지금도 전 세계 사람들이 찾아보는 이유는 무엇일까?
- 한국어판 제목《데일 카네기 인간관계론》처럼 이 책은 인간관계 이론서일까? 어떤 예시나 연구 자료를 사용했을까?
- 인간관계에서 특히 무엇을 강조한 책일까? 다른 책과 차이점은 무엇일까?
- 데일 카네기는 어떤 사람일까?
- 뒤표지에 있는 워런 버핏의 고백 "나는 데일 카네기에게 인생에서 가장 중요한 것을 배웠다"처럼 왜 많은 사람이 인간관계, 대화, 자기 관리, 성공 습관 등을 말할 때 데일 카네기를 떠올릴까?

② Book(독서+생각)

- p.23 "카네기는 내면에서 끓어오르는 자신감과 아이디어만 있다면 거의 모든 사람이 대중의 마음을 움직이는 연설을 할 수 있다고 주장한다."

    ☞ 본론에 앞서 나온 이 책 활용법에서 '확고한 의지'를 강조한 이유를 알 것 같다. 인간관계 능력을 높이고 싶다면, 먼저 '간절함'이 필요하다는 뜻이겠지?

- p.48 첫 강연 제목 '사람들의 마음을 얻고 영향력을 발휘하는 법'
  - ☞ 제목상 win은 이긴다는 공격적인 표현이 아니라 마음을 얻는다, 사로잡는다는 의미
- p.49 "15년의 실험과 연구 끝에 이 책이 나오게 된 것"
  - ☞ 인간관계와 관련한 모든 자료 수집, 학술서, 잡지 기사, 위인전(100권 이상) 분석, 성공 인물 인터뷰 진행, 강연 후기, 카네기 인간관계 원칙을 적용한 후 인생 혁명이 일어난 사람들의 이야기 등을 담고 있음
- p.85 "제가 생각하는 저의 가장 큰 자산은 사람들의 열정을 불러일으키는 능력입니다. 그리고 사람들의 역량을 최대로 끌어올리는 방법은 바로 인정과 격려입니다."
  - ☞ 인상적인 사례(#리더의자세) : 당시 이례적으로 연봉 100만 달러(1930년대)를 받은 찰스 슈왑의 비결
- p.174 "누군가와 대화를 시작할 때 호감을 얻고 싶다면, 상대방의 이야기를 경청하라. 상대가 자신에 관해 이야기하도록 격려하라"
  - ☞ 그렇다고 마냥 듣고만 있을 순 없지 않나? 누구나 일방적으로 감정의 쓰레기통이 될 순 없다. 배려하고 독려할수록 자기 말만 늘어놓는 사람도 있는데, 어느 정도까지 수용해야 할까?
- p.361 "불쾌감이나 분노를 일으키지 않고 사람을 변화시키려면 격려를 활용하라. 상대가 고치기를 바라는 잘못을 고치기 쉬워 보이게 하라. 상대가 했으면 바라는 일을 하기 쉬워 보이게 하라."

☞ 아이에게 적용해볼 만한 내용

③ **Behind(생각 정리)**
- 사람의 마음을 얻는 37가지 인간관계 원칙을 정리한 책
- 37가지 인간관계 원칙을 활용하도록 독려하는 실용서
- "인간관계 능력을 높이고 싶다면, 확고한 의지를 가지고 원칙을 익혀서 활용하라!"

생각 근육 단련법 3 생활 속 말 재료 수집

"선생님! 마땅한 아이디어가 없어요. 무슨 말을 해야 할지 잘 모르겠어요." 말할 기회가 생기면 머릿속이 하얘진다는 사람이 의외로 많습니다. 할 말이 도통 떠오르지 않는다는 겁니다. 진짜 하고 싶은 말이 없는 걸까요. 취미나 운동, 물건, 반려동물 등 좋아하거나 즐기는 것을 한번 얘기해보라고 하면 누구든 신나게 쏟아냅니다.

말의 재료는 이미 우리 주변에 가득합니다. 곳곳에 널려 있는 말 재료를 포착해 수집하는 능력이 약할 뿐이지요. 말 잘하는 사람은 이야깃거리 즉, 말의 재료가 풍성합니다. 스토리 부자들이에요. 때로는 돈을 내면서까지 이야깃거리를 사기도 합니다. 소유 소비보다 경험 소비를 더 중요하게 여기기 때문이지요. 나의 이야깃거리인 경험을 쌓을 수 있는 일이라면 값비싼 입장료와 물건 구입비 등을 아까워하지 않습니다.

유명 강연회에 참석하고, 저자와의 만남이나 북토크에 먼 길을 마다하지 않고 달려가고, 화제가 되는 공연이나 뮤지컬도 챙겨보는 사람들이 많습니다. 말의 재료뿐 아니라 통찰력을 얻을 수 있는 값진 경험이라면 돈과 시간, 에너지를 기꺼이 바칠 수 있다는 거겠죠.

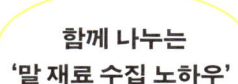

함께 나누는
'말 재료 수집 노하우'

❶ **SNS를 말 재료 수집의 통로로 삼는다.**
- 내키는 대로 이것저것 보기보다 원하는 키워드를 몇 가지 정해, 부합하는 피드만 집중적으로 살펴보세요. 알고리즘을 나에게 유익한 방향으로 이끄는 거예요. 가령, 책과 명언, 낭독을 골랐다면 관련 피드에 좀 더 오래 머물며 사진도 보고, 글도 읽고, 좋아요를 누르거나 댓글도 달아봅니다. 몇 번만 의식적으로 움직이면, 알고리즘은 내가 정한 키워드에 어울리는 내용을 열심히 퍼 나르게 됩니다.
- 나중에 활용하고 싶은 동영상이나 사진, 카드뉴스 글을 발견하면 캡처하거나 해당 SNS에 반드시 저장해놓으세요. '말 재료'라고 폴더명을 분류하는 것도 좋은 방법입니다.

❷ **주변인의 말과 행동에 주목한다.**
- 우리가 만나는 사람은 생생한 에피소드를 제공해주는 고마운 존재입니다. 재미나 의미를 담고 있는 말과 행동을 기록으로 꼭 남겨두세요. 때로는 눈살을 찌푸리게 하는 행동이나 말도 우리에게 좋은 교훈을 줄 수 있습니다. '도처에 스승이 있다'라는 말이 있지요. 부정적인 행위로 깨달음을 주는 반면교사도 우리에게 귀한 스승입니다.
- 주변인의 말과 행동을 기록할 때 스마트폰 메모장을 활용하면 좋습니다. 제 휴대전화에는 '정원 어록(정원은 말 선생의 자녀 이름)'이라는 메모장이 있는데요. 아이가 자라면서 건네는 말이나 행동 가운데 특별한 내용을 차곡차곡 모아둔 기록 창고입니다. 발언을 구체적으로 적어두면 나중에 살아 있는 에피소드로 활용해 듣는 이의 공감을 얻는 말을 할 수 있답니다.

예시① 2022년 8월 25일, 밤늦게 간식을 먹는 아이에게 "너 일찍 죽기 싫다고 했잖아"라고 말하니 돌아온 답변, "엄마! 죽는 건 랜덤이지!"

예시② 2024년 1월 3일, 제주 쌍용굴을 보고 나오며 "아~ 감칠맛 나네!" (감질맛을 감칠맛이라고)

예시③ 2024년 1월 22일, "엄마! 취하도취할 수 있어!" (자아도취란다 아들)

❸ **이동 시 떠오르는 생각과 아이디어도 담아둔다.**
- 여행, 운전, 산책, 달리기의 공통점이 무엇일까요? 바로 내 몸이 다른 곳으로 이동한다는 점입니다. 이때 아이디어와 생각이 마구 샘솟는 경험을 해보셨을 거예요. 새로운 환경이 좋은 자극을 주면서 뇌에 활력이 생기는 현상이라고 해요.
- 문득 떠오른 영양가 있는 생각을 그냥 날려버릴 수는 없지요. 이동 중일 때는 스마트폰 녹음 기능을 활용해보세요. 운전이나 달리기 중에 글을 쓰는 건 위험하니, 이럴 때는 간편하게 스마트폰 녹음 버튼을 누르고 떠오르는 생각과 아이디어를 말로 담아둡니다. 나중에 다시 들으며 말 노트에 정리하면 되니까요.

생각 근육 단련법 4   기억에 새기는 말의 기본 틀

이야기의 어원이 귀 이耳와 약 약藥에서 나왔다는 설이 있습니다. 이야기가 '귀로 먹는 약'이라니 정말 멋진 표현이지요. 그런데 과연 우리는 상대 귀에 명약을 건네고 있을까요? 명약은커녕 알아서 들으라는 식으로 맥락 없이 쏟아내고 있지는 않나요?

    상대의 기억에 말을 잘 새기려면 '그림 그리듯 말하기'가 꼭 필요합니다. 그림 그리듯? 물론 양 한 마리, 양 두 마리를 말할 때 양의 생김새와 색깔, 동작까지 생생히 묘사한다는 뜻도 있습니다. 그런데 여기서 말하는 '그림 그리듯'이란 전달 내용을 구조화하는 것을 의미합니다. 말의 틀을 갖춘 상태에서 이야기를 나열하는 것, 그게 바로 스토리텔링이지요. 그저 그런 내용이 흥미로운 힘을 가진 이야기로 탈바꿈하면 상대의 기억에 또렷이 각인됩니다. 구조가 있는 이야기는 따라오게 하는 힘이 있어 듣는 이의 집중력과 이해력을 높이는 효과도 있습니다. 말하는 사람도 말의 틀 속에서 정리된 이야기를 하나씩 뽑아내면 되니 전달하기가 훨씬 수월해지고요.

그렇다면 그림 그리듯 말을 구조화하는 건 어떻게 하는 걸까요? 이때 '3의 규칙'을 지켜보세요. 3은 패턴을 구성하는 최소 단위라고 하는데요. 세 개의 단어 또는 세 부분으로 제시된 아이디어나 주장은 흥미를 유발하고, 기억에도 더 오래 남는다고 합니다. 특히 그림동화를 보면 3의 규칙을 따른 이야기가 생각보다 많은데요. 〈아기 돼지 삼형제〉, 〈삼총사〉, 〈곰 세 마리〉가 대표적이지요. 아이들 뇌리에 교훈을 깊이 새기려고 3이라는 특별 장치를 이용했던 겁니다. 또, 각종 안내 수칙에도 3의 규칙이 담겨 있습니다. 화재 발생 시 대피 요령 1. 수건, 이불, 몸 등에 물을 적신다. 2. 계단(비상구)으로 신속히 대피한다. 3. 엘리베이터나 에스컬레이터는 절대 타지 않는다. 이렇게 지침이 간결하고 명확해야 위험한 순간에 실질적인 도움을 줄 수 있습니다.

함께 나누는 '3의 규칙 활용법'

❶ 하고 싶은 말을 세 가지로 정리한다.

- 아무리 좋은 말이라도 여러 개를 한꺼번에 쏟아내는 순간 잔소리로 여겨질 수밖에 없습니다. 듣는 사람도 집중력이 떨어지고요. 정리되지 않은 말은 스스로 내용을 아직 잘 모른다는 뜻이기도 합니다.
- 이유, 근거, 목적, 예시 등을 세 가지 이하로 압축해보세요. 전달할 정보가 아무리 많아도 상위 개념 몇 가지로 묶을 수 있습니다. 예를 들어 노란, 바지, 로봇, 원피스, 빨간, 인형, 블록, 분홍, 점퍼, 검정, 코트, 퍼즐 등의 단어가 나열돼 있다고 해봅시다. 이 많은 단어를 단번에 기억할 수 있는 사람은 없습니다. 그런데 노란-빨간-분홍-검정을 색이라는 상위 개념으로 묶고, 바지-원피스-점퍼-코트는 옷으로, 로봇-인형-블록-퍼즐은 장난감으로 한데 묶을 수 있습니다. 그렇다면 크게 세 가지, 즉 색, 옷, 장난감으로 이야기를 정돈해 풀어낼 수 있습니다. 상위 개념에 어울리지 않는 잉여 사례는 과감히 없앨 수 있고요.

❷ 핵심 키워드를 떠올린다.

- 하나의 이야기 속에는 처음부터 끝까지 관통하는 핵심 키워드가 있어야 해요. 핵심 키워드는 이야기를 흔들림 없이 잡아주는 중심추입니다. 이야기 속 다양한 키워드를 아우르는 최상위 개념, 즉 대표 키워드

가 있어야 메시지가 분명해집니다. 핵심 키워드를 포함한 전체 주제가 곧 제목이 되고요.

❸ 말의 기본 틀을 A-B-A′로 구성한다.

- 서론 A, 본론 B, 결론 C 식으로 각기 다른 내용을 담기보다 핵심 키워드를 생각하면서 이야기를 하나의 흐름으로 연결해보세요.
- 서론에는 주장이나 주제를 제시하고, 본론에는 뒷받침하는 이유나 근거, 에피소드를 말합니다. 이때 본론의 내용이 구체적일수록 더 큰 공감을 얻을 수 있어요. 마지막 결론이 제일 중요한데요. 앞서 다룬 이야기와 전혀 다른 C가 아니라, A′로 전달하는 겁니다. 서론에서 언급했던 주장이나 주제를 한 번 더 강조하는 거예요. 핵심 키워드가 자연스럽게 다시 나오고, 다짐이나 앞으로의 계획, 교훈 등으로 마무리 지으면 상대 머릿속에 확실히 새기는 말을 할 수 있습니다.

A(서론)	B(본론)	A′(결론)
주제(주장)	설명(설득)	주제 정리 및 확장

생각 근육 단련법 5 다양한 말틀 응용 사례

핵심 키워드와 A-B-A´ 틀을 기본으로 다양한 상황에 적용할 수 있습니다. 먼저, 우리를 번번이 난감하게 하는 자기소개에 적용해볼까요. 모임을 가면 꼭 5명만 넘어도 자리에서 일으켜 자기소개를 시키잖아요. 순간 머릿속은 하얘지고, 생각 없이 주저리주저리 말하다 보면 정작 중요한 얘기는 빠트리고 앉기 일쑤입니다. '내가 왜 그런 쓸데없는 얘기를 했지?' 하고 후회가 밀려들고요. 말은 많이 했는데 상대의 머리와 가슴에 남는 건 하나도 없지요.

이제부터 자기소개를 할 때 A-B-A´를 활용해보세요. 먼저, 나를 수식할 수 있는 대체 불가능한 키워드를 언급합니다. 비타민 같은 사람, 미소 천사…. 이런 수식어는 뒤에 붙는 이름만 바꾸면 누구나 쓸 수 있으니 가급적 피하면 좋겠죠. 자신의 특성과 경험, 이력 등을 토대로 나를 제대로 표현할 수 있는 하나의 핵심 키워드를 찾아보는 겁니다. 저는 '삶의 앵커'라는 키워드로 자기소개를 하는데요. 한번 해볼까요. "안녕하세요? 뉴스 앵커에서 삶의 앵커로 제2의 인생을 사는 김여진입니다." 어떤가요. '삶의 앵커=김여진' 하고 자연스럽게 입력되면서 동시에 삶의 앵커가 뭘까 궁금해지지 않나요? '현실'이란 이름을 가진 후배는 회사에 입사할 때 이렇게 소개했다고 해요. "안녕하세요? 이상과 현실, 박현실입니다." 재미있는 사실은 후배의 오빠 이름이 진짜 박이상이랍니다. 그러니 특별한 이름으로 엮은 이 자기소개는 누구도 대체할 수 없겠지요.

이제 본론 B는 어떻게 풀어야 할까요. 나를 수식한 핵심 키워드를 설명하는 내용도 좋고요. 핵심 키워드와 연관된 다양한 경험과 이력을 소개해도 좋습니다. 그런 다음, 결론 A´에서 핵심 키워드를 다시 한번 언급하고 기대와 포부, 각오, 계획 등을 간략히 덧붙이면 됩니다.

예시 자기소개

A 안녕하세요? 뉴스 앵커에서 삶의 앵커로 제2의 인생을 살고 있는 김여진입니다.

B 저는 20년 동안 시청자에게 따끈따끈한 소식을 빠르고 정확하게 전달하는 뉴스 앵커로 살았습니다. 그러다 현장에서 만난 어려운 이웃들의 모습을 보면서 '배움의 완성은 나눔'이라는 결론에 이르렀는데요. 이후 장애인에게 말하는 방법을 가르치고, 시각장애인을 위한 방송, 소리책, 화면해설 제작에도 앞장서고 있습니다.

A´ 앞으로 삶의 앵커로 펼쳐나갈 여정에 가슴이 벅찹니다. 목소리로 세상을 밝히는 삶의 앵커, 김여진을 꼭 기억하고 응원해주세요. 고맙습니다!

독서 모임에서 읽은 책에 대한 소감을 말할 때도 A-B-A´를 적용해보세요. 핵심 한 문장이나 나에게 가장 인상 깊었던 문구를 서론에서 먼저 소개한 다음, 왜 그 문장을 골랐는지 이유를 세 가지로 정리하거나 그 문구와 관련된 재미있는 에피소드를 구체적으로 풀어냅니다. 끝으로 핵심 한 문장이나 인상 깊은 문구에 등장한 핵심 키워드를 언급하며 생각을 정리해주면 됩니다.

> **예시** **책 소감**
>
> A **(인상적인 문장 소개)** 여러분은 뒷담화, 즉 뒷말을 자주 하는 편인가요? 이기주 작가의 《말의 품격》에는 이런 문장이 등장합니다. "뒷담화는 화살처럼 무서운 속도로 사람의 입을 옮겨 다니다가 언젠가 표적을 바꿔, 말을 내뱉은 사람의 귀와 혀와 가슴을 향해 맹렬히 돌진한다. 그땐 뒤늦게 후회해봤자 소용이 없다."
>
> B **(관련 에피소드)** 방송국에 다닐 때 일입니다. 아침 회의를 마치고, 후배가 사색이 돼 찾아왔어요. "선배! 큰일 났어요. 선배한테 보낼 문자를 팀장한테 보내고 말았어요!" 대성통곡하는 후배를 달래 뭐라고 보냈는지 이야기를 들어보니, 팀장에 대한 속마음을 단번에 알아차릴 수 있는 한마디, "선배! 대머리 오징어 입 좀 막아주세요!" 였던 겁니다. 얼마나 그 사람을 미워하고 계속 떠올렸는지, 문자를 보낼 상대를 지정할 때조차 그의 이름을 떠올리고 말았던 겁니다.
>
> A´ **(주제 정리)** 험담의 첫 번째 청취자는 '자기 자신'이라는 말이 있습니다. 아무리 달콤한 뒷말이라도 결국 우리의 귀를 더럽힌다는 뜻이겠지요. 상대의 단점에만 초점을 맞춘 뒷담화 대신, 장점을 찾아 그 부분을 더 크게 알아봐주고, 서로의 성장을 북돋아주는 아이디어 가득한 말을 더 많이 해야겠다고 다짐해봅니다.

기관이나 기업에서 회의할 때도 A-B-A′를 실천해보세요. 특히 문제를 해결해야 할 상황에서는 또렷한 방향 제시가 급선무인데요. 서론에서 현재 문제를 정리하고, 본론에서는 다양한 해결책 가운데 실현 가능성이 큰 세 가지를 추려 이유와 함께 제시합니다. 그런 다음 결론에서는 언급한 방법대로 실행했을 때 얻게 되는 혜택이나 이익까지 정리하는 겁니다.

예시 회의에서 대안 제시할 때

A **(문제 정리)** 우리 기관이 반년 동안 ○○행사를 열심히 준비했지만, 시민들의 참여가 저조했습니다. 참가 인원 500명을 목표로 했는데, 최종 집계 인원은 40퍼센트인 200명에 불과했습니다. 참여자를 대상으로 설문 조사를 해봤는데요. 행사 정보를 좀 더 빨리, 상세히, 다양한 경로로 접할 수 있으면 좋겠다는 의견이 가장 많았습니다.

B **(대안 제시)** 설문 조사에서 밝혀진 홍보의 핵심 문제 세 가지를 가장 먼저 개선해보면 어떨까요?
첫째, 홍보 시점의 변화입니다. [+ 근거 제시(설문 조사 인용) + 대안 제시]
둘째, 홍보 내용의 변화입니다. [+ 근거 제시(설문 조사 인용) + 대안 제시]
셋째, 홍보 전달 방식의 변화입니다. [+ 근거 제시(설문 조사 인용) + 대안 제시]

A′ **(예상 효과)** 홍보 시점, 내용, 전달 방식, 이 세 가지를 시급히 개선한다면 하반기에 열릴 두 번째 행사는 더 많은 시민의 관심과 참여가 이어

질 것으로 예상됩니다. 또한 장기적으로 볼 때 우리 기관의 대외 이미지를 높이는 효과를 기대할 수 있습니다.

    때로는 서론 A와 본론 B의 위치를 바꿔 말할 수도 있습니다. 말의 틀 변형이라고 볼 수 있는데요. 흥미로운 이야기나 경험담으로 시작해 관심을 집중시켜 보다 극적인 효과를 얻고 싶을 때 활용합니다. 우연히 방송에서 배우 차인표 씨의 자기소개를 본 적이 있는데요. 자기소개가 막막하거나 좀 더 특별한 소개를 하고 싶다면, 꼭 한 번 보길 추천합니다.(〈tvN 불꽃미남〉, 2021년 5월 20일 방송, 유튜브에 '차인표 자기소개'로 검색)

    먼저, 나이 50 이전의 삶을 축구 경기에 빗대 마치 스포츠 중계하듯 박진감 넘치게 풀어냅니다. 바로 이어 그동안 살면서 불렸던 이름을 나열하는데요. 아들, 학생, 회사원, 아빠, 남편, 벼락스타 그리고 '분노의 양치질'까지 위트도 놓치지 않습니다. 마지막으로 스스로 지은 이름, 즉 도전, 가능성, 비전이라는 단어를 소개하며 "당신의 이름은 무엇입니까?"라는 질문으로 끝맺음합니다. 3분도 채 안 되는 시간에 한 편의 인생 드라마를 본 듯한 느낌이랄까요. '이름'이라는 핵심 키워드에 3의 규칙에 따른 스토리텔링, B(본론)-A(서론)-A′(결론)로 변형해 끌어올린 극적인 효과까지. 재미와 감동을 모두 챙긴 훌륭한 자기소개가 아닐까 싶습니다.

생각 근육 단련법 6 긍정의 말 훈련

우리 말에 '오만 가지 생각'이라는 표현이 있지요. 미국 심리학자 섀드 헴스테터Shad Helmstetter 박사가 연구해보니 실제로 사람은 하루에 5~6만 가지 생각을 한대요. 그 가운데 80퍼센트 정도가 부정적인 생각이랍니다. 할 수 있을까? (의심), 절대 못 해! (단정), 그렇게 되면 어쩌지? (불안, 걱정), 소용없어! (포기), 내가 하는 일이 늘 그렇지 뭐! (낙담), 다시는 일어설 수 없을 거야. (절망) 나를 향한 부정적인 생각도 이만큼인데, 여기에 가족, 동료, 직장, 나라 걱정까지 더해지니 머릿속은 복잡합니다. 생각은 우리의 언어를 지배하는데요. 부정적인 생각이 가득하면 우리 말도 곱게 나올 리 없겠지요.

'화장은 하는 것보다 지우는 것이 중요하다'라는 TV 광고를 기억하시나요? 다이어트 역시 몸에 좋다는 무언가를 이것저것 먹기보다 일단 우리 몸을 깨끗하게 비우는 것이 중요하다고 하잖아요. 우리 말도 똑같습니다. 말을 잘하려고 새로운 지식이나 정보, 어휘 등을 무조건 채우기보다 내 안의 부정적인 언어와 말 습관부터 거두어내는 게 더 중요합니다.

대표적인 부정의 말 세 가지 유형을 정리해볼게요. 이것만이라도 의식적으로 줄여나가면 생각 근육을 단련하는 데 큰 도움이 될 겁니다.

첫 번째, 불평-불만-불신, 삼불三不의 말입니다. 무언가 실행해보기도 전에 항상 삼불이 작동하지는 않았나요. 악담의 첫 번째 청취자는 자기 자신이라지만, 부정적인 말은 전염성이 강하다는 데 더 큰 문제가 있습니다. 만나면 한숨부터 짓는 친구 옆에 있으면 우리도 기운이 쭉 빠지지요. 해야 할 말도 삼키게 되고요. 옆에만 있어도 지치게 만드는 사람을 '에너지 도둑, 에너지 뱀파이어'라고 부르는데요. 급기야 주변을 순식간에 지옥으로 만들어버립니다. 직장이나 학교 등의 조직이 이미 수차례 좌절을 경험해 자포자기 상태에 빠져 있으면, 새로 들어온 사람이 아무리 열정을 가지고 무언가 해보려 해도 조직의 무기력에 쉽게 전염되기도 합니다. 불평, 불만, 불신의 말은 이렇게 개인과 조직을 갉아먹으니 그 여파가 매우 무섭습니다.

두 번째, 주인공이 되고 싶은 욕구의 말입니다. 예를 들어 부친상을 당한 친구와 대화할 때, 이런 실수를 하지는 않나요. '나도 몇 년 전에 우리 엄마 돌아가셨을 때 얼마나 힘들었는지 몰라! 남은 빚 혼자 다 정리하고 가족 챙기느라 죽는 줄 알았어!' 친구의 말을 충분히 들어줘야 할 타이밍조차 모든 대화의 중심이 나에게로 향하는 겁니다. '대화 나르시시즘'이라는 용어가 있습니다. 대화의 주도권을 쥐고 초점을 나에게 맞추는 것을 의미하는데요. 나의 인정 욕구만 채우려고 애쓰다 보면 결국 사람을 잃게 됩니다.

세 번째, 선생님이 되려는 욕심의 말입니다. 아끼는 사람일수록 마치 윗사람이 아랫사람 다루듯 말할 때가 참 많습니다. 특히 아이와 배우자에게 강요나 지시형으로 말하지는 않나요? 부모와 자식 간 보호자 역할이 바뀌었을 때 부모에게 향하는 말은 어떤가요? 더 잘 되기를 바라는 마음에서, 잘못되면 안 되니까, 내게 소중한 사람들이니까, 하는 심정은 충분히 이해합니다. 하지만 말이 우리의 진심을 가려버리면 안 되겠지요. 또 내가 좀 더 잘났다거나 더 많이 안다고 착각하는 순간, 무시하는 말과 가르치려는 말투가 여지없이 튀어나옵니다. 전문 용어를 말할 때면 상대가 알기 쉽게 풀어주기보다 '너 이런 것 알아'라는 투로 말하거나, '에~', '또~'라는 식의 군더더기 말 습관으로 대화 시간을 장악하려 합니다. "You know?"라는 영어 표현과 똑같지요. 말을 잘하고 싶다면, 겸손하게 불필요한 기교를 덜어내야 합니다.

함께 나누는 '긍정의 말 훈련법'

❶ 긍정 언어로 우리 뇌를 교란한다.

- 뇌과학을 통해 밝혀진 사실에 따르면, 우리 뇌는 부정어를 인식할 수 없다고 해요. 발표를 앞두고, "떨지 말자! 긴장하지 말자!"라고 하는 순간, 우리 뇌는 '떨다', '긴장'이라는 의미로 받아들여 신체 부위를 작동시킨다는 겁니다. 심장이 두근두근 뛰고, 얼굴은 빨갛게 달아오르

고 숨이 가빠지면서, 입과 혀는 단단히 굳어 마음대로 움직이지 않는 상태가 되는 거지요. 이럴 때 "떨지 말자" 대신 "괜찮아! 한번 해보지 뭐"라는 식으로 뇌에 긍정어로 입력하면 긴장감을 낮추는 데 훨씬 효과적입니다. 일종의 뇌 교란 작전인 셈이지요.

- 두려운 상황에서도 같은 방법을 사용해보세요. 두렵다고 말할수록 두려움의 불길은 더욱 거세집니다. 두려움을 뜻하는 영어 FEAR의 철자를 하나씩 떼어 재해석한 글을 읽은 적이 있는데요. F는 '거짓'을 뜻하는 False, E는 '증거'라는 뜻의 Evidence, A는 '나타남'을 뜻하는 Appearing, R은 '진짜'라는 뜻의 Real. 그래서 이 모든 의미를 종합해보면, 두려움은 '진짜인 것처럼 나타나는 거짓 증거'라는 겁니다. 진짜 벌어진 일도 아닌데 두려움부터 앞서는 경우가 많지 않나요? 그럴 때 부정어를 인식하지 못하는 우리 뇌에 긍정의 언어를 심어주는 겁니다. "이 또한 다 지나갈 거야, 할 수 있어, 한번 해볼까"라고요.

❷ 가장 먼저 장점을 바라보고, 표현한다.

- 부정적인 말을 습관적으로 하는 사람들의 특징이 있습니다. 바로 단점을 기가 막히게 잘 포착한다는 겁니다. 그것도 보자마자 순식간에요. 오랜만에 친구를 만나 반가운 상황에서도 첫 마디를 이렇게 내뱉습니다. "어머, 너 살쪘다! 너도 나이를 먹긴 먹는구나! 너도 아줌마가 다 됐다!" 행여 상대가 기분 나빠 하면, 웃자고 한 얘기에 뭘 또 진지하게 반응하냐며 나무랍니다. 입술의 30초가 마음의 30년이 된다는 말

을 정말 모르는 걸까요.

- 부정적인 말이 툭 하고 먼저 튀어나온다면 사람과 상황의 장점을 가장 먼저 보려고 노력해보세요. 생각 없이 나오려는 말을 잠시 멈추고, 상대의 장점과 긍정적인 변화를 열심히 찾는 겁니다. 그런 다음 말을 아끼지 말고 직접 표현해보세요. "역시 네 목소리를 들으니 마음이 편안해진다. 오랜만에 들어도 참 좋다, 좋아! 너랑 같이 있으면 나도 덩달아 웃게 돼. 넌 참 주변을 웃게 하는 힘이 있어! SNS에 올리는 네 사진을 보면서 나도 덩달아 책 읽고 싶어지더라!" 상대의 여러 특징 중에서 좋은 점을 먼저 바라볼 줄 아는 건 나의 삶을 윤택하게 만드는 지름길입니다.

❸ 유쾌한 말의 비율을 높인다.

- 부정적인 말을 거두어낸 자리에 유쾌한 말로 채워보세요. 유쾌한 말이라고 하면 흔히 유머를 떠올려 "난 재미없는 사람이라 못해!" 하며 손사래 치는데요. 유쾌한 말에는 크게 세 가지가 있습니다. 칭찬, 덕담, 유머이지요. 유머를 내뱉기 어려운 분이라면 칭찬이나 덕담을 자주 해보세요. 안전하게 운전해준 택시 기사님에게, 주변을 깨끗이 청소해준 미화 여사님에게, 맛있는 빵을 만들어준 빵집 사장님에게 칭찬이나 덕담, 감사의 말을 건네는 겁니다. 표현하지 않는 감사는 진짜 감사가 아니니까요. "덕분에 편하게 잘 왔습니다!", "늘 먼저 웃어주시니 감사해요!", "빵이 너무 맛있어서 매일 출근 도장을 찍는답니

다!"처럼 가벼운 한마디만으로도 충분합니다.

- 유머도 연습할수록 실력이 늡니다. 아이가 엄마만 알고 있는 게 궁금하다며 막무가내로 떼쓰는 상황에서 유머를 슬쩍 시도해보세요. "궁금해요? 궁금하면 500원." 아이는 옛날 옛적 유머를 알 턱이 없지만, 엄마가 능글맞은 눈빛과 손짓으로 맞대응하니 덩달아 웃게 됩니다. 적절한 유머는 대화의 윤활유가 되어줍니다. 유머는 나랑 거리가 멀다고 단정 짓기보다 관심 있게 유머를 찾아보며 연습해보세요. 처음에는 어색한 게 당연하지요. 하지만 상황과 분위기에 맞게 대화 속 양념처럼 한두 번 유머를 건네다 보면, 어느새 유쾌한 사람으로 통할지도 모릅니다.

생각 근육 단련법 7 **공감의 말 훈련**

때로는 아무 말도 하지 않는 것이 최고의 소통이라는데 이 또한 참 어려운 일입니다. 우리 안의 고질병이 번번이 툭툭 튀어나오기 때문이죠. 바로 통제병, 관심병, 인정 욕구병인데요. 공감의 말을 건네려면 일단 경청을 잘해야 하는데 이것부터 어렵습니다. 그럼 어떻게 하는 게 상대의 말을 잘 듣는 걸까요? 일단 공감하려면 몸과 마음, 생각이 바로 지금 여기에 머물러야 합니다. '듣다'라는 뜻의 영어 hear와 '바로 여기'를 뜻하는 영어 here은 발음이 같습니다. 잘 들으려면 여기에 있어야 한다는 특별 주문처럼 들립니다. 몸은 여기 있지만, 생각은 다른 곳에 있지는 않았는지, 상대가 말하는 동안 바로 이어 내가 할 말만 생각하지는 않았는지 돌아보자고요.

상대에게 온전히 집중하려면 세 가지가 필요합니다. 여유, 유대, 유연입니다. 상대를 인정하고 어떠한 말이든 넉넉하게 품을 수 있는 마음의 여유, 같은 곳을 바라볼 수 있는 유대, 내가 틀릴 수도 있다고 인정하는 유연한 마음을 뜻합니다. 그래서 저는 you(당신)에 집중하기 위해 세 가지 유, 즉 여유, 유대, 유연을 먼저 챙기려 노력합니다. 그러면 상대와 주파수가 잘 맞아, 때로는 속마음까지 읽게 돼 불필요한 말을 줄일 수 있더라고요. 상대의 마음을 울리고, 움직이게 하는 힘은 강한 바람이 아니라 따뜻한 햇볕이라는 사실을 늘 기억해야 합니다.

공감의 말을 건네는 것도 중요하지만, 나의 말이 공감을 불러일으키게 하는 것도 필요합니다. 내가 건넨 말로 상대가 진짜 감동感動, 즉 느끼고 움직이게 된다면 얼마나 행복할까요.

함께 나누는 '공감의 말 훈련법'

❶ 먼저 상대의 말을 적극 경청한다.

- 베스트셀러 《말센스》의 저자 셀레스트 헤들리Celeste Headlee는 듣기를 능동적 듣기와 수동적 듣기로 구분합니다. 수동적 듣기는 단순히 응답하기 위해 듣는 것, 능동적 듣기는 상대의 입장을 헤아리기 위해 마음으로 듣는 행위라는 거지요. 동양 철학에서는 듣기를 세 가지로 구분하는데요. 귀에 들리는 대로 듣는 문聞과 주의 깊게 듣는 청聽, 마음을 기울여 상대의 말을 알아차리는 경청傾聽이 있다는 겁니다. 상대와 통하는 말을 하고 싶다면, 먼저 나의 마음을 열고 경청해야 합니다. 상대의 말 속에 중요한 힌트가 담겨 있으니까요.

❷ 상대의 핵심 키워드를 언급한다.

- 마음을 기울여 들으면 상대가 말하려는 핵심 키워드를 쉽게 건질 수 있습니다. 때로는 말하는 상대도 흥분하거나 말 행위 자체에 몰입하느라 스스로 무슨 말을 내뱉고 있는지 잊을 때가 있거든요. 그럴 때 상대의 핵심 키워드를 정확히 짚어 언급해주는 겁니다. "○○에 관해 이야기하고 싶었던 거구나, ○○ 때문에 얼마나 답답했니." 그러면 상대는 말의 핵심을 다시 떠올리면서 동시에 이야기를 잘 들어준 것에 대해 고마움을 갖게 됩니다. 자연스럽게 상대도 내 말을 성의 있게 들어

주게 될 거고요.

❸ **핵심 키워드를 가지고 그림 그리듯 말한다.**
- 이제 내가 말할 차례라면 상대가 쉽고, 정확하게 들을 수 있도록 정돈된 말을 건네야 합니다. 분명한 핵심 키워드를 가지고 A-B-A´ 말의 틀을 세워 조리 있게 말하는 겁니다. 상대가 나의 말 흐름 속에 헤매지 않고, 같이 걸을 수 있도록 말이죠. 이때 핵심 키워드가 중요합니다. 지금 나누는 대화에 어울려야 하고, 상대의 핵심 키워드와 연결돼야 합니다. 생각은 다를 수 있습니다. 그러나 상대가 관심도 없고, 상황에 관련 없는 키워드를 언급한다는 건 혼자 하는 독백이지 대화가 아니랍니다.

생각 근육 단련법 8 　질문의 말 훈련

여러분은 주로 질문을 하는 편인가요, 받는 편인가요? 이렇게 물어보면 상대에 따라 다르다는 응답이 많습니다. 곰곰이 생각해보면 관심이 있거나 애정이 있는 상대일수록 질문을 많이 건넵니다. 더 알고 싶고, 더 마음을 포개고 싶기 때문이지요. 딱히 궁금한 게 없다는 건 호기심이나 애정이 식었다는 증거로 여겨집니다. 질문은 관심과 사랑의 표현입니다. 상대가 보내는 신호에 안테나를 세웠다는 증거이고요.

AI 시대에 창의력과 문해력 못지않게 중요한 능력이 바로 질문력이라지요. 세상을 향한 관심과 사람에 대한 호기심을 바탕으로 끊임없이 궁금증을 품고, 그 생각을 효과적으로 물으며 찾는 과정을 잘해야 살아남을 수 있다고 합니다.

고 이어령 작가는 《생각 깨우기》에서 질문의 중요성을 이렇게 강조했습니다.

"자기 안에 물음표가 없어서 아무것도 묻지 못하는 사람은 건전지를 넣고 단추를 누르면 그냥 북을 쳐대는 곰 인형과 다를 것이 없다."

질문한다는 건 무조건 칭찬받아 마땅하지만, 질문에도 클래스가 있습니다. 질문을 어떻게 던지느냐에 따라 고수와 초보로 나뉘지요. '예, 아니오'로 답할 수밖에 없는 닫힌 질문, 현재 기분이나 감정만 뭉뚱그려 묻는 단순 질문, 묻는 내용이 너무 포괄적이거나 방대해 어떻게 답해야 할지 고민하게 만드는 추상 질문, 상대의 이야기는 귀담아듣지 않은 채 이미 한 말을 또 하게 만드는 일방 질문까지. 이런 낮은 단계 질문만 던지면 대화가 쉽게 끊깁니다. 영양가 있는 답변을 얻기도 힘들고요. 질문하는 법도 익히고 연습할 필요가 있습니다. 삶은 질문에서 시작되고, 기회는 통찰에서 열린다는 말이 있습니다. 물음표가 느낌표로 바뀌려면 질문의 질도 달라져야 합니다.

함께 나누는 '질문의 말 훈련법'

❶ 빨간 휴지-파란 휴지 질문법

- 질문을 통해 원하는 결과를 얻고 싶을 때, 상대에게 적절한 선택지를 제시해보세요. "어떻게 할까?" 하고 상대 입만 계속 쳐다본다고 해결되는 건 없으니까요. 상대가 A 또는 B 중에 스스로 선택하도록 유도하는 겁니다. 어릴 적 화장실 괴담인 '빨간 휴지 줄까, 파란 휴지 줄까'가 문득 떠올라 이 질문법의 이름을 재미있게 붙여봤는데요. 상대는 선택권이 자신에게 있다는 생각에 기분 좋게 고르고, 화자는 결정을 좀 더 빨리 내릴 수 있으니 서로에게 윈윈인 질문법이라고 할 수 있지요.

- 물어보기 전에 한 가지 조건이 있습니다. 좋은 방향이나 원하는 결과로 대화를 이끌려면 긍정적인 가설을 세운 상태에서 선택지를 제시하는 겁니다. 아침마다 잠을 더 자고 싶은 아이와 학교에 지각할까 봐 걱정인 엄마 사이에 실랑이가 벌어지는 가정이 많을 텐데요. "빨리 일어나! 지각이야! 얼른 옷 입어!" 하고 엄마가 소리를 지른다고 해결이 되나요. 서로 감정만 상한 채 하루를 시작하게 됩니다. 다음 날 똑같은 상황이 여전히 반복되지요. 이때 빨간 휴지-파란 휴지 질문법을 활용해보세요. 제가 직접 아이에게 적용해본 방법인데요. 아이가 제일 좋아하는 옷 두 벌을 준비해 일어나야 할 아이에게 물었습니다. "정원아! 오늘 공룡 옷 입을래? 포켓몬 옷 입을래?" 명령의 말이 아니라 의

견을 구하는 질문으로 바꾼 겁니다. 눈을 비비고 일어난 아이가 공룡 옷을 가리키며 "이거! 이거 입을래." 하더니 주섬주섬 옷을 입더라고요. 소리치지 않고도 원만하게 문제를 해결할 수 있었습니다. 제가 아이에게 질문을 던지기 전 숨겨둔 가설은 바로 '너는 좋아하는 옷 입고 늦지 않게 학교에 갈 거야!' 였겠지요.

- 때로는 선택형 질문이 아니더라도 좋은 가설을 품고, 질문을 던지는 것만으로도 서로 기분 상하지 않으면서 유익한 대화를 이끌 수 있습니다. 엄마가 아이에게 다그치듯 묻습니다. "숙제했어? 안 했어?" 이때 엄마 마음속 가설은 무엇일까요. '넌 보나 마나 숙제 안 하고 놀고 있을 거야'일 확률이 높습니다. 물론 수차례 경험 속에 내려진 결론이자 사실일 수 있습니다. 그런데 아이는 엄마가 그렇게 다짜고짜 물으면 억울하다고 여기거나 핑계를 댑니다. 숙제를 더 안 하고 싶기도 하고요. 그렇다면 질문을 어떻게 바꾸면 좋을까요? '우리 아이는 숙제했을 거야'라고 긍정적인 가설을 품고 질문을 던지는 겁니다. "숙제는 몇 시에 다 끝냈니?" 아이에 대한 굳건한 믿음이 담긴 질문에 "엄마, 미안해! 얼른 할게!"라는 답변을 얻게 될 겁니다. 굳이 큰소리 내고 싸우지 않고도 스스로 움직이게 하는 힘은 질문에 달려 있답니다.

❷ 쌓아가는 질문법

- 마땅한 질문을 찾지 못해 "어땠어? 좋았어? 그래서?"라는 식으로 기분이나 감정만 두루뭉술하게 묻는 경우가 많습니다. 질문을 받는 사

람도 무얼 어디서부터 말해야 하나 난감합니다. 이럴 때 내가 이미 알고 있는 지식이나 정보, 아이디어를 덧붙여 질문을 건네보세요. 대화를 점점 쌓아가는 식으로 질문하다 보면, 나도 상대도 신나게 이야기를 주고받을 수 있고, 질문의 영역이 좁아지면서 상대도 훨씬 수월하게 답할 수 있습니다.

예시 최근 친구가 제주도 여행을 다녀왔다고 말할 때,

일반적인 질문
"제주도 여행 어땠어? 좋았어? 재미있었어?"

쌓아가는 질문
"1월에는 제주 바람이 매섭던데 날씨는 괜찮았어?"
"그 동네에 줄 서서 먹는 흑돼지 햄버거 가게가 있다던데 가봤어?"

❸ 미래 지향 질문법

- 배우자와 다투는 상황입니다. 마음은 얼른 풀고, 관계를 회복하고 싶은데 대화에 진전이 없습니다. 이럴 때 내가 던지는 질문을 한번 돌아보세요. "내가 뭘 잘못했는데? 누가 그런 건데? 왜 또 그러는 거야?" 대화가 앞으로 나아가지 못하는 건 계속 과거 원인만 들추기 때문입니다. 문제를 해결하고 싶다면 새로운 관점을 제시해보세요.

> **예시** "우리 사이가 다시 좋아지려면 어떻게 해야 할까?"

- 이번에는 학생 모집이 잘 안 되는 학교에서 대책 회의가 열리는 상황입니다. 왜 모집이 안 되는 거냐, 뭐가 문제인 거냐를 계속 따져봤자 시간만 흐를 뿐 뾰족한 수가 나오지 않습니다. 과거 원인에서 돌이켜 이런 식으로 질문을 던져봅니다.

> **예시** "이미 등록한 학생들은 어떤 점 때문에 신청했을까요? 우리 학교만의 특장점을 설문 조사로 받아서 홍보할 때 강조해보면 어떨까요?"

- 나에게 건네는 질문도 마찬가지입니다. '내가 왜 그랬을까? 난 항상 왜 이 모양이지? 내 삶은 왜 이리 엉망진창일까?' 하고 원인만 추궁하기보다 앞으로의 방향에 초점을 맞추는 겁니다. 나를 향한 따뜻하고 확신에 찬 질문은 다시 일어설 힘이 되어줄 겁니다.

> **예시** "이미 벌어진 일이니 어떻게 하면 수습할 수 있을까? 내가 잘할 수 있는 건 무엇일까? 내가 해야 할 일은 무엇일까?"

생각 근육 단련법 9   피드백 대신 피드포워드

'피드백feedback'이란 상황이 일어난 후에 다음을 위해 얻는 정보나 반응을 뜻합니다. 말하기에 있어서도 피드백은 물론 중요하지요. 내 말이 어떠한지, 개선해야 할 말 습관이 무엇인지를 분명히 알 수 있으니까요. 그런데 발표나 강연, 대화가 다 끝난 다음에 받은 피드백이 이미 벌어진 상황을 돌이킬 수는 없지요.

상황이 일어나기 전에 더 나은 결과를 이끌어내려면 피드포워드feedforward를 말하기에 적용해보는 겁니다. 오늘 강의에서 좀 더 알려줬으면 하는 내용을 미리 질문받거나 상대의 관심사와 나이, 취향 등을 꼼꼼히 살펴 적절한 예시나 자료를 준비하는 것을 말하는데요. 심지어 사람과 상황에 맞춰 효과적인 시간과 장소, 방식 등을 세심하게 마련하는 것도 포함합니다. 즉, 말하려는 사람이 대화 경험을 미리 디자인해보는 거죠.

말의 내용은 시간이 지나면 쉽게 잊힙니다. 하지만 함께 배꼽 잡고 웃었던 경험, 고개가 절로 끄덕여지던 상황, 따뜻한 말투와 시선, 배려 넘치는 행동은 경험한 사람, 즉 청자의 기억에 오래 살아남습니다.

미국 시인 마야 앤절로Maya Angelou는 대화 경험의 중요성을 이렇게 강조합니다.

"사람들은 당신이 한 말을 잊고, 당신이 한 행동을 잊지만, 당신이 어떤 기분을 느끼게 했는지는 절대 잊지 않는다."

함께 나누는 '피드포워드식 말 훈련법'

❶ 상대의 필요를 정확히 파악한다.

- 대학 강의를 시작할 때마다 다음 슬라이드를 보여줍니다. "김 교수에게 바라는 점을 오카방에 올려주세요." 오카방은 '오픈 카카오 채팅방'을 뜻하는 말인데요. 저는 여러 사람이 모인 자리에서 의견이나 주장을 말하기를 꺼리는 20대 학생들을 위해 수업 전용 채팅방을 활용하고 있습니다. 채팅창에는 수업 시작과 동시에 학생들의 갖가지 의견이 쏟아집니다. "교수님! 지난주 MC 원고 한 번만 더 낭독해주세요", "기사 작성 시 외래어는 어떻게 해야 할까요?" 등등. 지난주 수업에서 보충할 만한 내용이나 새롭게 생긴 궁금증 등을 주로 묻습니다. 가끔은 "교수님! 날씨가 너무 좋아 교실에 있는 게 아깝습니다" 같은 기습적인 감성 문자에 모두가 한바탕 웃으며 수업을 시작할 때도 있습니다. 학생들의 필요를 미리 듣고, 주어진 시간 안에 해결하니 선생도, 학생도 모두가 만족스러운 수업이 될 수밖에 없겠지요.
- 특강, 행사 MC, 발표처럼 처음 만나는 사람에게 말하는 상황이라면 어떻게 피드포워드를 해야 할까요? 이럴 때는 미리 관객 분석에 나서는 겁니다. 주최 측을 통해 참석자들의 성별, 연령대, 직업, 사전 질문 등을 받아 살펴보고, 적합한 예시와 내용을 준비하면 좋고요. 기관이나 단체의 성격과 근황, 사업 방향 등을 엿볼 수 있는 홈페이지나 유튜

브, SNS, 언론 보도 등을 꼼꼼히 들여다보는 것도 좋은 방법입니다.

❷ **비언어적 요소도 세심하게 챙긴다.**

- 내용만 신경을 쓰다가 비언어적 요소를 놓치는 경우가 참 많습니다. 말하기에서 비언어적 요소란 시선, 몸짓, 손짓, 표정, 몸의 방향 등을 말하는데요. 이 부분을 간과하면 상대는 부정적인 느낌이나 감정을 더 많이 갖게 됩니다. '나한테 관심이 없나, 지금 누구한테 말하는 거지, 확실하게 표현하든지 왜 그리 소극적일까, 시선이 흔들리는 걸 보니 나한테 숨기는 게 있나, 집에 안 좋은 일이 있나, 표정이 왜 그러지 등.' 말의 내용에 집중하기보다 비언어적 요소로 촉발된 자신의 느낌이나 감정에만 몰두하게 됩니다.

- 비언어적 요소는 자신감의 표현입니다. 시선을 피하거나 불안한 듯 이리저리 돌리지 말고 청자를 분명하게 바라봅니다. 일대일로 말하는 상황이라면 상대를 진심으로 바라보고, 여러 사람 앞에서 말하는 상황이라면 나에게 호의적인 반응을 보이는 몇몇 사람을 집중적으로 봅니다. 몸짓, 손짓을 활용하기로 마음먹었으면 크고 확실하게 움직여야 합니다. 분명한 액션이 분명한 리액션을 얻을 수 있습니다. 말할 때 표정도 놓치지 마세요. 긴장하거나 진지할 때 어떤 표정이 나오는지 얼굴 습관을 미리 파악하고 바로잡으려는 노력이 필요합니다. 거울 앞에서 수시로 연습하거나 실전을 앞두고 녹화를 해서 모니터하는 것도 좋은 방법입니다. 마지막으로 몸의 방향은 배꼽의 법칙을 기억하

세요. 배꼽의 법칙이란 심리학에서 배꼽이 향하는 방향에 따라 상대에 대한 호감을 엿볼 수 있다는 내용인데요. 발표나 연설을 할 때 나의 몸이 슬라이드나 출입구 쪽을 향해 있지는 않은지, 몸은 상대에게 향하지 않은 채 얼굴만 돌려 대화하고 있지는 않은지 수시로 살펴봅니다. 몸의 방향은 상대를 향한 관심을 보여주는 척도니까요.

❸ 비판과 반론에도 슬기롭게 대처한다.

- 내가 하고 싶은 말을 다 끝냈다고 대화가 끝난 게 아닙니다. 모든 상황이 끝날 때까지 말하는 사람에게 경청하며 정성을 기울여야 해요. 그래야 나도, 상대도 대화 후에 좋은 기분을 오랫동안 간직할 수 있으니까요. 마지막에 보여준 말과 행동이 오늘 나의 말에 대한 평가를 좌우한다는 사실을 꼭 기억해야 합니다.

- 간혹 의견이 다른 사람에게서 비판이나 반론을 들을 때가 있지요. 생각지 못한 기습 질문이나 의견을 받으면 머릿속이 하얘지면서 공격받은 듯한 기분마저 듭니다. 이럴 때 곧바로 감정적으로 쏘아붙이거나 구구절절 설명하기보다 'Yes, But 대화법'을 활용해보세요. "A는 B가 아니라 C라고 생각하시는군요. 충분히 그렇게 생각할 수 있습니다. 그런데 제가 이번 발표를 준비하면서 자료를 찾아보니 A는 B를 뒷받침하는 내용이 훨씬 많더라고요."라는 식으로 설명하는 겁니다. 상대 의견을 한번 정리하며 존중한 다음, 나의 의견을 보태면 서로 기분 상하지 않고 생각을 나눌 수 있지요. 반대로 'No, Because 대화법'

은 자칫 악감정이나 싸움으로 번질 수 있습니다. "아니, 아니요! 내 말은 그게 아니라" 하고 부정부터 시작하니 상대가 호의적으로 내 말을 들어줄 리 만무합니다. 게다가 '왜냐하면'으로 이어지는 이유나 설명은 변명으로 들릴 수밖에 없지요. 미처 생각지 못한 의견을 받은 상황이라면 솔직하고 예의 바르게 답변하는 편이 훨씬 현명합니다. "발표 주제에만 집중하다 보니 A는 C가 될 수도 있다는 사실을 미처 발견하지 못했습니다. 주신 의견을 바탕으로 보고서를 좀 더 탄탄하게 정리하겠습니다. 좋은 의견을 주셔서 감사합니다"라는 식으로요. 사전 준비와 지식이 부족했다는 사실을 드러내는 일은 쉽지 않지만, 진솔하고 현명한 대처가 오히려 더 깊은 인상을 남길 수 있답니다.

생각 근육 단련법 10 말의 성장 동력은 복기

말이 그 자리에 머무르거나 후퇴하지 않는 것은 모두의 바람이 아닐까 싶어요. 저의 한 가지 바람은 흰머리와 주름 가득한 할머니가 돼서도 제 이야기를 듣고 싶어 하는 사람이 많았으면 좋겠다는 것입니다. 여러분은 어떤 바람이 있으신가요? 언젠가 책에서 선배와 꼰대의 차이를 본 적이 있습니다. 바로 정성스럽고 진실한 마음에 달려 있다는 겁니다. 상대는 이미 알고 있습니다. 말하는 사람이 가르치면서 자기만을 드러내는 건지, 모르면서 아는 척하는 건지, 옛날 옛적 이야기만 늘어놓는 건지, 아니면 애정을 담아 진짜 상대를 위해 하는 말인지를 육감적으로 다 압니다.

말할 때 정성스럽고 진실한 마음을 담으려면 우리 말에도 성장이 필요합니다. 끊임없이 새로운 앎으로 채우면서 나쁜 말 습관은 과감히 버릴 줄 아는 용기가 있어야 하고요. 성장하지 않은 말은 누구도 성장시킬 수 없습니다.

제 말의 성장 동력은 바로 복기입니다. 복기는 바둑에서 한번 두고 난 판국을 비평하기 위해 다시 처음부터 바둑돌을 놓아보는 것을 뜻하는데요. 자신이 둔 수를 되짚어보며 실수를 분석하고, 더 나아지기 위해 고민하고 대비하는 가장 중요한 과정으로 꼽힙니다. 저는 규모가 크고, 전달자의 역할이 중요한 말하기 상황일수록 반드시 그날의 말을 복기합니다. 무사히 행사나 강연을 마치고, 뜨거운 호응과 칭찬에 들뜬 하루여도 집에 돌아오면 차분히 자리에 앉아 나의 말과 상대의 반응을 되짚어봅니다. 말하기를 망친 날, 다른 사람은 몰라도 스스로는 압니다. 평소와 어떤 점이 달랐는지, 무엇 때문에 설득에 실패했는지 등을 꼼꼼히 돌아봅니다. 그냥 생각만 하지 않고, 컴퓨터 메모장이나 노트 등에 직접 나열해보면서요.

말 복기 노트에는 수많은 성공과 실패의 흔적이 담겨 있습니다. 비슷한 상황을 앞두고는 복기 노트를 다시 한번 꼭 들여다보는데요. 똑같은 실수를 최대한 반복하지 않고, 돌발 상황에도 덜 당황하며 슬기롭게 대처할 수 있으니 이만한 비법 노트가 없답니다.

함께 나누는 '말 복기 훈련법'

❶ 그날의 말은 그날 정리한다.

- 시간이 지날수록 기억은 희미해지기 마련입니다. 그런 점에서 발표나 강연, 연설, 대화 등 여러분에게 인상 깊었던 말하기 상황을 그날 바로 복기하는 게 좋습니다.
- 말하기 복기를 위한 노트나 컴퓨터 메모장을 준비해주세요. 손으로 직접 쓰면서 정리해야 정보가 쌓이고, 기억에도 오래 남습니다.

❷ 일정한 틀을 갖춰 정리한다.

- 먼저 날짜와 요일을 적습니다. 행사 제목, 소요 시간, 규모, 방식(대면, 비대면) 등 현장 상황을 꼼꼼히 되짚어봅니다. 여기에 나의 상황 즉, 당일 신체와 마음 컨디션까지 간략히 덧붙입니다. 원인을 총체적으로 분석하는 데 도움이 되거든요.
- 이제 본격적으로 말을 돌아보고, 좋은 반응을 얻었던 말이나 야심 차게 준비했지만 별 호응을 얻지 못한 말, 실수한 말 등을 하나씩 적어봅니다. 내가 한 말과 사람들의 반응을 구체적으로 적을수록 다음에 다시 생생하게 떠올릴 수 있겠지요.
- 끝으로 내가 내린 최종 평가를 점수로 적어봅니다. 0~100점 사이에서 대략 몇 점을 줄 수 있는지 자가 평가 해보는 건데요. 다른 말하기 상황

과 한눈에 비교해 만족스러웠는지 아닌지를 판가름할 수 있어 편리합니다.

❸ 다음 상황을 대비하고, 다짐한다.

- 원인 분석만 하고 덮으면 똑같은 실수를 반복할 확률이 높습니다. 다음에는 어떻게 말할지 미리 생각하고 대비할수록 좀 더 나은 말을 건넬 수 있습니다. 생방송 뉴스를 진행하다 갑자기 속보가 들어오면 말을 대비한 사람과 아닌 사람이 극명하게 갈립니다. 미리 상황을 떠올리며 준비했던 말을 침착하게 나열하는 사람이 있는 반면에, 당황해서 연거푸 말을 씹거나, '에~ 또~'만 연발하다 끝을 제대로 맺지 못하는 사람이 있습니다. 비슷한 말 상황은 언제든 반복될 수 있다는 사실을 기억해야 합니다.

- 설령 다시는 떠올리고 싶지 않을 정도로 실패한 말하기 상황이라 할지라도 찬찬히 되짚어보는 일을 절대 멈추지 마세요. 두려움은 생각만으로 떨칠 수 없습니다. 행동만이 두려움을 줄일 수 있습니다. 다음에 같은 상황에 놓였을 때 어떻게 말할지, 어떤 준비를 더 해야 할지 미리 생각하고 정리해두는 행동과 다시 한 번 도전해봐야겠다는 다짐이 결국 성장하는 말로 이끕니다. 세상에 떨지 않는 사람은 없습니다. 말 잘하는 사람은 떨리는 상황에 더 많이 나섰을 뿐입니다.

예시 말 선생의 복기 노트

2023년 3월 21일(화) 행사 MC

- 대상 : 산업통상자원부, 한국로봇산업진흥원 주관, AI 로봇 기업 대표들 80여 명
- 행사 제목 : 로봇 규제 혁신 기업 설명회
- 시간 : 1시간 20분
- 방식 : 대면 행사
- 컨디션 : Good
- 나의 평가 : 90점 (대체로 만족)

(1) 도착하자마자 현장에서 요청 사항을 경청해 대비함
(2) 현장 상황에 맞춘 오프닝 애드리브. 당일 증시 상황, 즉 로봇주가 강세인 증시 상황을 전하며 빨간색 의상을 선택한 이유와 연결해 분위기를 한껏 고조시킴. (관계자들 모두 미소로 화답)
(3) 사전에 현장 용어를 공부함. 예를 들어 라스트마일 로봇이나 규제 샌드박스 등을 곧바로 알아듣고 적절한 후속 질문을 이어나갈 수 있었음
(4) 큰 실수는 없었으나 질의응답 시간에 나온 전문 용어를 100퍼센트 이해하지는 못함

(5) 기념사진 촬영 순서 급변경. 행사 중간에 들어가게 돼 의자 세팅 등을 위해 사회자가 시간을 끌어야 했음. 미리 공부한 AI 로봇 산업의 이슈와 오늘 행사의 주제 등을 이야기하며 무사히 넘김

> 총평 행사를 마치고 '로봇 전문가'라는 수식어를 들음. 노력은 절대 배신하지 않는다.

출발

자신의 생각과 말과 행동이 조화롭게 일치될 때,
그것이 바로 행복이다.

Happiness is when what you think, what you say,
and what you do are all in harmony.

마하트마 간디

PART ❸

GO

말 공부, 나눔으로 이어질까요?

PART ❸　　　　　　　　　　　G　O

― 1 ―

배움의 완성은
나눔

이것만은 분명한 사실인 것 같아요.
나누는 건 곳간을 비우는 마이너스가 아니라,
내 삶을 채우는 플러스 행위라는 사실이요.

'배워서 남 주라니, 내 코가 석 자인데! 시간, 돈, 에너지를 얼마나 들였는데, 나중에 여유가 생기면 생각해볼게요⋯.' 혹시 마음을 들켜버리셨나요? 시간이든 돈이든 무언가를 나눈다는 건, 생각만큼 쉬운 일이 아니지요. 행동으로 옮기기 전에 무언가 준비할 게 참 많아 보이고요. 가진 것도 좀 많이 있어야 하고 시간과 체력, 용기까지 갖춰야 비로소 이제 좀 나눔을 생각해볼까 합니다.

어쩌면 세상이 우리 마음을 각박하게 만드는 게 아닐까 싶어요. 같은 시대에 같은 공간에 있는 사람끼리 경쟁자가 돼야 하는 능력주의 사회에 살고 있다죠. 넉넉한 마음을 가졌다가도 '눈 뜨고 뒤통수 맞는 게 현실'이라며 바보 같은 일은 접게 됩니다. 갈수록 경쟁이 어찌나 치열한지요. 아이들은 영문도 모른 채 같이 뛰다 가랑이 찢어질 지경입니다. 배움을 온전히 즐길 겨를은 조금도 허락받지 못하죠. 얼른 먼저 올라가 사다리를 걷어차야 한다고 배웁니다.

'배워서 남 주냐'라는 말 뒤에는 이런 속내가 있음을 우린 다 압니다. "불평 말고, 잔말 말고, 공부 열심히 해! 다 너를 위해서 하는 거야." 이런 말은 배움 자체에만 머무르게 합니다. 배움으로 얻은 성과가 언젠가 나에게 큰 이득으로 돌아올 거란 막연한 믿음을 갖게 하지요.

그런데 배워서 남 줄 때 벌어지는 일을 한번 생각해볼까요. 학창 시절에 풀기 힘든 수학 문제를 만나면 공부 잘하는 친구에게 묻곤 하지요. 질문을 받은 학생 입장에서는 귀찮은 마음이 들 수도 있지만, 가르쳐주고 나면 무언가 뿌듯하고 남는 게 있답니다. 친구의 존경 어린 눈빛보다 더 큰 것은 바로, 가르쳐주다 보면 내가 진짜 아는 것과 모르는 것의 경계가 선명해진다는 거예요. '어! 뭐였지? 이게 왜 그런 거였지?' 친구에게 들키지 않게 속으로 '아차' 하고는 재빨리 몰래 찾아보고 해결하지요. 결국 가르쳐주다 보니 내 실력이 점점 더 늘어나는 마법이 펼쳐집니다.

이런 걸 '메타인지metacognition'라고 합니다. 내가 아는 것과 모르는 것을 구분할 줄 알고, 모르는 걸 어떻게 해결할지 계획하며 실행할 수 있는 능력을 말하는데요. 상위 0.1퍼센트의 비밀이나 명문대 공부법 등이 공개될 때마다 어김없이 '메타인지'의 중요성이 등장합니다. 배워서 나누는 건 나를 제대로 알 수 있는 절호의 기회인 셈입니다.

배워서 남 줄 때 벌어지는 두 번째 현상은 최고조의 희열을 경험한다는 겁니다. 한 번 이 기분을 느끼고 나면 다음부터는 누가 시키지 않아도 또 나누게 됩니다. 왜 그럴까 궁금하던 차에 심리학책에서 우연히 발견했는데요. 이런 걸 정신의학 용어로 '헬퍼스 하이helper's high'라고 부른답니다. 마라톤 주자들이 느끼는 '러너스 하이runner's high'와 비슷한 개념이라니 좀 더 알 것 같더라고요.

사실 저는 더도 말고 덜도 말고 딱 10킬로미터만 완주하자는 마음으로 마라톤 대회에 열댓 번 참가한 적이 있습니다. 기록보다는 완주를 목표로 달려도 어김없이 고비가 찾아옵니다. '포기할까, 걸을까, 내가 무슨 부귀영화를 누린다고 또 출전했나.' 그런데 신기하게도 7, 8킬로미터 정도 달리다 보면 다리가 저절로 움직이고 기분이 상쾌해집니다. 코스 참 좋네, 하며 주변을 돌아볼 여유도 생기고요. 마라톤 고수들 앞에서 참 부끄러운 고백이지만, 러너스 하이 덕분에 몸의 고통을 잊고 또 다음 대회에 도전장을 내밉니다.

헬퍼스 하이도 마찬가지라고 해요. 말 그대로 남을 도와 상대의 필요를 채워줄 때 느끼는 최고조의 심리 상태를 뜻하는데요. 보람, 성취감, 만족감 등이 몽땅 다 섞인 포만감을 느껴보셨나요? 이런 기분이 최고조에 달하면 며칠에서 몇 주 동안 그 희열이 이어지기도 한답니다.

심리적 만족감에서 그치는 게 아니라 건강에도 영향을 준다는데요. 미국 내과 의사인 앨런 룩스Allan Luks가 연구한 결과, 봉사 활동에 참여하거나 선행을 베푼 사람은 일반인보다 건강할 확률이 10배나 높았다고 해요. 혈압과 콜레스테롤 수치는 낮아지고, 대신 기분을 좋게 하고 통증을 줄이는 엔도르핀이 3배 이상 올라갔답니다.

연구 결과가 하나 더 있습니다. 심지어 다른 사람이 나누는 걸 '보기만 해도' 신체 면역기능이 크게 좋아진다고 해요. 미국 하버드대학교 연구팀이 대학생 132명의 면역 항체를 측정한 다음, 마더 테레사 수녀의 행적을 담은 영상을 보게 했습니다. 인도에서 가난한 사람들을 위해 아낌없이 헌신하고 사랑을 베푸는 나눔의 행동을 그저 보게 한 거죠. 그랬더니 놀랍게도 면역 항체가 50퍼센트가량 증가했답니다. 이것을 '마더 테레사 효과Mother Teresa effect'라고 부른대요.

물론 몇 가지 연구 결과만으로 나눔의 효능을 단정 지을 순 없습니다. 하지만 이것만은 분명한 사실인 것 같아요. 나누는 건 곳간을 비우는 마이너스가 아니라, 내 삶을 채우는 플러스 행위라는 사실이요. 남을 직접 돕든, 선행하는 사람들과 가까이하든, 나누는 건 신체적으로나 정신적으로 우리를 풍요롭게 만듭니다. 때로는 지치고 병들어 있던 우리 마음도 치유해주고요. 그러니 이 기분을 느껴본 사람은 누가 뭐래도 또 자발적으로 나누게 됩니다. 나눔을 한 번도 안 한 사람은 있어도, 한 번만 한 사람은 없더라고요.

배워서 남 줄 때 나만 이로울까요? 나눔은 중독성 못지않게 놀라운 전파력을 가지고 있습니다. 마치 호수에 던진 작은 돌멩이가 파문을 일으켜 가장자리까지 일렁이게 하는 것처럼요. 때론 생각지 못한 큰 출렁임을 일으킬 때도 있습니다.

어느 날 저는 SNS 라이브방송이 궁금했어요. 이렇게 소통하는 방식도 있구나, 싶더라고요. 십수 년 방송국 생활이 무색할 정도로 정말 신기한 세상이었습니다. 여러분이라면 이럴 때 어떻게 하시나요? 저는 과감히 인스타그램 라이브방송 버튼을 눌렀습니다. 팔 물건도, 내세울 화려함도 없었지만 단 하나 떠올랐던 건 어차피 매일 잠들기 전에 책을 읽으니 이때 라이브를 켜고 읽어보자 싶었지요.

처음에는 몇몇 지인들이 궁금해하며 라이브방송에 들어왔어요. 밤 10시가 넘었는데 화장도 안 지우고 뭐 하나 싶었을 겁니다. 그렇게 한

달, 두 달…. 평일 밤마다 매일같이 눈이 오나, 비가 오나, 국내에 있거나, 해외에 있거나 라이브를 켜고, 소리 내어 읽고 또 읽었습니다. 책에 관한 생각과 사는 이야기도 함께 나누면서요. 시간이 흐르면서 지인들이 드나든 자리에 얼굴도, 이름도 모르는 사람들이 모이기 시작했습니다. 하나같이 알고리즘 덕분에 들어왔다는 거예요. 낭독하는 책의 저자나 출판사 관계자들도 들어오고요. 20명, 30명, 50명, 100명…. 라이브가 끝난 다음 방송본이 올라가면 때론 1000명 가까이 재방송으로 보는 겁니다.

그러다 방송 300회 때 한 청년이 이런 제안을 하는 거예요. "우리 300원씩 모아서 맛있는 거 사 먹읍시다." 오프라인으로 만나자는 얘기를 이렇게 재치 있게 돌려 말한 거죠. 순간 이왕 만나는 거 의미를 더하면 어떨까 싶었어요. "우리 3으로 시작하는 돈을 모아 같이 기부해볼까요?" 말이 끝나기 무섭게 전국 각지에서 기부금이 모였습니다. 300원, 3333원, 3만 원, 30만 원까지. 제 얼굴만 보고 목소리만 듣고도 어떻게 이런 일이 벌어질 수 있는지. 단 하루 만에 140만 원 정도가 마련됐습니다. 이 돈으로 어떤 기부를 할까 고민하다 새 책이 간절했던 장애인복지관 도서관을 물색해 〈자기 전 낭독회〉라는 기부자 안내판이 걸린 책장 하나에 책을 가득 채웠습니다.

500회, 700회 때는 기부액이 점점 늘어나 또 다른 종합사회복지관과 시각장애인 점자도서관에 일반 도서부터 점자 도서, 촉각 도서까지 다양한 책을 전달할 수 있었습니다. 라이브방송 1000회(2024.12.9.) 때는 무려 270만 원이 넘는 기부금이 모여 또 다른 점자도서관에 시각장애 아이들을 위한 점자 영어도서를 풍성히 나눴습니다.

만약에 제가 SNS 라이브방송 버튼을 누르지 않았다면 어땠을까요? 매일 밤 혼자만 책을 읽고 잠들었다면요? "아무것도 하지 않으면 아무 일도 일어나지 않는다"라는 말만 확인했을 겁니다. 기적같이 줄줄이 펼쳐진 일들을 상상도 못 했을 거고요. 제가 가진 목소리와 생각을 나눴을 때 귀한 인연을 만날 수 있었고, 작은 나눔의 씨앗이 퍼져나가 더 큰 나눔으로 이어질 수 있었습니다.

여전히 나눔이 망설여지시나요? 인심은 광에서 난다고 나눌 게 있어야 나눈다고 생각하시나요? 돈이 없어도, 좋은 물건이 없어도 우린 이미 나눌 수 있는 걸 가지고 있습니다. 바로, 목소리입니다. 열심히 말 근육, 생각 근육을 단련했다면 그 목소리를 활용할 곳은 더 많이 열려 있습니다.

완벽하게 준비한 다음에 나눌 거라고요? 세상에 완벽한 타이밍이 어디 있나요. 그때까지 기다리기엔 우리 삶이 너무 짧습니다. 삶의 마지막은 어느 날 불쑥 찾아올 수도 있잖아요. 그때 할 걸, 나눌 걸, 웃을 걸…. 껄껄껄 하지 않게, 내가 걸어온 길을 조금 덜 후회하게, 배운 게 조금이라도 있다면 나중으로 미루지 말고 지금 당장, 목소리 나눔을 시작해보면 어떨까요?

"인생의 진정한 승자는 마지막에 기뻐하는 사람이 아니라 자주 기뻐하는 사람이다."

니체의 말을 이렇게 바꿔보고 싶습니다.

"인생의 진정한 승자는 마지막에 나누는 사람이 아니라 **자주 나누는 사람**이다."

우리 오늘부터 배워서 남 주자고요!

PART ③ G O

— 2 —

목소리로
세상을 밝힐 수 있어요

내 목소리가 누군가의 일상에 마중물이 되는 일,
어두운 세상을 목소리라는 빛으로 밝히는 일.
여러분 마음이 더 꿈틀꿈틀 움직이지 않나요?

13년 전 일입니다. 방송국에서 인터뷰 프로그램을 진행하고 있을 때였어요. MC와 출연자라는 인연으로 친해진 한 분이 이런 말을 건네는 겁니다. "김 앵커도 이제 사회에 가진 것을 풀 때가 되지 않았나요?" 당시 새해를 막 시작해 의미 있게 살아보겠다 다짐하던 차였는데 기가 막힌 타이밍에 솔깃한 제안이라니! 반짝이는 눈망울을 놓치지 않고 포착한 그분은 곧장 어디론가 저를 데려갔습니다. 도착지는 바로 '서울시장애인복지시설협회(이하, 서장협)'. 장애인들과의 인연이 이렇게 시작되었습니다.

　'그분'이 누군지 혹시 궁금하시나요? 바로 '독도, 중국 문화공정' 하면 자연스레 떠오르는 한국홍보전문가 서경덕 교수입니다. 〈뉴욕타임스〉, 〈워싱턴포스트〉 등 전 세계 유명 매체에 독도와 동해, 일본군 위안부, 한국 먹거리 문화까지 다양한 광고를 게재한 이력의 소유자이지요. 일본, 중국, 미국 등 곳곳을 누비며 한국을 알리기에도 바쁜 분이 장애인복지 홍보라니! 그동안 배우고 경험한 홍보 노하우를, 시간을 쪼개어 장애인들을 위해 아낌없이 나누고 있었던 겁니다.

　덩달아 홍보대사가 된 저는 무얼 나눌 수 있을까 고민이 깊어졌어요. 시작은 그동안 해온 일이라 조금은 자신이 있었던 행사 사회부터 나섰습니다. 넉넉지 않은 사회복지 형편에 전문 MC를 부르는 건 쉽지 않아 늘 내부에서 해결해야 했대요. 그다음에는 사회복지 종사자들을 위한 말하기, 보도자료 쓰기 등의 교육 강연자로, 그다음에는 서경덕 홍보대사와 함께 장애인을 위한 역사 교육 콘텐츠 진행자로. 그다음에는….

이렇게 하나씩 하나씩 할 수 있는 일에 힘을 보태다 보니 어느새 새로운 프로젝트를 함께 기획하는 일까지 하게 됐습니다. 장애인과 함께 멘토를 찾아 여행을 떠나거나 장애인 행사의 주인공인 장애인들이 직접 무대 위에서 진행할 수 있게 전문 MC로 양성하는 프로젝트까지 말이죠.

아는 만큼 보인다고 장애인과 사회복지 현장을 알면 알수록 목소리로 나눠야 할 일들이 점점 더 많이 보이더군요. 행사 진행, 강의(강연), 방송…. 더 나아가 발달 장애와 지체 장애에서 시작한 관심이 시각 장애로 이어지니 목소리 활동 반경은 훨씬 더 넓어졌습니다. 다양한 장르의 화면해설, 소리책 낭독, 현장해설까지 참여하게 됐지요. 뉴스 앵커로 시청자들에게 소식과 정보를 전할 때와는 또 다른 차원의 보람이 있더라고요. 장애인, 사회복지사들과 함께 얼굴을 마주하는 일이니 바로바로 반응을 살필 수 있고, 그 고마운 피드백에 또 힘을 내 목소리를 더 열심히 나눴습니다.

여러분도 '과연 내 목소리가 진짜 요긴할까?'라는 생각이 들 수 있어요. '이 나이에 무슨 목소리를 갈고닦아'라며 스스로 도전을 차단해버릴 수도 있고요. 우리 잠깐 고민을 멈추고, 머릿속에 표를 그려봅시다. 아랫부분은 넓고 위로 갈수록 뾰족해지는 정삼각형을 그려보세요. 피라미드 모양을 떠올려도 좋습니다. 이제 삼각형 안에 바다과 수평으로 네 개의 줄을 그어볼게요. 같은 비율로 아래부터 하나, 둘, 셋, 넷. 줄을 모두 긋고 보니 익숙한 심리학 이론이 떠오를 겁니다. 바로 '매슬로우의 욕구 5단계 이론'입니다. 인간은 다양한 필요와 욕구를 채우기 위해 행동한다는 오래된 동기 이론인데요. 여전히 교육학과 심리학, 경영학에서 자주 언급되고 있지요.

이 매슬로우 이론을 보면서 우리가 말 공부를 해야 하는 이유를 다시 한번 발견했어요. 첫 번째, '생리적 욕구'를 해결하려면 목소리, 말이 필요합니다. "추워요, 배고파요, 급해요! 화장실이 어디에요?" 등 사는 데 정말 중요한 생리적 욕구를 말로 표현하지 못한다면 어떻게 될까요. 창피한 일이 발생하는 건 둘째 치고, 자립적인 삶을 살 수 없을 뿐더러 생명이 위태로울 수도 있습니다.

두 번째, '안전의 욕구'를 채우는 데도 말은 필수입니다. "도와주세요, 사람 살려, 불이야!" 절체절명의 순간에 말을 하지 못한다면 생각만 해도 아찔합니다. 또 그런 악몽에 시달려본 적 있지 않나요? 위험한 상황에서 누군가에게 계속 쫓기다 "사람 살려!" 하고 외쳐야 하는데 도무지 목소리가 안 나오는 악몽이요. 얼마나 답답하고 무서운지 자고 일어나 보면 베개가 흥건히 젖어 있기도 하지요. 이런 신체적 안전 외에도 경제적 안전, 건강과 복지에 대한 안전, 질서와 안정에 대한 안전이 위협받을 경우, 우리는 조직이나 국가를 향해 목소리를 냅니다. 말을 하지 않으면 스스로 안전을 지킬 수 없으니까요.

세 번째, 애정과 소속의 욕구, 즉 '관계의 욕구'인데요. 사람과 사람 사이에 말이 얼마나 중요한지 이미 아실 겁니다. 말로 인해 관계가 흐트러지고, 기회를 잃기도 하고요. 유행어 중에 '낄끼빠빠'라는 말처럼 낄

때 끼고 빠질 때 빠질 줄 아는 말을 해야 환영받습니다. 목소리도 얼마나 중요한지요. 목소리로 사랑에 빠질 수도, 매력적인 사람으로 보일 수도 있습니다. 말은 관계의 시작이자 끝인 셈이죠.

네 번째, 말을 잘해야 '존경의 욕구'도 채울 수 있습니다. 주변에 이런 사람 있지 않나요? 보고 온 영화나 책에서 명대사와 명언을 딱 맞는 타이밍에 적절하게 인용하는 분이요. 이런 분들은 해야 할 말, 하지 말아야 할 말 구분도 어찌나 잘하는지, 상황과 상대에 따라 옳은 말보다 올바른 말을 더 많이 건넬 줄 압니다. 경청의 자세도 훌륭하고요. 그러니 주변에 늘 이야기를 듣고 싶어 하는 사람들로 가득합니다.

다섯 번째, '자아실현의 욕구'를 채우려 노력할 때도 말은 중요합니다. 끊임없이 성장하고 잠재력을 발휘해 마음에 품은 목표를 이루는 사람들을 보면 스스로 건네는 말이 남다릅니다. 내면의 목소리를 가동하는 거지요. "할 수 있어, 한번 해보자, 잘하고 있어." 멈추지 않고 성장하려는 욕구에 '긍정의 말'이라는 기름이 부어지면 열정의 불이 더 활활 타오르게 됩니다.

그런데 우리가 행동하는 궁극적인 동기가 반드시 자아실현만을 위해서일까요. 심리학자 매슬로우는 만족스러운 삶을 사는 사람들을 유심히 살펴보니 자아실현을 넘어선 또 다른 욕구가 있다는 사실을 뒤늦게 발견했대요. 그건 바로, '자아 초월의 욕구'였답니다. 자신의 이익과 별개로 타인과 세상에 기여하려는 욕구가 내재해 있다는 겁니다. 우리 어머니들이 식구 수는 적은데 김장철마다 100포기, 200포기씩 담가 이웃들에게 나눠주던 모습이 떠오르는데요. 김장을 하고 나면 몇 날 며칠 몸살을 앓으면서도 왜 그럴까 싶었는데, 어머니는 본인이 할 줄 아는 김장으로 다른 사람들에게 나누면서 삶의 의미를 찾았던 겁니다. 자아실현보다 더 강력한 이 동기 때문에 누가 뭐래도 매해 김장철이면 자발적으로 팔을 걷고 나섰던 거지요.

자아 초월, 즉 기여하는 일에서도 목소리는 아주 쓸모 있는 도구가 될 수 있습니다. 자녀가 어릴 때 무릎에 앉혀놓고 또는 잠자리에 들기 전 책을 읽어줬던 경험을 떠올려보세요. 마찬가지로 눈이 어두워지고 집중력이 흐려진 부모님에게 그 목소리를 나눌 수 있습니다. 책은 오디오북을 이용할 수 있지만, 각종 사용설명서나 고지서, 진료비 영수증 등은 오디오 서비스가 없잖아요. 돋보기로 힘겹게 한 글자 한 글자 더듬어 보는 부모님을 위해 우리 목소리를 활용하는 겁니다. 그러다 기회가 닿으면 다른 어르신이나 시각장애인들을 위해서도 목소리를 나눌 수 있고요. 오로지 마음의 눈으로 세상을 만나야 하는 분들에게 눈에 선하게 그려지듯 목소리로 전달하면 큰 도움이 되고, 만족해하는 모습을 지켜보면 얼마나 뿌듯한지 모릅니다. 앞서 제가 매슬로우의 욕구 5단계 표를 그림 그리듯 설명했던 걸 떠올려보세요. 상상하며 들으니 더 흥미롭지 않았나요? 그게 바로 '화면해설'이라는 겁니다.

'아직도 내 목소리가 어떻게…' 하고 망설이는 사람 중에는 목소리로 나누는 일이 아나운서나 성우처럼 전문가들만 가능하다고 생각하실 수도 있어요. 태어날 때부터 목소리 미인, 성대 미남이 어디 있나요. 목소리가 좋다는 주변 칭찬에 자기 목소리를 유심히 살피고, 더 잘 내보려 애쓰고, 좀 더 잘하는 사람을 따라 해보고, 오랜 기간 반듯하게 다듬어 나간 노력의 결과라고 봅니다. 열심히 갈고닦은 후천적 능력자들인 셈이죠.

화면해설 녹음 현장에서 한 성우가 녹음을 마치고 두고 간 원고를 우연히 보게 됐어요. 방송 경력 30년을 훌쩍 넘긴 베테랑 성우의 원고였는데 보자마자 요즘 말로 '입틀막' 할 만큼 깜짝 놀랐습니다. 원고가 어쩜 그리 새까맣던지요. 종이가 너덜너덜했습니다. 끊어 읽기 표시부터 강조할 부분은 동그라미까지. 여백에는 내용과 인물에 대한 분석부터 어떻게 낭독할지에 대한 고민의 흔적이 가득했습니다. 심지어 '웃자!'라는 다짐이 담긴 메모까지 적혀 있더라고요. 밝고 생기 있게 전달하자는 자신을 향한 메시지였겠지요. 그 성우의 원고를 보면서 감탄을 넘어 숙연해졌습니다. 20년간 방송했다고, 말 좀 할 줄 안다고 마음가짐이 느슨해졌던 건 아닌지, 상대적으로 깨끗한 제 원고를 보며 반성했습니다.

목소리 좀 괜찮다고, 영원히 괜찮은 게 아니랍니다. 말 좀 잘한다고, 영원히 말을 잘하는 것도 아니고요. 끊임없이 갈고닦은 목소리는 울림이 있고, 끊임없이 실전에서 생각하며 내뱉은 말은 감동이 있습니다.

목소리든, 말이든 갈고닦는 것을 멈추는 순간, 실력이 그 자리에 머무는 게 아니라 점점 낡고 후퇴하게 되면서, '예전엔 안 그랬는데' 하는 후회가 절로 밀려오게 됩니다.

그리고 가장 중요한 사실이 있어요. 목소리 나눔 현장은 절대로 준비 없이 나서서는 안 된다는 점입니다. 제아무리 수십 년 경력을 가진 베테랑이라도 마음 준비와 낭독 준비가 꼭 필요합니다. 준비된 목소리가 필요한 거지, 아무 목소리나 필요한 게 아니거든요. 수용자들도 듣는 귀가 있다는 사실을 기억해야 합니다. 그냥 가벼운 마음으로 목소리 기부 한번 해 봤다, 하는 순간 SNS 자랑거리나 이벤트로만 남지 듣는 사람에겐 남는 게 없어요. 역지사지易地思之라고 내 입장이 아닌 내 목소리가 가닿을 장애인 입장에서 생각해봐야 합니다.

목소리 나눔은 아무나 할 수 있지만, 또 아무나 할 수 없는 일이라고 생각합니다. 말장난 같지만 실제로 그래요. 그러니 전문가든 아니든 출발선이 조금 다를 뿐이지 열심을 기울여야 하는 건 다 똑같습니다.

이런 의문도 들 겁니다. "AI 시대에 굳이 사람 목소리가 필요할까요?" 물론 새로운 기술로 인해 이로운 점도 참 많습니다. 다양한 음성 기술 덕분에 시각장애인들도 스마트폰을 자유자재로 이용하고, 유튜브도 감상하고, 또 직접 유튜버로 나서서 방송을 제작하기도 하거든요. 게다가 요즘은 카메라 렌즈로 상황을 파악하고 인공지능 음성으로 설명해주는 기술까지 개발됐더라고요. 대화 반응 속도도 빨라지고, 심지어 인간의 감정을 읽고 농담까지 알아들을 수 있답니다. 시각장애인의 눈 역할을 할 수 있는 기술이 점점 발전하고 있어요.

 시각장애인은 주로 TTS_{text to speech}라는 텍스트 음성 변환 기술을 활용해 정보를 접하는데요. 스마트폰에 손가락을 대거나 컴퓨터 화면에 표시되는 커서를 이동하면 해당 부분을 설명해주는 음성이 나옵니다. '스크린 리더'라고도 불리지요. 특히 스마트폰에서는 한 가지 음성으로만 듣는 게 아니라 취향대로 선택할 수도 있어요. 아이폰 iOS에서는 '보이스오버 VoiceOver', 안드로이드폰에서는 '보이스 어시스턴트 voice assistant'라고 부르는데요. 시각장애인들이 가장 많이 이용하는 보이스오버 기능에는 민수, 소라, 유나 등 대여섯 가지 목소리가 있고요. 영국 기종에는 심지어 엘리자베스 여왕의 목소리도 있대요. 그런데 어찌 됐든 진짜 목소리가 아니라 기계음이라는 한계가 있습니다. 게다가 시각장애인 대부분은 빠른 속도로 재생해 정보를 듣는데요. 기본 50퍼센트로 맞춰져 있는 말하기 속도를 젊은 세대는 80~90퍼센트까지 높여 속사포처럼 듣기도 한답니다. 기계음을 오래 듣다 보면 귀에 피로도가 쌓일 수밖에 없겠죠. 심각한 경우 청각 장애를 얻기도 한대요. 감정을 실어 전달할 내용까지 모조리 기계음으로 듣다 보면 사람 목소리가 고파진답니다. 현장에서 들은 시각장애인들의 공통된 의견이 오래 들어도 질리지 않는 따뜻하고 편안한 소리와 사람 냄새 물씬 풍기는 목소리를 기계음이 따라잡을 순 없는 것 같다고 하더군요. 게다가 사람을 대체할 수 없는 분야가 있습니다. 바로 '현장해설'입니다. 주어진 원고 없이 현장 상황을 빠르게 판단해 상대의 기분과 상태, 수준 등에 맞춰 적절한 표현으로 전달해야 하기 때문이지요.

기계음이 불편하다면 점자를 활용하면 되지 않냐고요? 시각장애인들이 사용할 수 있는 언어로 점자도 물론 있습니다. 그런데 문제는 점자를 읽을 수 있는 시각장애인이 아주 적다는 겁니다. 국내 시각장애인 27만여 명(추정) 가운데 4퍼센트만이 점자를 해독할 수 있거나 배우는 중이라고 해요. 장애 정도가 심해 점자가 꼭 필요한 시각장애인만 따져봐도 점자 사용률은 16.3퍼센트에 불과합니다. (보건복지부 장애인 실태조사, 2023) 시각장애인 대다수가 '점자 문맹'이라는 겁니다.

요즘은 비장애인이었다가 질병이나 사고 등으로 시력을 잃게 된 중도 시각장애인 비율이 75퍼센트를 넘는다고 해요. 새로운 언어를 배운다는 건 누구에게나 어려운 일이잖아요. 게다가 손가락 감각이 둔해진 나이에 점자를 익혀 실생활에서 속도감 있게 사용하는 건 쉽지 않다고 합니다. 결국 시각장애인 대부분은 귀로 세상과 연결되고 있는 겁니다.

요즘은 '영상 시대'라고 하지요. 읽어야 할 책과 정보도 많은데 영상은 더 많이 쏟아집니다. 그만큼 준비된 목소리도 턱없이 부족한 상황입니다. 성우나 아나운서 등 전문가들만 나서기엔 역부족입니다. 목소리로 세상을 밝히는 일에 든든한 동역자가 많이 필요합니다. 초고령 시대에 노인 복지 현장에도 목소리를 활용할 일은 점점 많아질 겁니다.

　내 목소리가 누군가의 일상에 마중물이 되는 일, 어두운 세상을 목소리라는 빛으로 밝히는 일. 여러분 마음이 더 꿈틀꿈틀 움직이지 않나요?

PART ❸ GO

———————— 3 ————————

떨림을 울림으로
만드는 여성들

아이들의 성장판 못지않게 중요한,
여성들 마음의 성장판이 자극받은 겁니다.
여성들의 표정이 점점 다부지게 바뀌더니
말 공부의 최종 목표가 달라지더라고요.

"너는 시집가면 남편에게 두들겨 맞고 살 거다!" 세상에 누가 이렇게 심한 말을 했을까 싶겠지만, 애석하게도 저와 함께 말 공부한 여성이 실제로 들었던 말이라고 합니다.

악담의 발화자는 아버지였어요. '악담을 하네~ 악담을 해!'라는 말처럼 나쁜 말은 '반복'이라는 특징을 갖고 있는데요. 이 여성은 단 한 번의 악몽으로 끝난 게 아니라 자라면서 늘 폭언 속에 살았답니다. 말로 평생 아물 수 없는 상처를 받은 여성은 부정적인 감정에 늘 사로잡혀 살아왔대요. 맑고 고운 음성으로 낭독을 맛깔스럽게 잘하는 능력자인데도, 결정적인 순간에는 '나 같은 게 뭘 하겠어' 하며 주저했답니다.

그랬던 그녀가 달라졌습니다. 스스로 마음속 감옥 문을 부수고 세상에 나선 겁니다. 모든 걸 훌훌 털고, 당당하게 자신을 믿고 응원하며 살겠다고 다짐했어요. 그리고 오랫동안 마음에 품었던 '목소리 보부상'의 꿈을 다시 꾸기 시작했습니다. 나눔의 기회가 열릴 때마다 누구보다 먼저 손을 번쩍 들어 참여했고, 심지어 아이 둘을 데리고 먼 길을 마다하지 않고 시각장애인 방송 현장에 찾아와 말의 경험담을 진술하고 생생하게 전달했습니다.

'목소리로 세상을 밝히는 일을 누구와 함께하면 좋을까?' 저는 가장 먼저 여성들이 떠올랐습니다. 좀 더 정확히 말하자면, 경력 보유 여성들이었어요. 결혼과 출산, 육아 등으로 경제활동을 중단한 여성을 사회는 '경력단절 여성, 경단녀'라고 부르잖아요. '단절'이라는 단어는 부정적인 의미를 넘어 가슴이 아리는 말이란 생각을 지울 수 없습니다. 여성들이 선망하는 아나운서란 직업도 '경단녀'는 절대 피할 수 없는 단어지요. 비정규직으로 뽑는 경우가 점점 더 늘어, 출산이 임박할 무렵에 계약 종료되는 일이 허다합니다. 여러 상황이나 타의로 경력을 잇지 못하는 여성들에게 '단절'이라는 단어는 상처에 뿌린 소금 같습니다.

그래서 목소리를 통해 여성들을 일으켜야겠다는 생각이 들었어요. 살아온 환경과 과정은 모두 달라도 목소리라는 공통점을 가지고 있잖아요. 열심히 목소리를 갈고닦아 나눴더니, 말로 다 표현하지 못할 만큼 희열을 경험하고, 그다음을 꿈꾸며 살아갈 힘과 용기를 얻었기에 이 소중한 감정을 여성들과 나누고 싶었습니다. 그래서 저는 2022년 3월, '배움의 완성은 나눔, 목소리로 세상을 밝히는 말 훈련소'라는 기치를 내건 사회공헌 플랫폼 '히어스피치'를 열었습니다. 사람과 사람을 잇고, '같이의 가치'를 이어가고 싶은 마음이 간절했거든요. 절대 나 혼자만 누리지 않고, 좋은 건 얼른 나누고 싶은 마음. 이것도 나눔의 효능이 아닐까 싶어요.

일단 어디서 목소리를 가다듬고 말을 배워야 할지 막막해하는 성인을 위한 배움터가 필요해 보였습니다. 그리고 양질의 배움을 수도권 거주자들만 누려서는 안 되잖아요. 컴퓨터든, 스마트폰이든 온라인 접속이 가능한 곳이라면 어디서든 배움의 기쁨을 함께 누려야 한다고 생각했습니다. 특히 가사와 육아 노동에 묶여 있는 여성들에게는 오가는 일분일초도 소중하거든요. 무엇보다 중요한 건 말의 기술만 가르치는 곳이 아니라 나를 넘어 사회에 나눌 수 있는 말하기를 훈련하는 곳이 필요해 보였어요.

지혜로운 여인들을 위한 말 공부반, 일명 '지혜인 클래스'를 먼저 열었습니다. 이미 지혜로운 여인이든, 앞으로 지혜롭고 싶은 여인이든 일주일에 한 번씩 6주 동안 온라인 줌으로 말의 세계에 풍덩 빠져보자 했지요. 놀라운 일이 벌어졌습니다. 국내를 넘어 해외 곳곳에서 신청하는 겁니다. 싱가포르, 호주, 일본, 미국…. 나라별 시차도 배움의 열정을 막지 못했습니다. 남편의 해외 발령으로, 아이들 교육 문제로, 개인 사정으로 타국 생활을 하게 된 여성들이 새로운 배움에 목말라하는 걸 느낄 수 있었습니다.

사회공헌 플랫폼이라는 가치가 알려지기 전엔 저마다 다양한 이유로 수강 신청을 해왔습니다.

"아이와 남편에게 말을 예쁘게 하고 싶어요."

"아이들 하고만 있다 보니 유아어에 익숙해져 어른의 말을 잊어버린 듯해요."

"새로운 걸 배우고 싶다는 마음이 있었는데 스피치가 생각났어요."

"말솜씨 좀 뽐내보고 싶어요."

그런데 막상 말 공부를 하다 보니 예상치 못한 결과로 이어지더랍니다. '내 마음속 벚꽃이 피는 시간', '웃다가 울컥해 눈물짓다가 제대로 나를 돌아보고 정비하는 시간', '소통의 언어로 바꿔야겠다고 다짐하는 시간', '목소리로 새로운 꿈을 꾸기 시작한 시간', '내가 쓸모 있는 사람이라는 용기를 가지게 된 시간'이라고요. 아이들의 성장판 못지않게 중요한, 여성들 마음의 성장판이 자극받은 겁니다. 여성들의 표정이 점점 다부지게 바뀌더니 말 공부의 최종 목표가 달라지더라고요. '나'만을 위한 공부가 아니라 '우리'를 위한 연습과 훈련을 해야겠다고요. 목적이 분명해지니 여성들 스스로 움직이기 시작했습니다.

인생의 맛을 되찾은 여성들의 저력과 파급력은 상상 그 이상이었습니다. 히어스피치를 통해 말 근육, 생각 근육 훈련을 마친 수강생들은 시각장애인 방송에 곧바로 참여하게 되는데요. 한국시각장애인연합회 대표 방송 〈큐! 뉴스천〉에서 말의 소중함을 일깨우는 코너 '큐! 말말말'을 직접 진행해보는 겁니다. 배움의 완성은 나눔이니까요!

말에 관한 책을 들여다보고, 시각장애인과 함께 나누고 싶은 문장을 고르고, 자신이 겪은 에피소드를 버무려 방송 원고를 한 글자 한 글자 직접 적어봅니다. 말 공부 시간에 배운 대로 모든 생각 근육을 동원해보는 거지요. 그리고 방송 직전 말 선생과 집중적으로 말 근육을 푼 다음 스튜디오로 향합니다.

녹음 전 시각장애인 진행자와 대화를 나눌 때만 해도 참여자 대부분 얼굴이 한껏 굳어 있어요. 태어나 방송이 처음이니 당연하지요. 웃어도 웃는 게 아닌 상황. 심장이 튀어나올 듯 떨린다며 청심환을 찾기도 합니다. 그런데 녹음이 끝나면 마법 같은 일이 벌어집니다. 얼굴 한 가득, 입이 찢어질 듯 미소를 지으며 녹음실을 나옵니다. 심지어 열이면 열, 다 똑같은 표정을 지어 저를 더 놀라게 합니다. 해냈다는 자신감, 나눴다는 뿌듯함, 드디어 해봤다는 희열까지. 알고 보니 여성들 마음 한편에 라디오 진행에 대한 로망을 다들 품고 있었더라고요. 말 선생인 저는 이런 극적인 변화를 매주 마주하는 행복한 목격자랍니다.

   목소리 나눔을 경험한 여성들의 그다음이 궁금하다고요. 다음번엔 더 여유롭게 잘할 수 있을 것 같다며 본인 입으로 '다음'을 기약하고, 미리 원고까지 써두기도 합니다. 방송 참여 신청을 받을 때면 순식간에 마감되고요. 심지어 출국 전날이라 챙겨야 할 것 많은 그 바쁜 날에도 시각장애인 방송에 참여하고 떠나겠다고 자원합니다. 두 번, 세 번 방송에 참여하는 건 기본이고요. 일상에 나눔이 스며드는 순간, 행복한 중독에 빠지는 건 시간문제였습니다.
   여기서 끝나지 않습니다. 여성들은 나눔의 기쁨을 꼭 누군가와 함께 나누고 싶어 했는데요. 바로 가장 소중한 존재인 아이들이었습니다. 물론 남편과 동행한 분들도 종종 있었지만요. 방학 때면 기차나 비행기를 타고 아이들을 시각장애인 방송 현장에 데려오는 건 물론이고, 요즘에는 아예 학교에 현장학습계를 내고 학기 중에 같이 오기도 합니다. 뱃속 아기랑 방송에 참여했다가 출산 후 8개월 됐을 때 아이를 안고 또 방송하러 온 열혈 엄마도 있었고요.

목소리를 나누는 엄마를 현장에서 눈과 귀로 흡수한 아이들의 반응은 어떨까요? 엄마에게 엄지척을 날려주는 건 기본이고, 긴장한 엄마에게 용기를 주는 기특한 아이도 있었어요. "엄마! 입에 침 있죠? 침을 꿀떡 삼키세요. 그리고 호흡하세요. 괜찮아질 거예요." 일일 코치가 된 듯 뚫어져라 숨죽이며 지켜보던 아이는 엄마가 녹음 부스에서 나오자, 손가락 하트를 쉴 새 없이 날렸습니다. 그러고는 엄마가 있던 그 자리에 앉아 "오늘의 스토리텔러 ○○○(아이 이름)입니다" 하고 엄마의 말소리를 똑같이 따라 해보더라고요.

엄마는 말의 씨앗, 즉 말씨를 뿌리는 사람이라지요. 엄마의 말과 나눔의 태도는 아이들에게 열 마디 조언보다 값진 본보기가 됐습니다. 이뿐만이 아닙니다. 엄마를 따라 방송 현장에 왔다가 시각장애인을 처음 만난 아이들은 생생한 장애인식 교육의 장을 경험하게 됩니다. 먼저 기본 소통법부터 익히는데요. 처음에는 시각장애인 앞에서 습관대로 고개만 끄덕끄덕하던 아이들도 입 밖으로 꼭 표현해야 한다는 사실을 배우게 됩니다. 평소와 달리 시각장애인 앞에서 수다쟁이가 된 엄마를 옆에서 지켜본 아이들은 이내 엄마처럼 말로 표현하려고 노력합니다. 점자정보단말기를 직접 손으로 만져보며 시각장애인의 다양한 소통 방식을 접하기도 하는데요. 한 아이는 나중에 미술관을 찾았을 때, 조용히 눈을 감고 점자를 더듬어보더랍니다. 점자가 잘 새겨졌는지 확인해보는 거라면서요. 엄마를 통해 세상을 바라보는 마음의 눈이 넓어진 게 아닐까 싶습니다.

아이들의 눈빛이 달라지니 엄마들은 더 생각하면서 지혜롭게 말하려 노력하며 목소리 나눔을 이어갔습니다. 이런 선순환은 아이에서 멈추지 않고 결국 남편, 부모님, 주변 사람에게까지 영향을 주더라고요.

엄마와 목소리 나눔 현장을 다녀온 아이들의 생생한 증언에 평소 시큰둥하거나 무관심했던 남편들이 변하기 시작했습니다. "별 쓸데없는 짓 다 하네" 하던 남편이 "내가 아이들을 봐줄 테니 얼른 다녀와"라고 말하기도 하고요. 직장과 가정에서 말에 대한 고민을 털어놓으며 "나도 말 공부 해야 하나" 하고 고백하더랍니다.

실제로 직장인을 위한 말 공부반을 열어달라는 요청에 수업을 개설했더니 지혜인*의 남편들이 등록한 경우가 꽤 많았답니다. 지혜인의 언니, 딸, 친구가 말 공부에 뛰어드는 건 물론이고요. 그러고 보면 사회에서 말의 파급력은 여성이 월등하게 세지 않을까 싶습니다.

말 공부를 한 여성들은 한 번의 나눔으로 멈추지 않았습니다. 배우고, 연습하고, 깨달은 바를 저마다 적극적인 방식으로 사회에 나눴는데요. 책을 좋아하던 여성은 독서 모임 운영자로 변신했고, 음악에 소질이 있던 여성은 발달장애인 합창단을 이끄는 지휘자로 나섰습니다. 또 다른 여성들은 시각장애인복지관이나 점자도서관의 문을 두드려 전문 성

● 지혜인 클래스를 수강한 여성을 지칭하는 애칭

우로 길을 개척했고, 오랫동안 닫아두었던 SNS를 열고 전공을 살려 외국어 낭독자로 활동을 재개했습니다. 식생활 관리, 아로마치료법 등 배우고 싶었던 공부를 이어나가 강연자로 제2의 삶을 열기도 했고요.

떨림을 울림으로 바꾸는 여성들의 이야기는 현재진행형입니다. 그 중심엔 목소리와 나눔이라는 두 가지 키워드가 관통하지요.
'아무개 엄마'라는 이름으로 살면서 내 이름 석 자를 잊어버렸나요? '경력단절'이라는 말에 홀로 눈물짓고 있나요? 매일같이 이어지는 독박육아에 몸도 마음도 지쳐버렸나요? 육아 동지들! 우리들의 마음속엔 무언가를 보고, 여전히 설레고 떨릴 수 있는 열정이 남아 있습니다. 그 떨림을 긍정적인 방향으로 바꿔 세상을 울리는 일을 함께 해보면 어떨까요? 우리 손잡고 같이 일어서보자고요.

PART ❸　　　　　　　　　　　　G　O

——————— 4 ———————

함께 배움,
함께 나눔의 힘

말, 성장, 나눔이라는 공통 관심사가
사는 곳과 살아온 배경도 모두 다른 여성들을
'우리'라는 이름으로 단단하게 묶었습니다.

아프리카 속담에 "혼자 가면 빨리 가지만, 함께 가면 멀리 갈 수 있다"라는 말이 있죠. 진짜 행복하려면 함께하라는 말도 있고요. 배움도, 나눔도 혼자보다는 여럿이 같이할 때 더 즐겁고 오랫동안 이어갈 수 있습니다.

앞서 언급한 말 공부 생활자● 여성들의 이야기를 좀 더 들려드릴게요. 어느 날 여성들이 목소리 나눔 현장에서 바로 활용할 수 있는 후속 말 공부를 강력히 요청했습니다. 낭독 외에는 화면해설이나 현장해설 등을 배울 만한 책이나 교육 기관을 쉽게 찾을 수 없다고요. 아무래도 성우나 아나운서 등 전문가들의 영역이었으니 배움의 기회가 닫혀 있었던 게 아닐까 싶습니다.

그래서 나누는 말하기의 세 가지 영역, 화면해설(현장해설)-낭독-강연·강의 노하우를 여성들에게 또 나누기 시작했습니다. 말 선생이 사회복지 현장에서 실제로 사용한 원고를 같이 들여다보며 말 근육과 더불어 마음 근육, 특히 여성들의 자신감을 키우는 시간으로 마련했는데요. 수업 이름은 '점프업 클래스'로, 나눔을 위한 목소리와 마음 준비를 단단히 해서 한 번 더 도약해보자는 다짐을 담았지요.

말 공부를 한 사람들은 더 이상 비전문가라는 말 뒤에 숨을 수 없었습니다. 진정한 목소리 나눔에는 전문가, 비전문가의 구분이 따로 없으

● 히어스피치 말 공부 과정을 수료한 사람을 히어인 또는 말 공부 생활자라고 부름

니까요. 그러니 실전 훈련은 더 진땀 나게, 진지하게 해야 했는데요. 교육 콘텐츠와 다큐멘터리 등의 화면해설, 문학 작품, 서비스 매뉴얼 등 다양한 장르와 내용을 파악하고 예독을 한 다음, 생생하고 정확하게 전달하는 것을 반복 훈련했습니다. 연습하고, 모니터하고, 녹음하고, 또 분석하고. 말 근육이 좀 더 빠르고 정확하게 움직일 수 있도록 쉴 새 없이 연습하고 또 연습했지요.

사실 모든 배움의 핵심은 반복이잖아요. 시작은 누구나 할 수 있지만, 지속은 누구나 할 수 있는 일이 아닙니다. 하지만 '함께 배움의 힘' 덕분일까요. 점프업 수업에 참여한 여성 모두 중도에 포기하는 사람 없이 마지막 데모 녹음 제작까지 완주했습니다.

여러 기수에 걸쳐 기초반부터 심화반까지 13주 이상 말 공부를 한 여성들이 뭉치기 시작했습니다. 수업은 끝났어도 같이 말 공부를 이어가고 목소리를 나누자고요. 말, 성장, 나눔이라는 공통 관심사가 사는 곳과 살아온 배경도 모두 다른 여성들을 '우리'라는 이름으로 단단하게 묶었습니다. 온라인으로 공부한 터라 직접 만난 적도 없고, 심지어 같은 기수가 아니었는데도 커뮤니티 채팅방과 시각장애인 방송 현장, 오프라인 워크숍에서 만나면 대화가 끊이질 않았어요. 말 선생인 제가 따로 관계를 조율하거나 대화에 끼어들 틈이 없을 정도였지요. 이런 게 바로 결이 맞는 사람들의 운명 같은 만남이 아닐까 싶습니다. 마음의 결이 고운 사람들이 뭉쳤으니 다양한 아이디어와 프로젝트가 줄줄이 이어졌습니다.

먼저 말 공부를 한 여성들의 자체 연구 모임이 생겼는데요. 이름도 근사합니다. 히어로 연구회. '바로 여기' here(히어)와 '듣다' hear(히어), 그리고 '영웅'이라는 hero(히어로)의 의미를 다 합쳐 '바로 여기에서 귀를 기울이는 영웅들의 모임'이래요. 한 가지 뜻이 더 있답니다. 한자로 빛날 희熙, 말씀 어語, 길 로路 자를 사용해 '세상을 밝히는 말을 연구하는 길'이랍니다. 그동안 이런 놀라운 끼와 재능을 어떻게 꾹꾹 누르고 살았던 건지 알면 알수록 의문입니다.

옛말에 '여자 셋이 모이면 접시가 깨진다', '솥뚜껑이 안 남는다'라는 말이 있는데요. 여성들이 많이 모이면 유난스럽고, 시끄럽고, 의견 충돌이 심하다는 편견을 히어로 연구회가 보란 듯이 깨고 있습니다. 손도 크고, 마음은 더 큰 여성들이 목소리를 나누겠다고 나섰으니 이보다 더 넉넉한 나눔이 어디 있을까 싶습니다.

첫 번째 프로젝트는 시각장애인과 함께 떠나는 제주도 현장해설 여행이었습니다. 4월 20일 '장애인의 날'을 맞이해 한국시각장애인연합회 대표 방송 〈큐! 뉴스천〉 애청자를 대상으로 특별 이벤트를 열어 시각장애인 청취자 다섯 분을 선정했어요. 그동안 '큐! 말말말' 코너를 통해 여성들의 목소리를 들었을 시각장애인 청취자들을 직접 만나고 싶은 마음이 컸습니다.

말 공부 생활자들이 기획한 여행이니 콘셉트도 남달랐는데요. '동행 낭독 여행'이라는 타이틀 속에 힌트가 있습니다. 일단 '동행'이라는 콘셉트를 설명하면, 시각장애인과 일대일로 짝을 지어 현장해설을 해주며 여행지를 돌아보는 겁니다. 현장해설은 말 그대로 눈앞에 보이는 풍경이나 상황, 사람, 사물 등을 생생하게 그림 그려지듯 말로 표현하는 것을 뜻하는데요. 김포공항에서부터 제주에 도착해 수목원, 전통시장, 감귤요리 체험 교실, 자연휴양림, 바다 등을 함께 거닐며, 시각장애인의 눈과 더불어 활동 지원사 역할을 담당했습니다.

비록 눈으로는 볼 수 없어도 시각을 제외한 모든 감각으로 제주를 충분히 제대로 경험하는 데 목표를 두었습니다. 사전 조사를 해보니 제주 여행이 태어나 처음이거나, 여행에 나섰더라도 자세한 설명을 듣거나 다양한 체험을 해본 적이 없다는 사람이 많았기 때문이었어요. 최근 무장애 여행지가 곳곳에 늘었지만, 장애인에게는 여행 경비나 동행인을 구하는 문제, 무장애 여행지로 가기까지 이동의 어려움이 있어 여행 자체를 포기하는 경우가 여전히 많았습니다.

마침 떠난 때가 6월이라 작은 꽃들이 모여 둥근 부케 모양을 한 수국이 제철이었는데요. 커다란 꽃 한 송이를 두 손에 한 아름 안고 함박웃음 짓는 시각장애인들의 표정이 어찌나 경쾌하던지요. '사람이 꽃보다 아름답다'라는 말이 딱 이런 거구나 싶었습니다. 꽃과 숲의 향기, 나무껍질의 감촉, 감귤 쿠키와 피자의 달콤새콤한 맛, 제주 바다에 달려 들어가 발을 담갔을 때 느껴지는 짜릿한 시원함까지. 모든 참여자가 온몸으로 제주를 만끽했습니다.

다음 핵심 콘셉트는 '낭독'으로, 참여자를 선정할 때부터 좋아하는

'동행낭독여행 in 제주'
무장애 동영상

시를 낭독해 녹음본을 보내달라는 특별 조건을 내걸었는데요. 여행을 떠날 때도 시각장애인과 비장애인 10명 모두, 시 한 편씩 준비해 여행지 곳곳에서 낭독회를 열었습니다. 마치 약속이라도 한 듯, 단 한 편도 똑같은 작품이 없었어요. 김소월의 〈산수유〉부터 윤동주의 〈쉽게 쓰여진 시〉, 김춘수의 〈꽃〉 그리고 시각장애인 참여자의 자작시까지. 각자의 취향을 담은 다양한 시를 숲속에서 그리고 꽃내음 물씬 풍기는 수목원에서 귀를 쫑긋 세우며 들으니 감탄사가 여기저기서 터져 나왔습니다. 판소리였다면 "좋~다, 얼씨구!" 이런 추임새가 아니었을까요.

1박 2일이라는 짧은 시간이었지만, 시각장애인과 비장애인이 짝꿍이 되어 같이 움직이고, 같이 먹고, 같이 쉬었더니 얼마나 끈끈해졌는지 모릅니다. 서울로 돌아와 마지막 소감을 나눌 때 헤어지기 아쉬워 울먹이는 참가자도 있었고, 여행 이후로도 계속 연락을 주고받으며 만남을 이어가는 참가자도 있습니다.

히어로 연구회가 이렇게 시작부터 커다란 여행 프로젝트를 기획할 수 있었던 건, 뜻을 보탠 한 안과 병원 덕분이었는데요. 눈을 고치는 안과가 기부를 통해 마음의 눈까지 밝히는 행보를 보면서 진정한 나눔의 자세를 또 한 번 새길 수 있었습니다. 코로나 이후, 병원들도 형편이 나아지지 않아 모두가 지갑을 닫고 있을 때였는데 이 병원은 그동안 해왔듯 사회적 약자를 위한 기부를 그대로 이어간 겁니다. 결국 나눔은 넉넉할 때만 하는 게 아니라, 크든 작든 꾸준히 하는 일종의 습관이라는 사실을 배울 수 있었습니다.

선한 마음이 모이면 해내지 못할 일이 없다는 자신감을 한껏 얻은 여성들은 당당하게 두 번째 프로젝트에 나섰습니다. 바로 소리책(음성도서) 제작이었습니다. 우리가 흔히 듣는 오디오북과 조금 차이가 있습니다. 눈으로 보지 못하는 사람들을 위해 그림이나 사진 설명을 간략히 덧붙이거나, 괄호 안에 있는 내용과 주석 등을 쉽게 풀어주는 추가 작업이 필요하거든요. 저자 소개부터 목차, 페이지 정보 등 세세한 부분까지 낭독해야 하니 더 많은 시간과 에너지가 필요한 작업이지요.

우선 시작은 책 한 권을 여러 명이 나눠 낭독하기로 했습니다. 제주 토박이인 김경희 작가가 쓴 《내가 좋아하는 것들, 집밥》을 첫 낭독책으로 선정했는데요. 마침 저자가 우리 히어로 연구회원인 데다, 제주의 손맛과 생활상을 귀로 실감 나게 들을 수 있는 작품이어서 소리책으로 안성맞춤이었지요.

포천부터 서울, 경주, 제주까지 곳곳에서 신청한 여성 10명이 일명 '집밥 프로젝트'에 돌입했습니다. 각자 맡은 부분을 분석하고, 소리 내어 읽기를 연습하다가 온라인 회의에서 만나 낭독 방식을 공유하고 토론하기를 반복했지요.

장애인의 날 한 달 전을 제출 마감날로 정해 각자 집에서 장비를 갖춰 녹음하거나 집 근처 스튜디오를 빌려 녹음했는데 생각지 못한 문제가 번번이 발목을 잡았습니다. 오독부터 각종 생활 소음과 기계 잡음이 들어가 처음부터 다시 녹음하는 사태까지 벌어지면서 낭독자들의 한숨도 깊어졌습니다. 그야말로 좌충우돌의 연속이었지요.

그래도 영웅은 난관 속에서 빛을 발하는 법. 히어로 연구회원들은 결국 장애인의 날에 딱 맞춰 첫 번째 소리책을 완성했고, 한국시각장애인연합회로 달려가 당당하게 기증했습니다.

숨 돌릴 새도 없이 바로 이어 두 번째 소리책 제작에 돌입했습니다. 이번에는 10월 15일, 시각장애인을 위한 기념일인 '흰지팡이의 날'을 맞이해 책 5권을 녹음하기로 한 겁니다. 소리책 제작의 뿌듯함과 희열이 소문났는지 참여자가 두 배나 늘었습니다. 한 권당 분량에 따라 2명에서 6명을 배정해 팀워크 방식으로 진행했습니다. 드라마 배우들처럼 리딩 데이를 정해 같이 연습하고, 목소리 톤과 낭독 규칙을 맞추니, 이전보다 훨씬 더 수월하게 녹음을 진행할 수 있었습니다.

같이 나누면 좋은 점 또 한 가지는 바로 든든한 응원단이 생긴다는 겁니다. 목소리가 훨씬 편안해졌다, 계속 듣고 싶다, 이것만 신경 쓰면 더할 나위 없을 것 같다 등 칭찬과 아이디어를 쌓은 조언이 오가는 모습은 옆에서 보기만 해도 미소 짓게 만듭니다. 함께 성장하는 응원 공동체로 손발을 짝짝 맞추니 프로젝트 끝까지 모두가 힘을 낼 수 있고, 소리책 결과물도 갈수록 좋아졌습니다. 이제는 시각장애 아이들을 위한 그림동화에도 도전하는데요. 전문 화면해설 작가의 도움을 받아 그림 해설을 받으면, 낭독자 2~3명이 지문과 대사 부분을 나눠 함께 연습하고 녹음합니다. 아이들을 향한 엄마의 진심이 담겨서일까요? 실감나는 대사 처리가 전문 연기자 뺨칩니다. 소리책 녹음 작업은 계속 이어져 일 년에 두 번, 4월 장애인의 날과 10월 흰지팡이의 날이면 어김없이 국립장애인도서관과 한국시각장애인연합회에 기증하고 있습니다.

히어로 연구회가 선정하는 낭독책의 경우, 장르는 다양해도 우리와 같은 시대 여성들의 서사를 담은 책이라는 공통점을 갖고 있는데요. 여성의 이야기를 여성들의 목소리로 전달하니 내용의 맛이 훨씬 더 생생하게 살아났습니다. 특히 소리책으로 제작되지 않은 신간이나 숨어 있는 진주 같은 책을 위주로 선정하는데요. 국립장애인도서관과 시각장애인 전용 플랫폼 등을 꼼꼼히 살피고, 서점을 들락날락하며 시각장애인들의 관심과 오감을 자극할 수 있는 책을 고릅니다. 여기서 끝이 아니라 낭독책으로 낙점하기까지 까다로운 최종 관문을 통과해야 하는데요. 바로 모든 회원의 투표를 거치는 겁니다. 그야말로 좋은 책을 함께 나누고 싶은 여성들의 진심이 가득 담긴 결과물이라고 볼 수 있지요. 이렇게 한 해 두 해 쌓이면 언젠가 소리책도 100권이 훌쩍 넘고, '히어로 연구회 추천작'이란 이름으로 장애인, 비장애인 모두에게 신뢰를 주지 않을까 하는 즐거운 상상을 해봅니다.

히어로 연구회가 제작한 소리책 목록 (2025년 10월 기준)

① 《내가 좋아하는 것들 집밥》, 김경희, 스토리닷
② 《내가 좋아하는 것들, 쓰기》, 김재용, 스토리닷
③ 《내가 좋아하는 것들, 숲》, 조혜진, 스토리닷
④ 《아이라는 숲》, 이진민, 웨일북
⑤ 《다정하지만 만만하지 않습니다》, 정문정, 문학동네
⑥ 《박물관을 쓰는 직업》, 신지은, 마음산책
⑦ 《어떤 어른》, 김소영, 사계절
⑧ 《만질 수 있는 생각》, 이수지, 비룡소
⑨ 《흰》, 한강, 문학동네
⑩ 《하얀 선물》, 이연, 책읽는곰
⑪ 《해피버쓰데이》, 백희나, 스토리보울
⑫ 《다만 여행자가 될 수 있다면》, 박완서, 문학동네
⑬ 《긍정의 말들》, 박산호, 유유
⑭ 《공부가 인생에 무슨 쓸모인지 묻는다면?》, 이진민·하성란·백정연·김미소, 책폴
⑮ 《별에게》, 안녕달, 창비
⑯ 《엄마는 해녀입니다》, 고희영, 난다
⑰ 《빨간 사과가 먹고 싶다면》, 진주, 핑거

이 밖에도 다양한 '함께 배움, 함께 나눔 프로젝트'가 동시에 열리고 있습니다. 100일 동안 좋은 습관을 만드는 독서 챌린지와 낭독 챌린지, 한국장애인재단이나 한국자산관리공사, 국립국어원과 같은 공공기관에서 펼치는 대국민 낭독 프로젝트에 참여하기, 장애인 MC 양성과 어린이 말 공부 프로그램에 강연 코치로 참여하기, EBS 화면해설이나 라

디오 낭독 등에 성우나 진행자로 참여하기, 각종 프로젝트에 참여한 후 경험담 공유하기, 매해 가을 워크숍을 통해 다 같이 박물관이나 명소 등을 찾아 현장해설 실습하기 등. 하나하나 나열하기에도 숨이 찰 정도입니다.

공동체를 뜻하는 커뮤니티community의 어원이 '함께'라는 com과 '선물'이라는 munitas가 만나 이뤄진 말이라지요. 나의 일상에 주어지는 작은 선물이 곧 커뮤니티, 공동체라는 겁니다. 20대부터 70대 사이 히어로 여성들은 오늘도 함께 배우고 나누며 단단한 변화를 쌓아가고 있습니다. 팍팍한 여성의 삶, 하마터면 그저 시들어간다며 한숨만 짓다 끝날 일상에 선물과 같은 기회와 사람들을 만나 새로운 길을 열어가고 있습니다. 길은 누가 여는 게 아니라 여럿이 함께 가야 생기잖아요.

배움 공동체, 나눔 공동체, 재미 공동체의 맛을 여러분도 한번 느껴보세요. 시드는 듯 보였던 여러분의 인생이 활짝 필 겁니다.

PART ❸　　　　　　　　　　　　　　　　　G　O

―――――― 5 ――――――

나눔 번아웃을 막는
세 가지 힘

목소리 나눔이 우리의 좁고 깊었던 공감의 반경을

크고 넓게 늘리는 계기가 되어야 합니다.

말 공부를 하고 나눔을 실천하는 이야기를 듣고 나니 어떤 생각이 드나요? 가슴이 덩달아 벅차고, 꿈틀꿈틀 대지 않나요? 지금부터는 나도 한번 해보고 싶다는 생각이나 해야겠다는 결심이 생긴 분들에게 꼭 전하고 싶은 이야기를 하려 합니다. 절대로 찬물을 끼얹으려는 의도가 아님을 먼저 말씀드립니다. 앞서 말했듯이 목소리 나눔 활동을 함께할 동지가 많이 필요합니다. 준비된 동역자 말이지요. 그런데 목소리만 준비해서는 안 된다는 걸 꼭 덧붙이고 싶습니다. 여러분과 오랫동안 함께하고 싶은 일이라서 드리는 당부입니다.

나눔에도 번아웃이 찾아올 수 있어요. 참 아이러니하게도 요즘 성장과 함께 번아웃도 점점 늘고 있다죠. 일을 무작정 많이 했다고 번아웃을 겪는 게 아니래요. 무언가 쌓이고 쌓였다가 한꺼번에 빵 하고 터질 수도 있고, 도무지 알 수 없는 이유로 한 발짝도 뗄 수 없는 상황이 되기도 한답니다. 진심으로 나눔에 뛰어들었다 해도 '제대로' 대비하지 않으면 누구나 제풀에 꺾여버릴 수 있습니다.

나눔을 결심했다면 목표가 한 번 하고 끝인 사람은 아마 없을 겁니다. 가능한 힘이 닿는 대로 오랫동안 즐겁게 이어가고 싶은 게 목표 아닐까요. 그렇다면 나눔 번아웃을 막고, 행복한 유지어터가 되기 위한 세 가지 힘, 제 노하우를 나눠드릴게요.

첫 번째, 체력입니다. 의욕보다 앞서야 하는 건, 체력이라고 힘주어 말하고 싶습니다. 몸에 기운이 있어야 모든 일에 의욕도 생기는 거지요.

그러려면 절대 과하지 않고, 무리하지 않는 힘 조절이 필요합니다.

시각장애인을 위한 EBS 교육 콘텐츠 화면해설에 참여할 때의 일입니다. 기존 내용을 모니터하고, 연습하고… 목소리 준비 끝! 장애인 학생들을 향한 진심까지 장착했으니 이보다 준비가 완벽할 순 없다고 생각했는데, 막상 실전에 들어가니 더 큰 난관이 기다리고 있었죠. 체력이 점점 떨어진다는 걸 예상하지 못한 거예요. 석 달 내내 똑같은 체력을 유지할 거라 철석같이 믿었던 겁니다.

EBS 화면해설을 제작할 때는 일명 '원팀'으로 진행을 합니다. 집필자, 낭독자, 감수자, 편집자 이렇게 네 명이 한 팀이 돼 비슷한 속도로 움직여야 해요. 집필에 박차를 가해 원고가 빨리빨리 나오고 있는데, 낭독 녹음이 늦어진다면 제작이 줄줄이 지연될 수밖에 없습니다. 원고가 나오는 속도에 맞춰 될 수 있으면 빨리 녹음하는 편이 나은데요. 그렇다고 '무작정, 무리해서, 빨리'라는 뜻이 아니었는데, 제작 속도의 감이 없었던 저는 그만 오버페이스를 하고 만 겁니다. 주어진 2일 이내에만 녹음하면 되는데, 하루라도 빨리 편집자에게 넘길 생각에 밤을 새워 녹음하다 그만 몸져누워 버렸습니다.

일본 뇌과학자 이케가야 유지가 쓴 《삶이 흔들릴 때 뇌과학을 읽습니다》에 이런 내용이 있어요. 몸이 있어야 뇌도 존재하는 거라고요. 몸이 없다면 뇌는 한낱 덩어리일 뿐이래요. 그러니 몸을 움직이면 뇌가 활성화하는 건 당연한 이치라는 거죠. 일단 행동해야 의욕이 생기는 건데, 행동할 체력조차 없다면 어떻게 될까요.

행사를 치를 때 제법 많은 사람이 '굳이 비싼 돈을 주고 사회자를 따로 불러야 하나?'라고 생각한대요. 그런데 행사의 분위기와 성패를 좌우하는 존재는 주최 측을 대신해 앞에 선 사회자라고 해도 과언이 아니지요. 사회자는 그 행사를 빛내기 위해 열정과 성의를 다해야 합니다. 수고료에는 최선을 다해달라는 뜻도 담겨 있으니까요. 저는 여기에 한 가지 의미가 더 포함돼 있다고 생각해요. 행사 날 최상의 컨디션으로 최고의 기량을 보여줘야 한다는 뜻이요. 사회자로 요청을 받은 날부터 행사 당일까지 몸이 아프지 않고, 목소리 상태를 잘 유지하는 의무도 사회자에게 주어졌다고 봅니다. 그러니 결코 누구나 할 수 있는 쉬운 일이 아니지요.

목소리 나눔 역시 제대로 하려면 체력 관리가 무엇보다 중요합니다. 몸이 아프면 마음도 무너질 수 있어요. 몸과 마음은 연결돼 있잖아요. 육아 동지들은 아마 공감하실 텐데요. 아이에게 소리 지르지 말아야지, 자분자분하게 설명해야지 결심했다가도 엄마의 몸 상태가 온전하지 않으면 또 폭발하고 맙니다.

45년 동안 소설과 수필, 번역 작업을 이어온 소설가 무라카미 하루키가 절대로 하지 않는 일이 있대요. 글이 아무리 잘 써지는 날이라도 정해진 양을 넘기지 않는다는 겁니다. 항상 한결같이 무리하지 않는 '선'을 지킨다는 얘기죠. 지나치지 않게, 적당히, 꾸준히! 이미 다 안다고 해서 우리 쉽게 어기지는 말자고요.

만약 목소리를 나누다 지친다 싶을 때는 재빨리 알아차리고 쉬는 게 중요합니다. 말 근육, 생각 근육을 갑자기 많이 쓰면 마찬가지로 근육통이 찾아올 수 있어요. 그럴 땐 잘 먹고, 푹 쉬어야 합니다. 잠시 멈추고 회복한 다음에 나눔을 이어가도 절대 늦지 않습니다. 나눔에 속도는 중요하지 않아요. 그만두지 않고 유지하는 마음이 더 중요합니다.

두 번째, 지구력입니다. 지속력이라고도 할 수 있지요. 목소리 나눔 현장에서 진짜 필요한 사람은 잘하는 사람보다 꾸준히 계속하는 사람이더라고요. 정부 기관이나 기업이 사회공헌 차원에서 대국민 낭독 프로젝트를 열면 다양한 사람이 몰려듭니다. 경쟁률이 높을 때가 꽤 많습니다. 그런데 책 한 권 이상을 녹음해야 하는 프로젝트의 경우 완독률이 늘 주최 측의 고민거리랍니다. 목소리가 좋아 낭독자로 선발했는데 중간에 연락도 받지 않고 소위 잠수를 타는 경우도 제법 많다고 해요. 그만큼 꾸준히 참여하는 게 어렵다는 뜻이겠죠. 결국 꾸준함이 곧 탁월함이 아닐까 싶습니다.

지구력을 갖기 위한 작지만 중요한 실천 방법을 나눠볼게요. 이것도 세 가지입니다. 먼저, '있어 보이는' 거창한 활동 대신, 내 앞에 '있는' 주어진 활동부터 해보는 겁니다. 작은 성취의 경험을 차곡차곡 쌓아가는 거지요. 처음 목소리 나눔에 뛰어든다면, 소리책 한 권을 녹음하기보다는 한 권을 여러 명이 같이 녹음하는 작업에 참여하는 게 좋습니다. 정식 녹음이 아직 부담스럽다면, 좋아하는 글귀를 짤막하게 녹음해 개인 SNS 계정에 주기적으로 공개하는 방법도 좋아요. 한 번, 두 번 경험이 쌓이고, SNS 친구들의 격려와 응원을 받으면 또 다른 일을 도전하는 용기로 발전할 수 있거든요.

다음은 계속 소리 내어 읽고 또 읽는 겁니다. 우리는 잘 압니다. 목소리 나눔을 세상에서 가장 잘할 수 없다는 사실을요. 어떻게 3, 40년 차 성우를 넘어설 수 있겠습니까.《타이탄의 도구들》에 이런 구절이 등장합니다. "언제나 경쟁이 가능한, 성공에 있어 진정으로 평등한 측면은 바로, 노력이다. 옆에 있는 사람보다 더 열심히 노력하는 건 언제나 가능하다."

저는 정성을 기울인 시간의 양이 질적인 변화를 가져온다고 굳게 믿습니다. 말 공부를 함께하는 사람들에게 매일 10분 이상 낭독하고, 단톡방에 '미션 클리어' 하고 외치는 과제를 내주는데요. 6주 동안 무슨 변화가 있을까 싶겠지만 처음과 마지막 녹음본을 비교해 들으면 단번에 알아차리게 됩니다. 노력은 절대 배신하지 않는다는 사실을요. 따로 시간을 내지 않아도 됩니다. 아이들 잠자리 독서 시간을 낭독 연습 시간으로 삼으셔도 좋아요. 나에게 가장 적절한 시간대, 오로지 나에게 집중해 낭독할 수 있는 시간대를 찾아 정해진 분량이나 시간만큼 꾸준히 낭독하면 됩니다. 오늘 못 했다고 내일 두 배로 해서도 안 됩니다. 계속 숙제처럼 쌓이면 죄책감만 들고 불안해지니까요. 설령 오늘 낭독하지 못했다면, 내일 다시 이어가는 겁니다. 매일매일 연습하면 더 좋겠지만, 계속 연습하는 게 더 중요하니까요.

지구력을 가지려면 남과 최대한 비교하지 않는 게 좋습니다. 젊은 사람들 목소리를 들으니 자꾸 주눅이 들어 목소리 나눔을 못 하겠다는 분들이 종종 계세요. 그럴 때마다 제가 드리는 답변이 있는데요. 각자에게 맞는 말의 재료와 장르가 있다고요. 단순히 용기를 주려고 꺼내는 말이 아니라 실제로 그렇습니다. 불혹의 나이에 등단해 40년 동안 770여 편을 쓴 박완서 작가의 작품을 떠올려보세요. 《아주 오래된 농담》이란 소설에 이런 장면이 있어요. 10년 넘게 이어온 결혼 생활을 접고, 처음으로 자신만을 위한 집밥을 준비하던 주인공이 밥 냄새를 맡고는 이렇게 혼잣말합니다. "이곳이 바로 사람 사는 집구석이로구나!" 그런데 이 글을 20대가 읽으면 글의 맛이 좀처럼 살지 않습니다. 목소리는 말끔할지 몰라도 맞지 않은 옷을 입은 듯 어딘가 어색하게 느껴집니다. 삶의 연륜이 묻어난 중년의 목소리가 더 잘 어울립니다. 목소리를 나누려고 뛰어든 여러분의 진심이 비교하는 마음 때문에 흔들리지 않았으면 합니다. 나에게 맞는 장르와 글감을 찾아가는 그 소소한 재미와 기쁨을 누려보면 좋겠어요. 산에 오르는 사람이 꼭대기만 보고 급히 오르면 어떻게 될까요. 정작 오르면서 옆에 있던 무수히 많은 아름다운 풍경을 놓치게 될 거예요. 오늘의 나와 비교해야 할 대상은 타인이 아닌 어제의 내가 되어야 합니다. 어제보다 조금 더 나아지자는 마음가짐으로 지금 바로 실천하는 거지요. 동기부여를 위해 칭찬과 성취감이 필요하다면, SNS를 적절히 활용하는 것도 좋습니다. 선행을 무조건 비밀리에 할 필요는 없다고 생각해요. SNS에 목소리를 나누는 모습을 올리고, 나의 감정이나 의견을 이야기하는 것도 넓은 차원에서 나눔이 아닐까 싶습니다. 누군가는 그 글과 사진을 보고 자극을 받아 새로운 세계에 마음이 열려 함께 뛰어들 수도 있는 거니까요. 그리고 SNS 친구들의 칭찬과 하나씩 쌓여가는 게시물을 보면서 스스로 선행을 계속 이어나갈 용기와 힘도 얻게 될 겁니다.

나눔 번아웃을 막는 세 번째 힘은 바로 공감 능력입니다. 목소리를 나누는 행위 자체보다 나눌 대상을 마음으로 이해하는 게 더 중요합니다. 이런 걸 '공감'이라고 하지요. 공감 덕분에 인류가 오랜 시간 협력해 수많은 성취를 이뤄낼 수 있었답니다. 그런데 요즘은 공감 능력이 부족한 게 문제가 아니래요. 《공감의 반경》의 저자이자 과학철학자인 장대익 교수는 이렇게 말합니다. 공감을 너무 많이 해서 서로 편 가르기를 하는 거라고요. 팔이 안으로 굽는다고 우리끼리만 뭉치고, 타인에게는 눈이 먼 게 가장 큰 문제라는 겁니다. 우리 사회는 공감의 구심력만 좁고 깊게 발달해 있대요. 오히려 공감 과잉시대라면서 여러 사회 갈등을 줄이기 위한 새로운 대안을 제시합니다. 공감의 원심력 즉, 공감이 미치는 반경을 더 넓히자는 거지요. 장대익 교수의 의견에 가슴 깊이 공감합니다.

목소리를 나누다 보면 내 목소리와 행위에만 심취할 수 있어요. 정작 내 목소리가 향할 상대를 잊어버릴 때가 있지요. 목소리 나눔이 우리의 좁고 깊었던 공감의 반경을 크고 넓게 늘리는 계기가 되어야 합니다.

먼저 장애와 관련한 용어를 이해하는 것부터 시작해보세요. 정확한 용어를 사용하는 건 관심의 시작이라 할 수 있거든요. 잠깐, 기습 퀴즈를 내볼게요. 장애인의 반대말은 무엇일까요? 방송에서 정상인, 일반인이라고 언급했다가 시청자들에게 호되게 질타를 받은 진행자도 있답니다. 이제는 많은 사람이 아는 것처럼 '비장애인'이 맞는 말입니다. 그렇다면 수어를 사용하는 청각 장애인을 뭐라고 부를까요? 바로 농아인, 줄여서 '농인聾人'이라고 합니다. 농인의 반대말도 있어요. 소리를 들을 수 있는 비장애인은 한자로 들을 청聽 자를 써서 '청인聽人'이라고 합니다. 농인들이 사용하는 언어는 수화 언어, 즉 수어라고 부르는 게 올바른 말이고요. 기업이나 언론에서도 흔히 사용하는 '장애우'라는 말은 될 수 있으면 쓰지 않는 게 좋습니다. '친구'라는 의도 자체는 나쁘지 않지만, 장애우는 어디까지나 비장애인 기준에서 만든 용어입니다. 장애인이 스스로 '나는 장애우입니다'라고 말할 수는 없잖아요.

　기념일도 살펴볼까요. 우리나라 장애인의 날은 4월 20일입니다. 10월 15일 시각장애인의 날도 있는데요. 부르는 말이 따로 있습니다. 힌트! 시각장애인이 들고 다니는 지팡이 색을 떠올려보세요. 검정? 노랑? 거리에서 유심히 살펴본 분이라면 눈치채셨을 겁니다. 바로 흰 지팡이입니다. 시각장애인의 날은 특별히 '흰 지팡이의 날'로 부르는데요. 장애라는 용어 대신 자립과 성취의 상징인 흰 지팡이를 기념일 명칭에 넣은 겁니다.

　모르는 게 참 많았구나 싶을 수도 있습니다. 저도 그랬습니다. 관심 있게 살피고, 여러 장애인을 만나고, 관련 책을 읽다 보니 새로운 지식과 공감의 반경이 점점 늘어났습니다. 지금도 여전히 알아가고 있고요.

함께 나누고 싶은 체험을 하나 소개하려 합니다. 시각장애인을 위한 목소리 나눔을 하기 전에 말 공부 생활자들에게 꼭 한번 경험하게 하는 참여형 체험 전시인데요. 바로 '어둠 속의 대화'입니다. 참여자들은 100분 동안 빛이 하나도 없는 암흑 속에서 흰 지팡이를 쥐고 특별한 여행을 떠나게 됩니다. 오로지 로드 마스터의 목소리 안내만 들으면서요. "이 여행은 한계가 없습니다. 상상의 나래를 마음껏 펼칠 수 있습니다." 로드 마스터의 말과 함께 기대 반, 두려움 반으로 길을 나섭니다. 제가 참여할 당시에는 8명이 한 조를 이뤄, 한 손은 앞사람의 어깨에 손을 얹고, 한 손은 옆에 있는 벽을 더듬으며 천천히 걸었는데요. 보이는 게 없으니 청각, 촉각, 후각 등이 일제히 곤두서는 느낌이랄까요. 강가에 도착해 배를 타는 상황에서는 넘어질까 봐 모르는 사람의 손을 덥석 잡기도 하고, 카페에 도착해 음료를 마실 땐 이게 어떤 과일 맛인지, 콜라인지 사이다인지도 몰라 혼돈에 빠졌습니다. 어둠 속에 덩그러니 놓였을 때 당혹감, 두려움, 충격, 막막함 등을 모두 느낄 수 있었어요. 중도 시각장애인의 심정을 조금이나마 헤아릴 수 있었습니다.

한편으로는 보이지 않는 상황에서 어떤 설명이 가장 유용한지 힌트를 얻게 됐는데요. "무릎 아래 위치에 등받이가 있는 의자가 있습니다", "네 발자국 뒤에 턱이 있습니다", "이번에는 어떤 향이 느껴지나요?", "한번 물건을 만져보셔도 좋습니다" 이런 식의 구체적이고 친절한 설명이 참 든든하고 고맙게 다가오더군요. 시각장애인을 위한 현장해설 시 유용한 정보를 정말 많이 얻은 경험이었어요.

나눔 번아웃을 막는 세 가지 힘인 체력, 지구력, 공감 능력. 이 힘들을 길러놓으면 여러분의 초심을 오랫동안 유지할 수 있을 겁니다.

매일 4, 5시간 글을 쓰고, 매일 달리는 소설가 무라카미 하루키가 나중에 쓸 묘비명을 벌써 이렇게 정했답니다. '적어도 끝까지 걷지는 않았다.' 자신의 삶을 함축한 한 문장, 정말 멋지지 않나요? 나만의 페이스로 느리더라도 꾸준히 달리는 하루키의 일상이 오랫동안 떠오를 것 같습니다.

'지속적인'이란 뜻의 영어 continuous를 찬찬히 살펴보세요. 단어 끝에 us, 즉 '우리'라는 의미가 포함돼 있습니다. 체력, 지구력, 공감 능력을 바탕으로 우리가 함께 나눈다면, 꾸준히 끈기 있게 목소리 나눔을 이어갈 수 있을 겁니다. 함께의 힘을 믿자고요!

PART ❸   G O

―――――― 6 ――――――

도전!
목소리 나눔의 현장

말 공부를 통해 목소리를 열심히 가다듬었다면,
이제 배움의 완성을 위해 나눔에 뛰어들어 보세요.

"재미있는 일에는 몸이 가고, 의미 있는 일에는 마음이 간다. 몸과 마음이 동시에 움직이는 일을 만났다." 말 공부를 하고 시각장애인 방송에 참여한 한 수강생이 남긴 후기입니다.

흥미로우면서 보람된 일이라면 누구도 마다할 이유가 없겠죠. 나의 목소리를 갈고닦아 세상에 나누는 일만큼 두 마리 토끼를 다 잡을 수 있는 경험도 흔치 않을 겁니다.

말 공부를 통해 목소리를 열심히 가다듬었다면, 이제 배움의 완성을 위해 나눔에 뛰어들어 보세요. 무엇부터 해야 할지 막막한 분들을 위해 목소리 나눔 현장을 하나씩 소개해드릴게요. 아직은 개인적으로 신청을 받기보다 교육 기관이나 단체에 소속해 참여하는 경우가 좀 더 많은데요. 그래도 관심 있게 살펴보면 직접 기회를 잡을 수 있는 프로젝트도 곳곳에 열려 있답니다. 현장마다 필요한 기초적인 말하기 노하우도 함께 알려드릴게요. 여러분의 공감 반경이 더 넓어지는 계기가 되었으면 합니다.

1. 화면해설 방송

여러분이 드라마나 영화를 보고 있다면, 딱 5분만 눈을 감고 소리로 감상해보세요. 대사가 없는 부분이 이렇게 많았나, 지금 무슨 상황이지,

이건 무슨 소리지, 이건 누가 얘기하는 거야? 궁금증이 꼬리에 꼬리를 물게 될 겁니다.

언젠가 시각장애인 지인에게 들었는데요. 소나기 내리는 소리와 전 부칠 때 기름이 끓는 소리가 비슷해 구분이 잘 안 된다는 거예요. 영화를 보는데 갑자기 '웬 전 부치는 소리가 나오지?' 하며 의아했답니다. 한 번도 생각지 못한 얘기라 저도 한번 눈을 감고 들어봤더니 진짜 비슷해서 깜박 속을 뻔했어요.

한국직업사전에는 화면해설을 이렇게 정의하고 있습니다.

소리 없이 화면으로만 진행되는 부분, 즉 배경, 행동, 표정, 자막, 그래픽 등을 시각적으로 설명해 시각장애인이 비시각장애인과 동등하게 영상물을 접할 수 있도록 지원하는 서비스.

그런데 현장에서 경험해보니 화면해설에 대한 정의가 조금은 부족하다는 사실을 알게 됐어요. 음성이 있는데도 말로 다시 풀어줘야 하는 경우가 생각보다 적지 않았습니다. 예를 들어 EBS 교육 콘텐츠 영상을 보면 모호한 지시어가 자주 등장합니다. "얘들아! 이거 보이지? 자! 저 공식하고 연결하면 바로 이렇게 나오는 거야." 분명히 소리가 있는데도 귀로만 들으면 도무지 무슨 뜻인지 알 수가 없습니다. 모두 화면을 보고 있다는 사실을 전제로 내용을 설명하는 강의가 대부분이지요.

예능 프로그램에서도 여러 출연자가 등장할 때, 자막으로 이름이 나오거나 출연자 가슴에 이름표를 달고 나오잖아요. 시청자는 이미 다 알고 있다는 가정하에 프로그램은 그대로 진행됩니다. 누가 누구인지 설명을 듣지 못한 시각장애인들은 끝날 때까지 답답할 수밖에 없겠죠.

따라서 화면해설은 '화면에 나오는 시각적인 정보뿐 아니라 유추하기 힘든 청각적인 정보를 음성으로 설명해주는 서비스'라고 정의하는 게 더 적절할 듯싶습니다. 세상을 볼 수 없는 사람들의 마음속에 풍경을 그리는 일이 바로 화면해설인데요. 뉴스, 영화, 드라마, 예능, 다큐멘터리, TV 광고 등 모든 영역에서 꼭 필요한 서비스입니다. 시각장애인도 시청자이자 국민이니까요. 게다가 알고 보면 화면해설은 시각장애인에게만 도움이 되는 게 아닙니다. 내용 파악에 어려움을 겪는 어르신이나 어린이에게도 유용한 해설이 될 수 있거든요. 때론 일하느라 영상을 바라보기 힘든 사람도 화면해설이 장면을 상상하는 데 얼마나 유익한지 모릅니다.

이제 영상별로 화면해설이 어떻게 제작되고 있는지 살펴볼게요. 먼저 뉴스 영역에서 화면해설은 대개 아나운서나 앵커가 돌아가며 맡습니다. 생방송 뉴스가 시작할 무렵, 화면해설 담당자는 방송 화면을 볼 수 있는 모니터와 마이크가 있는 별도의 작은 부스로 들어갑니다. 지금 방영하는 프로그램은 무엇인지, 인터뷰하는 사람은 누구인지, 외국어로 얘기할 경우 무슨 말을 하고 있는지, 음악과 자막으로만 처리한 영상

구성물이 나오면 어떤 내용인지를 핵심만 간추려 기자의 음성과 겹치지 않은 타이밍에 설명을 덧붙입니다. 사내 뉴스 정보 시스템에 접속해 기자가 쓴 원고를 직접 보면서 화면해설을 하지요. 귀로만 소식을 접하는 청취자들에게 최대한 속 시원하게 필수 정보를 전달하는 게 목표입니다.

뉴스 외 영상물의 화면해설은 두 가지 방식으로 제작합니다. 사전 제작 또는 본 방송 후 추가 제작이지요. 방송국에서는 대개 외주 업체에 화면해설 제작을 맡기는데요. 이때 목소리로 맛깔스럽게 내용을 전달할 성우가 필요합니다. 내용과 장르에 맞는 다양한 음성의 성우가 필요하겠지요. 화면해설 작가나 맹학교 교사 출신 집필진이 심혈을 기울여 완성한 원고에 생기를 불어넣어 전달하는 메신저가 바로 화면해설 성우입니다.

한국시각장애인연합회가 26년 전인 1999년, 우리나라에 화면해설을 처음으로 도입해 다양한 장르의 화면해설 콘텐츠를 만들고 있는데요. 수많은 전문 성우와 아나운서, 훈련을 받은 말 공부 생활자들이 목소리로 힘을 보태고 있습니다.

어느 영역 하나 덜 중요하거나 쉬운 건 없습니다. 그래도 목소리 훈련을 한 다음 처음 화면해설에 도전한다면, 연기력이 조금은 덜 필요한 교육 콘텐츠나 다큐멘터리, 홍보 동영상 영역부터 해보면 어떨까 싶습니다. 오랜 훈련과 경험을 쌓은 목소리 연기의 대가인 전문 성우들을 단번에 따라 할 수는 없으니까요. 연기를 어쭙잖게 하면 오글거림만 선사하고 맙니다. 특히 교육 콘텐츠는 화면해설이 필요한 순간, 강사의 설명을 잠시 멈추고 성우가 명확하게 설명해줄 시간이 따로 확보돼 있습니다. 화면해설 내용이 담긴 별도의 슬라이드가 등장하며 성우가 충분히 설명한 다음 다시 강사의 설명으로 넘어가는 방식이지요. 이게 성우로서는 얼마나 감사한 일인지 모릅니다. 여유롭게 읽을 수 있는 시간이 주어지는 거니까요. 영화나 드라마 등 다른 화면해설 영역은 영상 보랴, 비어 있는 시간에 재빨리 설명하랴 그야말로 온 신경을 바짝 세우고 진땀을 쏟아야 하거든요.

또 문화전시물이나 유적지 음성해설도 추천합니다. 요즘은 시각장애인의 정보 격차를 줄이기 위해 화면해설의 범주가 점점 넓어지고 있는데요. 한국시각장애인연합회가 2013년 우리나라 최초로 미술품 음성해설을 시작한 이후 국립현대미술관·국립중앙박물관 등과 협력해 전시 작품 해설과 문화 유적지 해설을 선보이는 데 앞장서고 있습니다. 전문가나 할 수 있는 영역이 아닐까 생각할 수도 있지만, 오히려 현장 지식을 충분히 숙지하고 즉석에서 보이는 것을 설명해야 하는 현장해설보다는 좀 더 수월합니다. 전문 화면해설 작가들이 정리한 원고가 준비돼 있거든요. 성우는 작가들이 눈에 선하게 빚은 글을 맛깔스럽게 전달해 듣는 이들의 지적 호기심을 자극하고, 궁금증을 덜어주는 일에만 집중하면 됩니다.

화면해설 원고(*밑줄 친 부분: 성우 낭독 영역)

① 영화 및 드라마 화면해설

— 드라마 〈스물다섯 스물하나〉 중, 화면해설 작가 권성아

<u>희도가 지나쳐 가는 이진의 팔을 잡는다.</u>
<u>이진의 눈길이 희도의 손에서 천천히 희도의 얼굴로 향한다.</u>
<u>희도는 이진의 눈을 피하지 않는다.</u>

희도: 너는 뭔데?

<u>이진은 팔을 붙잡힌 채로 희도의 말을 듣고 있다.</u>

희도: 우리 관계 정의하는 거 넌 고민 안 했다면서.

<u>이진은 선뜻 대답하지 못한다.</u>

희도: 니 답은 뭐냐고?

<u>희도는 이진의 대답을 간절하게 기다리고 있다.</u>

이진: …무지개는 아니야.

이진이 커다란 손으로 희도의 손목을 감싸 준다.
그러곤 자신의 팔에서 희도의 손을 떼어내,
그대로 손목을 꼭 잡고 있다.
희도가 이진에게 잡혀 있는 손목을 내려다본다.

② **교육 콘텐츠 화면해설**

- EBS 교육방송 만점왕 국어 6-1, 사회 5-1 중

(a) 표 설명

상황과 목적 파악하기	
신우의 글	고려할 점
점심시간에 미역국을 엎질러서 친구 가방을 더럽힌 상황	상황 파악하기
친구 가방을 더럽혀 미안한 마음, 이해하고 도와준 친구에게 고마운 마음을 나눔	목적 정하기

낭독법

- 표, 상황과 목적 파악하기
- 신우의 글, 고려할 점 순으로 낭독해드리겠습니다.
- 점심시간에 미역국을 엎질러서 친구 가방을 더럽힌 상황. (쉬고)

상황 파악하기.
· 친구 가방을 더럽혀 미안한 마음, 이해하고 도와준 친구에게 고마운 마음을 나눔. (쉬고) 목적 정하기.

(b) 지문 설명

보기 ① 지효와 미역국을 먹은 일
② 지효와 편지를 주고받은 일
③ 지효가 넘어져 미역국을 엎지른 일
④ 미역국을 쏟아 지효를 다치게 한 일
⑤ 미역국을 엎질러 지효의 가방이 더러워진 일

낭독법

· 보기 (쉬고) 동그라미 일 지효와~ , 동그라미 이 지효와~ , 동그라미 삼 지효가~ , 동그라미 사 미역국을~ , 동그라미 오 미역국을 엎질러 지효의 가방이 더러워진 일.

(c) 상황 설명

강사 설명: 이 가운데 빨간색 선 표시돼 있는 거 보이시죠?

낭독법

- (강사 설명 다음) 지구본에서 가운데 지점을 가로로 빙 둘러 빨간색 선이 그려져 있고 'O'이라고 적혀 있다.

③ **전시 화면해설**
- 국립현대미술관MMCA 모두를 위한 미술관
  〈젊은 모색 2023: 미술관을 위한 주석〉 중

- 〈해체〉 작품에서 10시 방향으로 약 5미터 앞으로 이동하겠습니다.

오른쪽에 04가 적힌 기둥과 왼쪽 11시 방향에 네 번째 작품이 있습니다.
건축 디자이너 황동욱의 작품 〈물체, 공간〉입니다.

고요한 어둠 속 우리가 두 팔을 벌려도 안을 수 없을 만큼
아주 넓고 둥근 기둥 모양의 구조물 하나가 천장의 줄에 매달려
바닥에 닿을 듯 말 듯 걸려 있습니다.

구조물의 안쪽은 텅 비어 있고, 무수히 많은 줄이 가늘고 길게 늘어져서 표면을 채웠는데
무언가를 가리는 데 쓰는 도구 '발'과 유사한 모습입니다.

화면해설 말하기 Tips

❶ 많이 듣고, 많이 따라 해보기
- 먼저 화면해설의 감을 잡는 게 가장 중요합니다.
- 영역별, 장르별 화면해설을 많이 접해보고, 성우의 전달 방식을 분석해보세요. 나에게 맞는 장르, 내가 잘할 수 있겠다 싶은 장르를 찾아가는 과정도 꽤 즐겁답니다.
- 교육콘텐츠 화면해설 모니터 방법 : EBS 홈페이지(www.ebs.co.kr) 우측 상단 ➡ 장애인서비스 ➡ 시각장애 콘텐츠 ➡ 화면해설 강좌 보기
- 영화 화면해설 모니터 방법 :
  [국내 OTT 플랫폼] 〈티빙〉, 〈웨이브〉, 〈왓챠〉, 〈LG U+ 모바일tv〉 ➡ 검색창에 '화면해설'을 적어 관련 콘텐츠 보기
  [해외 OTT 플랫폼] 〈넷플릭스〉 ➡ 카테고리 내 '한국어 화면해설' 클릭
  [해외 OTT 플랫폼] 〈디즈니 플러스〉 ➡ 콘텐츠 메인 화면에 AD audio description 표시가 달린 화면해설 콘텐츠 보기
- 기타 장르 화면해설 모니터 방법 : 유튜브 검색창에 '화면해설'을 적어 관련 콘텐츠 살펴보기

❷ 빠르고 정확한 발음 훈련하기

- 방송 모니터를 해보면 화면해설 말하기의 특징을 단박에 눈치챌 수 있는데요. 음성 자체도 좋아야 하지만 그보다 의미를 빠르고 정확하게 전달하는 게 무엇보다 중요합니다. 대사와 대사 사이 또는 내레이션과 인터뷰 사이에 비는 10여 초 정도의 짧은 시간에 가장 필요한 정보를 귀에 쏙쏙 박히게 해야 합니다. 여유를 부리다간 눈 깜짝할 사이에 다음 영상으로 휙 지나가버리고 말지요.

- 조음기관 스트레칭과 발음 연습표(2장, 124페이지 참조)를 보고 매일 연습해보세요! 특히 발음 연습을 할 때는 읽는 속도를 점점 빠르게 도전해봅니다. 눈으로 본 문자를 곧바로 빠르고 정확하게 입 밖으로 내보내는 훈련이 필수입니다. 인지 능력을 높여 노화를 늦출 수 있는 훈련이니 일거양득이겠지요.

- 속도를 빨리하라는 의미를 절대로 오해하지 마세요! 처음부터 끝까지 무조건 빠르게 하라는 뜻이 아닙니다. 의미를 살펴 끊어 읽을 부분을 표시하면 문장이 여러 덩어리로 나뉘겠지요? 그럼 덩어리 속 내용은 빠르고 시원하게 내뱉고, 끊어 읽는 포즈pause 부분은 상대적으로 여유롭게 쉬는 겁니다. 포즈의 여유를 살리면 아무리 덩어리 부분의 말이 빨라도 전체적으로 빠르다는 인상을 주지 않는답니다. 그리고 말이 꼬이는 실수도 줄일 수 있습니다.

예시 시각장애인을 위한 / 화면해설 방송 // EBS / 교육 방송 //

　　　　빠르게　　/(쉼)　　빠르게　　//(쉼) 빠르게　/(쉼)　빠르게　//(쉼)

예시 이 영상은 / 한국시각장애인연합회와 /

　　　　빠르게　/(쉼)　　　빠르게　　　　/(쉼)

히어 커뮤니케이션즈의 지원으로 / 제작했습니다. //

　　　　　빠르게　　　　　　/(쉼)　　빠르게　　//(쉼)

❸ 다양한 색을 가진 목소리 개발하기

- 성우들의 음성을 흔히 '팔색조 목소리'라고 하지요. 다양한 음색과 톤, 강약, 성량을 갖춘다면 좀 더 많은 장르에 참여할 기회가 열립니다. 곱고 나긋나긋한 목소리는 책 낭독에 어울릴 수 있지만, 장면에 따라 분위기를 달리해야 하는 화면해설에서는 자칫 느리고 지루하게 느껴질 수 있거든요. 목소리의 한계를 깨면 내 목소리가 쓰일 수 있는 활동 반경 또한 훨씬 더 넓어질 수 있습니다.
- 먼저 소설이나 어린이 그림동화로 음색과 톤 변조를 연습해보세요! 여러 등장인물이 대화하는 부분은 연습하기에 딱 좋습니다. 애써 목소리 연기를 하지 않더라도 음색과 톤의 변화만으로 인물을 구분 지어 전달할 수 있어요. 남성이나 덩치 큰 생물(코끼리, 호랑이, 고래 등)은 상대적으로 낮은 톤과 어두운 음색으로 소리를 내고요. 여성이나 몸집이 작은 생물(새, 다람쥐, 생쥐 등)은 높은 톤과 밝은 음색으로 표현해

봅니다. 만약 같은 종이나 성이 등장한다면, 인물마다 성격을 파악해 톤과 음색을 나눕니다. 먼저 내용을 잘 살펴 등장인물(생물)을 파악하고, 음색과 톤을 어떻게 구분할지 전략을 잘 세워야 합니다. 다른 색 형광펜이나 동그라미, 네모 등의 표시로 미리 구분해놓는 것도 좋은 방법이에요. 아무런 표시 없이 기억에만 의지했다가는 등장인물 목소리가 뒤죽박죽되는 일이 벌어질 수 있거든요.

- 음색을 즉각적으로 밝히는 방법은 '광대'에 달려 있습니다. 저는 '광대 승천'이라고도 표현하는데요. 광대를 끌어올리면 입꼬리가 덩달아 올라가 밝은 음색을 바로 낼 수 있답니다. 그리고 어두운 음색은 반대로 입꼬리를 내리고, 입을 상대적으로 덜 벌려 발음하면 훨씬 표현하기 쉬워집니다.

예시 《강아지똥》, 권정생, 길벗어린이, 1996

돌이네 흰둥이가 똥을 눴어요. 골목길 담 밑 구석 쪽이에요. 흰둥이는 조그만 강아지니까 강아지똥이에요. 날아가던 참새 한 마리가 보더니 강아지똥 곁에 내려앉아 콕콕 쪼면서

"(가볍고 높은 톤으로) 똥! 똥! 에그, 더러워…" 하면서 날아가 버렸어요.

"(낮고 어둡고 억울한 톤으로) 뭐야! 내가 똥이라고? 더럽다고?" 강아지똥은 화도 나고 서러워서 눈물이 나왔어요.

- 다음은 뉴스와 공익광고 원고로 강약과 성량 조절을 연습해보세요!

두 영역은 중요한 정보를 힘 있게, 귀에 쏙쏙 전달해야 하는 대표 장르입니다. 강약 조절과 배 힘을 동원한 성량이 무엇보다 중요하지요. 말의 강조에도 요령이 있습니다. 강조법 세 가지, '천천히!, 눌러서!, 강하게!'만 기억하면 됩니다. 다음 예시글에서 붉은색으로 표시한 부분을 특히 신경 써서 힘 있고, 강하게 읽어보세요.

예시 공익광고협의회 광고(2023) 〈산업안전 캠페인〉
다함께 5초만 //
빨리빨리 하기 전에 / 5초만 조심해도 /
모두의 안전이 계속됩니다. //
급할수록 알죠? / 5초만 //

예시 공익광고협의회 광고(2024) 〈공공매너 캠페인〉
어디서든 / 매너 있게, 매력 있게! //
공공매너를 지켜주세요. //

예시 공익광고협의회 광고(2025) 〈환경보호 캠페인〉
기후 위기에 대응하는 / 지구 살림템. //
작은 실천으로 / 함께해요! //

> 예시 뉴스 원고 (KBS 뉴스, 〈창덕궁, 다음 달 2일부터 나흘간 '야간 특별관람'〉, 2025. 3. 24)

창덕궁이 / 다음 달 2일부터 나흘 동안 / 야간 특별관람 프로그램을 운영합니다. //

국가유산청 궁능유적본부 창덕궁관리소는 / 다음 달 2일부터 5일까지 / 해설과 함께 희정당 내부를 둘러보고, / 서양 클래식 음악을 감상하는 / 야간 특별관람 프로그램 / '오얏꽃등 밝힌 창덕궁의 밤'을 운영한다고 / 오늘 밝혔습니다. //

2. 소리책 · 기타 장르 낭독

배우나 성우가 녹음한 오디오북을 들어보면 실감나는 연기력에 금세 책 속으로 빠져듭니다. 요즘은 저자가 직접 낭독해 글의 진솔한 맛을 더하는 오디오북도 속속 등장하고 있더라고요. 오디오북 중에서도 책 속의 그림이나 사진 등 시각적인 정보를 추가로 설명해주는 것을 시각장애인을 위한 '소리책'이라고 하는데요. 저도 이 책을 직접 낭독해 소리책으로 만들 예정인데 벌써 설렙니다.

    오디오북으로 책을 듣는 사람이 해마다 늘고 있다고 해요. 2023년 문화체육관광부 조사에 따르면, 성인들의 오디오북 독서율이 2021년

보다 5퍼센트 증가했답니다. 오디오북 듣기도 엄연히 '독서'라고 응답한 성인은 46퍼센트나 늘었다고 하고요.

이동 중이거나 다른 일을 하면서도 들을 수 있고, 자기 전에 큰 수고 없이 편안하게 들으며 잠들 수 있으니 그 편리함에 이용자가 점점 느는 게 아닐까 싶어요. 요즘에는 AI 오디오북도 등장하고 있는데 낭독 실력이 점점 자연스러워지고 있지요. 하지만 진짜 사람의 전달력과 따스함을 완전히 대체하기는 어렵지 않을까 싶습니다. 마치 TV가 등장했어도 라디오라는 매체가 없어지지 않고 여전히 사랑받는 것처럼 말이에요.

그런데 모든 종이책이 오디오북으로 제작되지는 않습니다. 제작하는 데 시간과 비용이 들다 보니 발행되는 수량이 제한적일 수밖에 없죠. 대개 오디오북이 없으면 종이책을 찾아 읽을 텐데 시각장애인은 어떻게 할까요. 그나마 점자도서관에서 자원봉사자들이 직접 타이핑해 만든 전자책인 '데이지 도서'가 있으면 문자를 기계음으로 변환해 들을 수 있는데요. 데이지 도서마저 없다면 책을 들을 방법이 없습니다. 이제 막 독자들을 만난 따끈따끈한 신간일수록 베스트셀러가 아닌 이상 오디오북이나 데이지 도서는 찾기 힘들지요.

음성 도서는 시각장애인에게 정말 소중한 책입니다. 다행히 요즘 공공기관이나 대기업 등이 사회공헌 차원에서 소리책 제작에 직접 나서고 있는데요. 전 국민을 대상으로 재능기부 목소리를 찾기도 하고, 회사 구성원이나 가족이 참여할 수 있는 소리책 프로젝트를 다양하게 열고 있습니다.

여러분도 함께할 수 있는 낭독 프로젝트를 몇 가지 소개할게요. 한국자산관리공사(캠코)가 2014년부터 실시하고 있는 〈마음으로 듣는 소리〉 프로젝트가 있습니다. 캠코 구성원 50명과 국민 참여자 50명이 함께 시각장애인을 위한 소리책을 만드는데요. 10년 동안 950여 명이 참여해 소리책 490권을 제작한, 대표적인 국민참여형 사회공헌 프로젝트입니다. 오디오 심사를 거쳐 선발된 사람들이 서울과 부산에 지정된 스튜디오에서 전문 엔지니어의 도움을 받아 녹음하게 되고, 낭독 분량은 한 사람당 70~80페이지 정도여서 한두 번 정도 찾아가 녹음하면 됩니다. 경제·인문·역사 분야 도서뿐 아니라 위인전이나 만화도 배정될 때가 있고요. 공익광고 화면해설 오디오북도 맡아 녹음할 수 있습니다.

한국장애인재단과 알라딘 서점이 함께하는 목소리 봉사단 〈지니 서포터즈〉도 있습니다. 장애인 대체도서 보급 사업인 '소리소리 마소리'를 SNS 등을 통해 널리 알리고, 직접 목소리 낭독에 참여할 봉사자를 해마다 50명 정도 선발하고 있는데요. 신청서를 작성하고, 공통 지문을 낭독해 녹음 파일을 보내면 오디오 심사에 참여할 수 있습니다. 책 한 권 또는 두 권을 녹음해야 하는 만만치 않은 작업이지만, 갈수록 신청자가 늘어 경쟁이 치열하답니다. 서울에 있는 지정 스튜디오에서 2~3개월에 걸쳐 녹음하는데요. 가능한 날짜와 시간대에 맞춰 녹음 부스를 예약해 혼자 녹음하고, 모니터하며 오독 부분만 편집해 제출하면 됩니다.

관심 있는 기관의 인스타그램을 팔로우해놓으면 제일 먼저 정보를 얻을 수 있으니 꼭 실행에 옮겨보세요. 모두의 관심과 참여가 더해져야 공공기관과 기업들이 시각장애인을 위한 사회공헌 프로젝트를 더 오랫동안 이어갈 수 있으니까요.

또한 상시로 재능기부 낭독자를 모집하는 장애인 기관들이 있습니다. 국립장애인도서관에서는 시각장애인과 얼굴을 마주하고 책을 읽어주는 '대면 낭독 서비스'를 시행하고 있고요. 지역별 시각장애인 점자도서관이나 복지관, 학습지원센터에서는 목소리 기부자를 찾는 공지를 홈페이지를 통해 수시로 올리니 관심 있게 들여다보면 좋습니다.

낭독이라고 책만 읽는 건 아닙니다. 시각장애인을 위해 잡지나 신문, 소식지, 제품 매뉴얼 등을 낭독할 수도 있는데요. 저도 한국시각장애인연합회 대표 방송인 〈큐! 뉴스천〉을 통해 시각장애인들에게 신문 기사를 낭독하는 목소리 기부를 매주 하고 있습니다. 점자도서관마다 소식지, 잡지 등의 낭독을 요청할 때도 있는데요. 요즘은 시각장애인이 기관에 신청하면, IT 기기나 전자제품의 매뉴얼을 낭독하는 서비스도 시행하고 있답니다. 책 낭독으로 시작했다가 다양한 장르의 낭독으로 활동 영역을 넓힌 사람도 많습니다. 일단 우리에게 필요한 것은 가까운 장애인 기관에 목소리 참가를 문의해보는 실행력이 아닐까 싶어요. 당장 목소리 재능기부자를 뽑고 있지 않아도, 필요한 상황이 발생했을 때 참여할 수 있도록 이름과 연락처를 남겨놓는 것도 좋은 방법입니다.

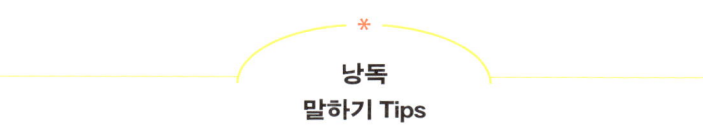

낭독 말하기 Tips

❶ 낭독의 기본기 늘리기

- 낭독朗讀의 사전적 의미는 글을 소리 내 읽는 것을 말합니다. 그런데 낭독의 한자를 자세히 살펴보면 좀 더 구체적인 의미를 담고 있음을 알 수 있습니다. 낭朗자는 '밝다, 환하다, (소리가) 맑고 깨끗하다, 유쾌하고 활달하고 또랑또랑하다'라는 의미를 담고 있어요. 소리가 맑고 또랑또랑할 때 '낭랑하다'라고 흔히 말하죠. 그저 입 밖으로 소리 내 읽는 건 '음독'이라고 합니다. 글의 맛을 살려 맑고 깨끗하고 또렷하게 소리 내는 게 진정한 낭독임을 알 수 있지요. 그런데 한자의 의미를 살펴보다 이런 생각도 들더라고요. 우리가 글을 소리 내 읽어서 다른 사람의 마음을 밝고 환하게 만드는 작업이 낭독이 아닐까 하고요. 목소리로 세상을 밝히는 이 책의 가치와 딱 맞아떨어지지요? 어찌 됐든 낭독의 기본인 '맑고, 밝고, 또렷하게'를 낭독자는 늘 기억해야 합니다.
- 낭독에도 시대별 트렌드가 있습니다. 우리나라 1980~1990년대에 문학의 밤, 시 낭송회 등이 성행한 적이 있어요. 이걸 기억하는 분은

연령대를 들키신 겁니다. 당시 시 낭송 음성을 지금 학생들에게 들려주면 오글거린다는 말이 절로 나올 거예요. 공기 반, 소리 반 정도가 아니라 공기 80퍼센트, 소리 20퍼센트라고 해도 과언이 아닐 정도로 과장된 발성이 특징이거든요. 예전에는 온몸을 다해 극적으로 표현하는 게 낭독이라고 여겼던 것 같아요. 그렇다면 요즘은 낭독을 어떻게 할까요. 송정희 성우는 《나에게, 낭독》이란 책에서 이렇게 말합니다.

"목소리에 인위적인 꾸밈을 걷어내고 솔직하게 자신을 드러내는 게 좋다. 삶이 묻어나는 소리가 최고다."

유명인이나 성직자 등의 목소리를 따라 하는 인위적인 말투가 아니라 자신의 개성과 정서를 그대로 담은 목소리로 전달하는 게 요즘 낭독이라는 겁니다. 그래서인지 최근 성우나 아나운서의 오디오북 낭독을 들으면 예전과 달리 오히려 담담하고 담백하게 느껴집니다. 꾸밈이 없으니 내용에 더 집중하게 되고 듣는 맛이 살아납니다.

- 낭독을 잘하려면 먼저 자신의 목소리를 사랑할 줄 알아야 합니다. 내가 내 목소리를 싫어하는데 어떻게 다른 사람이 내 목소리를 사랑할 수 있을까요. 내 목소리에 자주 귀 기울여보세요. 듣기 싫다고 회피하기보다 내 목소리를 정면으로 마주해보는 경험이 꼭 필요합니다. 막상 들어보면 나쁘지 않네, 들을 만하네, 싶을지도 모릅니다. 제가 했던 꿀팁 하나 알려드릴게요. 좋아하는 책을 녹음하고, 점심 식사 후 잠시 쉬는 시간에 녹음본을 들으면서 낮잠을 청하는 거예요. 저는 조용히 혼자만의 시간을 보내고 싶을 때, 방송국 휴게실에서 가끔 점심시간

을 이렇게 보냈어요. 간단히 김밥이나 샌드위치를 먹고, 눈을 감은 채 녹음된 내 목소리를 들으며 쉬는 거죠. 자신自身의 목소리에 익숙해지면, 자신自身을 좀 더 살피고 사랑할 줄 알게 되고, 결국 자신감自信感까지 얻게 됩니다.

- 틈틈이 녹음을 이어나가 15일, 30일째 목소리를 비교해보세요. 그러면 자신의 말 습관, 즉 톤과 음색, 발음, 속도 등을 스스로 점검할 수 있습니다. 들어도 잘 모르겠다면 가장 친한 친구나 가족에게 들려주세요. 단, 이 말을 꼭 덧붙여야 합니다. "내 낭독이 좀 더 나아지려면 어떻게 하면 좋을지 아이디어 좀 보태줘." 안 그러면 그저 좋다는 말만 듣고, 영양가 없는 피드백으로 끝나버릴 수 있거든요.

❷ 텍스트를 충분히 공감하고 느끼기

- 낭독의 맛을 살리려면 먼저 해야 할 일이 있는데요. 단순히 혼자 하는 낭독이 아닌 누군가에게 정식으로 들려주는 상황이라면 꼭 실천하는 게 좋습니다. 먼저 텍스트를 깊이 들여다보는 일인데요. 어떤 장르인지, 핵심 메시지는 무엇인지, 등장인물은 몇 명이고, 누가 있는지, 어디에 핵심 문장이 담겨 있는지 등을 살피는 거지요. 내용뿐 아니라 이면에 담긴 작가의 의도와 정서를 이해하려는 노력도 필요하고요. 어쩌면 낭독자에게 가장 중요한 덕목은 '공감 능력'이 아닐까 싶어요. 내가 쓴 글을 읽을 때, 당시 상황과 경험이 떠올라 울컥할 때가 있잖아요. 글을 쓴 저자가 바로 나이기 때문에 누구보다 글을 잘 이해하는 겁

니다. 낭독할 때도 저자나 글 속 화자의 마음으로 풀어내보세요. 글과 낭독자가 하나 되어 이야기를 풀면 진한 감동을 전할 수 있습니다.

- 낭독이란 이야기 속을 청자와 함께 걷는 행위라고 해요. 우왕좌왕하지 않고 이야기 흐름에 따라 올바르게 안내하려면 어떻게 해야 할까요. 낭독자가 길을 잘 알아야 합니다. 텍스트를 충분히 공감하는 게 바로 길을 파악하는 과정인데요. 이때 예독은 필수입니다. 예독에는 3단계가 있는데, 1단계는 '묵독'입니다. 눈으로 내용을 읽으며 의미와 분위기 등을 살피는 거죠. 2단계는 빠르게 소리 내 읽으며 끊어 읽을 곳을 표시하는 '속독'입니다. 내용에 따라 의도적으로 포즈의 길이를 짧게 또는 길게 할 수 있습니다. 마지막 단계는 '정독'인데요. 다시 한 번 천천히 글을 살피며 강조할 단어나 문장에 동그라미나 밑줄을 그어 구분 짓는 과정입니다. 이렇게 예독의 3단계인 묵독-속독-정독만 거쳐도 최소 3번은 읽고 내용을 파악할 수 있으니 머릿속에 생생히 새겨지겠죠.

예시 예독의 3단계

1단계 : 묵독 - 내용 파악

겸손은 삶에 의미를 부여한다. 삶의 매 순간이 중요하다는 사실을 알게 하며, 두려움보다 사랑을, 완벽보다 진정성을 선택하도록 이끌며, 배우려는 호기심을 느끼고 성장하기 위해 열린 태도를 지향케 하며, 정의로운

미래로 나아가는 데 필요한 노력을 두려워하지 않게 한다.

-《겸손의 힘》중에서

내용 파악 이후 ☞ '아! 겸손은 순간의 소중함, 사랑, 진정성, 지적 호기심, 열린 태도, 노력을 갖게 한다는 거구나.'

2단계 : 속독 – 빠르게 소리 내어 읽으며 끊어 읽기(포즈) 표시

끊어 읽기(포즈) 표시법

(1) **/** 한 박자 쉬기, 주어(은, 는, 이, 가) 다음이나 문장 안에서 의미 단위로 끊기는 부분

(2) **//** 두 박자 쉬기, 문장 끝이나 대화체 직전·직후, 의도적으로 긴장감 조성할 때

(3) **v** 반박자 슬쩍 멈추다 곧장 이어가기, 수식어가 긴 문장이나 강조할 단어 직전

겸손은 / 삶에 의미를 부여한다. // 삶의 매 순간이 v 중요하다는 사실을 알게 하며, / 두려움보다 v 사랑을, / 완벽보다 v 진정성을 선택하도록 이끌며, / 배우려는 v 호기심을 느끼고 / 성장하기 위해 v 열린 태도를 지향케 하며, / 정의로운 미래로 나아가는 데 v 필요한 노력을 / 두려워하지 않게 한다. //

3단계 : 정독 – 천천히 다시 소리 내어 읽으며 중요 단어 표시

겸손은 / 삶에 의미를 부여한다. // 삶의 매 순간이 v 중요하다는 사실을 알게 하며, / 두려움보다 v 사랑을, / 완벽보다 v 진정성을 선택하도록 이끌며, / 배우려는 v 호기심을 느끼고 / 성장하기 위해 v 열린 태도를 지향케 하며, / 정의로운 미래로 나아가는 데 v 필요한 노력을 / 두려워하지 않게 한다. //

❸ 장르에 맞는 목소리 기르기

- 낭독자에게 주어질 텍스트는 다양합니다. 시, 소설, 수필, 인문, 과학, 뉴스, 스팟 광고, 상품 설명서까지 무궁무진하지요. 곱고 예쁜 목소리에 심취해 여러 장르를 똑같은 톤과 음색, 빠르기로 낭독하면 전달력도 떨어질 뿐더러 공감을 얻을 수 없습니다. 낭독자마다 개성은 있을 수 있지만, 장르별로 기본 낭독법은 있거든요. 문학 작품은 분위기를 살펴 감성을 더해주고, 비문학 작품은 중요한 용어나 수치 등을 강조해 내용 전달이 명확하게 되는 데 초점을 맞춥니다. 뉴스나 스팟 광고는 짧은 시간 안에 귀에 쏙쏙 박히도록 배 힘으로 힘차게 낭독하고, 끊어 읽는 부분은 단호하고 절도 있게 쉬어줍니다. 상품 설명서나 제품 매뉴얼 등은 밝고 친절한 음색으로 전달하지요. 장르에 어울리는 목소리로 거듭나려면 많이 들으며 특징을 파악해, 가능한 한 많이 따라 해보기가 필수라는 사실을 잊지 마세요.

낭독자료

① **시** - 〈별 헤는 밤〉 중 일부 발췌

🗣 **낭독 Tips**

- 작품의 분위기와 상황, 작가의 심정을 먼저 헤아려보세요.
- 서정적인 분위기에 맞춰 너무 빠르지 않게 차분한 음성으로 낭독해봅니다.
- 문단마다 중요한 단어(예: 가을, 별, 청춘, 추억, 사랑 등)를 강조해보세요.
- 〈별 헤는 밤〉 낭독

〈별 헤는 밤〉

윤동주

계절이 지나가는 하늘에는
가을로 가득 차 있습니다.

나는 아무 걱정도 없이
가을 속의 별들을 다 헬 듯합니다.

가슴 속에 하나 둘 새겨지는 별을

이제 다 못 헤는 것은
쉬이 아침이 오는 까닭이요
내일 밤이 남은 까닭이요
아직 나의 청춘이 다하지 않은 까닭입니다.

별 하나에 추억과
별 하나에 사랑과
별 하나에 쓸쓸함과
별 하나에 동경과
별 하나에 시와
별 하나에 어머니, 어머니,

어머님, 나는 별 하나에 아름다운 말 한마디씩 불러봅니다.

(이후 생략)

② **자기계발서** - 《퓨처 셀프(30만 부 기념 스페셜 에디션)》 p. 84

🗣️ 낭독 Tips

- 정확하고 또렷한 음성으로 내용을 전달하는 데 집중해보세요.
- 핵심 단어(예: 희망, 목표, 인내심, 목적)를 힘 있게 강조해보세요.
- 듣는 이가 행동의 변화를 일으킬 수 있도록 생기 있고, 긍정적인 말투로 낭독해봅니다.
- 《퓨처 셀프》 일부 낭독

원대한 희망을 품으려면 과정이 아니라 목표에 전념해야 한다. 기존의 사고와 행동방식에 빠져 있어서는 안 된다. 당신이 가고자 하는 곳에 도달하는 더 낫고 새로운 방법을, 인내심을 가지고 끈기 있게 찾고, 그것을 활용해야 한다. (중략)
인생의 명확한 목적이 없으면, 우리 뇌는 핑계를 찾는 데 집중할 것이다. 결국 희망이 없으면 그 무엇도 아무런 의미가 없다.

희망이 없으면, 현재는 의미를 잃는다.
희망이 없으면, 삶의 명확한 목표나 목적의식이 사라진다.
희망이 없으면, 길이 없다.
희망이 없으면, 당신은 소멸한다.

③ 서비스 및 제품 매뉴얼 - 한국시각장애인연합회 제공

🗣 낭독 Tips

- 서비스나 제품 사용에 어려움을 겪는 사용자가 눈앞에 있다고 상상해보세요. 밝고 생기 있는 목소리로 앞에 있는 사람에게 친절하게 설명하듯 낭독합니다.
- 낭독자가 내용을 충분히 이해한 후 의미가 명확히 전달되도록 적절한 구간에 끊어 읽기 표시를 합니다. (예: '행복을 들려주는 도서관'은 고유 명사로, 한 묶음으로 읽어줍니다.)
- 속도가 너무 느리면 답답하고, 너무 빠르면 이해하는 데 문제가

따릅니다. 정보를 속도감 있게 전달하되, 포즈 부분은 여유 있게 쉬어주세요.

- [QR] 서비스 및 제품 매뉴얼 낭독

> 행복을 들려주는 도서관, NUGU(누구) 설명서
>
> 첫 번째, 계정 연동
>
> NUGU(누구) 앱에서 누구 플레이 중 정보 생활 카테고리에 행복을 들려주는 도서관을 선택합니다. 계정 연동을 클릭하고, 넓은 마을 계정을 입력 후 로그인해서 인증을 받으면, 사용이 가능합니다. 넓은 마을 계정이 없는 경우, 넓은 마을 회원가입 후 이용이 가능합니다. 넓은 마을 회원가입 관련 문의 전화는 02-936-6639번입니다.

3. 현장해설

숲 해설사와 함께 동네 뒷산 탐방에 나선 적이 있어요. 탐방 시 만나게 될 나무를 소개받고, 숲으로 들어가 나무 찾기에 나섰습니다. 그런데 숲 해설사가 참여자들을 한 번씩 멈춰 세우고 이렇게 말하는 거예요. "지금 새가 어떻게 노래 부르나 들어보세요! 글자로 표현하면 이렇지 않을까요? 휘이오~ 후이오~ 휘요~. 호호 휘~호 호호 휘~호." 공중에 떠다니던 새소리를 우리가 아는 글자로 옮기니 그 소리가 한층 선명하게 들리는 겁니다. "이게 갈참나무 잎인데 한번 만져보실래요? 두껍고 반들반들하지요? 이 잎으로 바느질도 가능하답니다." 그러고는 가늘고 뾰족한 리기다소나무 잎을 바늘 삼아 바느질을 시작하는 거예요. 오감을 총동원한 체험에 숲 해설사의 흥미로운 설명이 더해지니 동네 뒷산이 근사한 보물창고로 바뀌었습니다. 평범한 공간에 다양한 스토리와 생생한 안내로 생명력을 더하는 일, 이게 바로 현장해설이지요.

여기에 보이지 않는다는 사실을 유념해 눈앞에 펼쳐진 상황과 사물을 좀 더 자세히 설명하고, 안전을 위해 함께 이동하며 동선을 미리 안내해주는 것을 덧붙이면 시각장애인을 위한 현장해설이 완성됩니다. 관광이나 전시 현장해설에도 우리 목소리가 요긴하게 사용될 수 있어요.

요즘은 국가 기념일 공식 행사나 스포츠 경기, 국회 청문회, 상임위원회의 등도 시각장애인을 위한 현장해설 서비스를 포함해 방송을 내보내고 있는데요. 행사 현장에는 관중이 어느 정도 모였는지, 누가 어떻게 입장하고 있고, 관중들의 반응은 어떠한지, 스포츠 경기에서는 어떤 선수가 어떻게 공격해 어떤 결과로 이어졌는지, 국회 청문회장에서 지금 발언하는 사람이 누구인지 등을 팩트만 간추려 빠르고 정확하게 설명해야 합니다.

행사, 회의, 스포츠 경기의 현장해설은 철저한 사전 준비와 빠른 판단력, 임기응변이 필수적인 영역이라 속보를 처리하는 뉴스 앵커나 경기 상황을 전달하는 스포츠 캐스터의 일과 흡사합니다. 그렇다고 지레 겁낼 필요는 없어요. 스포츠 현장해설을 제외하고는 많은 설명을 하지 않아도 되거든요. 행사 사회자나 국회의원 등의 발언을 침해하지 않는 선에서 꼭 필요한 현장 상황을 전달하는 게 바람직합니다. 관광이나 전시 현장해설은 상대적으로 시간의 구애를 덜 받는 만큼 현장해설사가 상황에 맞춰 전달할 내용을 자유롭게 조절할 수 있습니다.

현장해설 말하기 Tips

❶ 정보를 선별해 스토리텔링 하기

- 아무리 중요한 정보라도 짧은 시간에 모든 내용을 전달할 수는 없습니다. 사전에 내용 수집은 다양하고 풍부하게 하면 좋지만, 현장 상황에 따라 정보를 취사선택할 수 있는 결단이 필요합니다. 시각장애인 참여자가 이미 많이 걸어서 지치거나 지루해하는 경우, 날씨가 갑자기 흐려져 비가 쏟아지려고 하는 경우, 주변에 관광객이 많아 현장해설을 귀담아들을 수 없는 경우 등 예상치 못한 상황이 벌어질 수 있거든요. 물론 누구나 준비한 내용이 많으면 아까워서 버리질 못합니다. 하지만 참여자의 만족도와 안전이 우선이어야 합니다. 가장 중요한

핵심만 가려내 전달하고, 안전하게 이동하는 게 좋습니다. 그리고 시각장애인에게 직접 만져보거나 청각 또는 후각으로 느껴볼 기회를 주는 게 훨씬 효과적입니다. 백 마디 말보다 한 번의 경험이 더 오래 남을 수 있으니까요.

- 현장해설은 '글을 읽듯이'가 아니라 '누군가와 이야기하듯이' 말하는 것이 기본입니다. 구어체와 입말은 줄어든 말, 즉 준말이 특징입니다. '~하여서'는 '~해서'로, '~되어'는 '~돼'로 말해야 합니다. 이름을 말할 때도 마찬가지입니다. 마지막 음절에 받침이 없는 이름, 가령 '김소리'라는 이름을 가진 사람이 자기소개를 한다면 "안녕하십니까? 오늘 현장해설을 맡은 김소리입니다." 대신 "안녕하십니까? 오늘 현장해설을 맡은 **김소립니다.**"로 줄여서 말해야 자연스럽습니다.

> **아쉬운 예**
>
> 안녕하세요? 오늘 남산 현장해설을 맡은 김소리입니다. 여러분은 지금 남산 봉수대 앞에 서 계시는데요. 조선 시대 설치된 봉수대 중 하나로, 한양 도성으로 외적의 침입이나 군사적 이상 상황을 즉시 보고하는 역할을 하였습니다. 조선 후기까지 남산 봉수대는 중요한 국가 방어망의 일부로 작동하였지만, 근대화 과정에서 그 기능이 점차 사라졌습니다. 봉수대에서는 연기로 신호를 알렸는데요. 평상시에는 연기 1개, 소규모로 적이 출현하였을 때는 연기 2개, 대규모 적의 침입 상황이면 연기 3~4개, 전면전인 상황에는 연기를 5개까지 피웠다고 합니다. 마침 여기 안내판이 있는

데요, 잠시 읽어 드리겠습니다.

☞ 준말로 말하지 않아 어색하고 딱딱하게 느껴짐. 다양한 정보를 전달하려 노력했지만, 시각장애인 참여자가 한자리에 머무는 시간이 길어져 힘들거나 지루해할 수 있음. 중요한 정보만 압축하고 직접 만져보게 하면 궁금증 해소에 도움이 될 것으로 보임.

올바른 예

안녕하세요? 오늘 남산 현장해설을 맡은 김소립니다. 우리는 지금, 조선 시대에 설치된 봉수대 앞에 서 있습니다. 외적의 침입이나 군사적 이상 상황이 발생했을 때, 연기로 즉시 보고하는 역할을 한 곳이었어요. 평상시에는 연기 1개, 소규모 적이 나타났을 때는 연기 2개, 대규모 적일 경우 연기 3~4개, 전면전일 때는 연기 5개까지 피웠답니다. 봉수대가 어떻게 생겼고, 얼마만큼 큰지 궁금하시죠? 두 팔을 옆으로 쭉 뻗어 봉수대를 감싸보겠습니다.

☞ 단순히 알고 있는 정보를 나열하기보다 핵심 주제나 메시지를 가지고 스토리텔링 하면 훨씬 흥미로운 현장해설이 됩니다. 특히 스토리텔링은 관광이나 전시 현장해설에서 요긴하게 활용할 수 있는데요. 예를 들어 시대별 건축 양식이나 역사적 인물의 공통점과 차이점을 비교해 이야기를 풀어나가면 이해하기도 쉽고, 기억에 오래 남는 현장해설이 될 수 있습니다.

❷ 풍부한 어휘력과 문장력 기르기

- 상황에 즉각 반응해 이야기를 풀어가는 현장해설은 말 습관이 여지없이 드러날 수밖에 없는 영역입니다. 빈약한 어휘력과 문장력에 좌절하지 않으려면 평소 상황에 맞는 다양한 표현을 준비해두는 것이 중요합니다.
- 잘, 너무, 되게 등 한두 개 부사어로 모든 문장을 구사해왔다면, 이제부터 국어사전을 열심히 살펴 대체할 수 있는 또 다른 표현을 자주 생각하고 정리해봅니다.
- 어휘도 마찬가지예요. 예를 들어 스포츠 경기에서 '천적'은 맞수, 라이벌, 맞상대 등으로 바꿔 말할 수 있겠죠. '말했습니다'라는 표현은 밝혔습니다, 전했습니다, 주장했습니다 등으로 바꿀 수 있고요. 유의어와 반의어를 유심히 살펴두면 설명이 훨씬 풍부해질 겁니다.

어휘력 향상 Tips

(1) 국어사전을 친구처럼 자주 들여다보세요. 저는 네이버 국어사전을 즐겨찾기에 저장해두고, 아는 단어여도 일부러 찾아봅니다. 단어의 의미뿐만 아니라 올바른 발음법, 유의어, 반의어까지 알기 쉽게 나와 있어 참 편리하고 유익하더라고요.

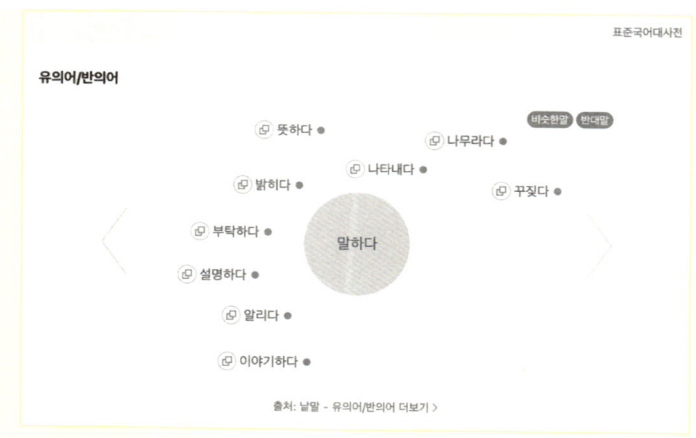

(2) 책이나 신문 기사, 라디오, TV 방송 등에서 생소한 단어를 접했을 때, 스마트폰 메모장에 따로 기록해둡니다. 저는 시간이 날 때마다 온라인 국어사전이나 백과사전 등을 통해 의미를 정리해두는데요. 새로운 어휘가 늘어날수록 바라보는 세상이 한층 넓어지는 경험을 할 수 있습니다.

예시 말 선생 스마트폰 메모장

1. 적확하다 : 정확하게 맞아 조금도 틀리지 아니하다.
2. 해낙낙하다 : 마음이 흐뭇하여 만족한 느낌이 있다.
3. 윤슬 : 햇빛이나 달빛에 비치어 반짝이는 잔물결
4. 새물 : 새로 갓 나온 과일이나 생선 따위를 이르는 말, 빨래하여 이제 막 입은 옷

5. 맏물 : 과일, 푸성귀, 해산물 따위에서 그해의 맨 처음에 나는 것(반의어: 막물, 끝물)
6. 중꺽마 : (신조어) '중요한 것은 꺾이지 않는 마음'의 줄임말

(중략)

52. 기각, 각하 : 공통점 – 법원에 청구한 소송이 받아들여지지 않음을 의미 / 차이점 – 기각은 소송요건이 갖춰 있어 검토했으나 소송할 이유가 없거나 적법하지 않다고 판단해 무효 처리. 각하는 처음부터 소송요건을 갖추지 못해 내용 판단 없이 재판 종료

❸ 속도의 밀당 연습하기

- 현장해설은 말 속도가 생명입니다. 처음부터 끝까지 일관되게 빠르거나 느리게 해서는 안 됩니다. 현장 상황에 따라 속도의 밀고 당기기를 잘해야 재미있는 현장해설을 할 수 있어요. '심장이 쫄깃쫄깃하다'라는 표현이 있지요. 스포츠 현장해설을 할 때는 말 속도의 변화로 박진감을 더할 수 있답니다. 잠시 쉬는 구간인 포즈도 상황에 따라 더 길거나 짧게 조절해 분위기를 극적으로 이끌 수 있고요. 스포츠 중계를 직접 보면서 캐스터의 말을 따라 해보거나, 스포츠 원고를 가지고 말 속도의 밀당을 연습하면 큰 도움이 됩니다.

예시 스포츠 중계 원고 ①

― 파리올림픽 남자 양궁 단체전 결승 (유튜브 '스브스뉴스' 녹취)

대한민국 선수들이 경기장에 들어오고 있습니다.

2024 파리올림픽 양궁 남자 단체전 결승.

대한민국 이우석이 먼저 쏩니다. **(잠시 멈춤)**

결승전을 10점으로 시작하는 이우석입니다.

다음은 김제덕. **(잠시 멈춤)** 10점!

맏형 김우진입니다. **(잠시 멈춤)** 9점으로 1세트를 마무리하는 대한민국.

예시 스포츠 중계 원고 ②

― 2025 KBO리그 개막전 (유튜브 'TVING SPORTS' 녹취)

2025 KBO리그 NC다이노스와 KIA타이거즈의 개막전 경기 함께하겠습니다.

2-2(투투, *투 볼, 투 스트라이크의 준말) 카운트. 타석에는 김태군.

잡아당겼습니다! 3루수, 유격수 옆으로 끌어냅니다.

2루 주자 3루 통과해 홈으로 연결, 홈에서 세이프입니다.

2025년 첫 타점의 주인공은 김태군. 첫 득점은 김선빈이 만들어냅니다.

---

4. 강의 · 강연

강의나 강연이라고 하면 '내가 뭐라고 누굴 가르쳐' 또는 '난 절대 사람들 앞에서 말 못 해'라고 생각하는 분들이 많습니다. 강의나 강연에 대한 관점을 바꿔보면 어떨까요. 나눔이라는 가치로 도전해보는 겁니다. 특별한 사람, 대단한 사람만 뛰어들 수 있는 영역이 아니더라고요. 한 번에 많은 사람에게 우리가 가진 지식과 정보, 생각을 나눌 수 있는 절호의 기회인데 거부할 이유가 없지요. 게다가 정년 없이 오랫동안 나누면서도 소정의 수고료를 받을 수 있는 감사한 일이기도 합니다. 또한 강의나 강연을 준비할 때 알고 있던 지식과 생각을 확실하게 정리할 수 있고, 모르는 것을 분명하게 알고 채우게 됩니다. 청중도 성장하고, 나도 성장하는 기회인 셈이지요.

문득 강의와 강연이 어떤 차이가 있을까 궁금하실 것 같아 정리해 보았습니다. 강의는 주로 학문이나 기술의 일정한 내용을 체계적으로 설명하는 것을 말합니다. 대학 강의, 학원 강의 등으로 쓰이지요. 반면 강연은 일정한 주제에 대해 청중 앞에서 발표하는 형식으로 설득하는 것을 뜻합니다. 청중의 관심과 호응을 끌어내기 위해 다양한 말하기 기법을 동원하기도 하지요. 그래서 '강연쇼show'라고 부르기도 합니다.

강의든 강연이든 여러분이 조금이라도 나눌 만한 지식과 생각이 있다면 당당히 대중 앞에 나설 수 있습니다. 지금 당장 나눌 만한 거리가 없다면, 정부나 지자체, 기관 등에서 모집하는 다양한 교육 전문가 과정에 문을 두드려보세요. 식생활 교육 전문가, 먹거리 교육 전문가, 그림책 교육 전문가, 금융 교육 전문가 등 강사 양성 과정이 알고 보면 정말 다양하답니다.

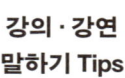

강의·강연 말하기 Tips

❶ 호흡량 늘리기

- 열심히 준비한 내용을 제대로 전달하려면 말의 기초 체력인 호흡량을 평소 길러두는 것이 좋습니다.(2장, 113 페이지 참조) 누구든 긴장되는 상황에서는 호흡이 평상시보다 훨씬 짧아지거든요. 호흡이 길고 안정되면 강약, 빠르기 등을 자유자재로 조절할 수 있고, 관객의 시선을 바라볼 수 있는 여유도 생깁니다. 설령 호흡이 약간 짧아져도 상대는 나의 긴장 상태를 쉽게 눈치채지 못한답니다.

- 시작 직전, 잠시 숨을 고르는 시간을 꼭 가져보세요. 당황하면 허둥지둥 서두르게 되지요. 그럴 때 잠시 멈춰서 길게 숨을 들이마시고, 길게 내뱉는 것을 3~5회 정도 하면 좋습니다. 마음이 급하면 길게 호흡하는 게 절대 안 될 거예요. 호흡이 길고 안정적으로 정리되도록 집중해야 합니다. 숨을 들이마시고 내쉴 때 속으로 숫자를 세어보세요. 하나, 둘, 셋, 넷, 다섯, 여섯, 일곱, 여덟. 특히 내쉴 때 여덟까지 천천히 숨을 내뱉으면 훨씬 마음이 편안해지면서 자신감 있게 실전에 나설 준비가

끝날 겁니다.

❷ 시나리오 준비하기

- 대개 시나리오나 대본이라고 하면 처음부터 끝까지 모든 문장이 적힌 원고를 떠올릴 텐데요. 이런 식으로 시나리오를 준비하면 여러 문제가 발생합니다. 첫 번째, 시나리오에 나온 문장과 조금이라도 달라지면 '틀렸다'라는 생각을 하게 되면서 실수를 연발하거나 긴장하게 됩니다. 두 번째, 완벽한 문장으로 모든 내용을 담기에 귀찮거나 준비 시간이 부족하다 보니 시나리오 자체를 포기하게 됩니다.
- 청중과 소통하는 강의와 강연을 하려면 전달할 내용 전체를 한눈에 볼 수 있는 요약 형태의 시나리오가 필요합니다. 주제, 서론·본론·결론 내용, 강의(강연) 목표, 주의할 점 등을 요점만 적어 A4 절반 크기로 준비합니다.

 말 선생의 강의 시나리오

강의명	2024 드림스타트업 장애인 스피치 인재 양성 프로젝트 〈나는 MC다!〉
오늘 목표	행사 순서를 크고 시원한 발성으로 소개할 수 있도록 훈련

1. **서론**
    - 인사 + 2강 주제 소개 : 힘 있게 행사 순서 소개하기(부제: 발성법, MC 진행 훈련)
    - 1강 복습, 조별 구호 외치기
    - 몸풀기 운동(싱글벙글 게임, 공을 활용한 신체 이완 훈련), 조음기관 스트레칭
    ※ 책상, 의자 뒤로 이동, 신체 활동 시 안전 주의

2. **본론**
    ① **발성 훈련**
    - 허밍 연습
    - 공명 발성 ※ 입 정확하게 벌리는지 확인
    - 발성 게임(이구동성) ※ 조 대항
    - 음량 조절법 ※ 크레센도, 데크레센도 가능 여부 확인

    ② **MC 진행 훈련**
    - 행사 종류, 특징 설명 (기념식, 음악회, 축제)
    - MC 동영상 보고, 의견 나누기
    - (실습) 행사 순서 소개하기 ※ 수업 교안 끊어 읽기, 강조 표시 유도
    - (발표 및 피드백)

> **3. 결론**
> ° 수업 내용 정리, 다음 수업 안내

❸ 비언어적 요소 신경 쓰기

- 무엇을 전달하느냐 못지않게 어떻게 전달하느냐도 중요합니다. 당황할 때 나오는 또 하나의 대표적인 현상은 비언어적 요소에 신경을 쓰지 못한다는 점입니다. 말하기에 급급한 나머지, 표정, 손동작, 자세, 시선 처리 등을 살필 겨를이 없는 거죠. 아무 일 없이 잘 진행했다 싶은데, 나중에 촬영본을 모니터하거나 주변의 평가를 들으면 전혀 아니었던 경험이 있진 않나요? 손동작은 로봇 같고, 몸의 방향은 관객이 아니라 칠판이나 문 쪽을 향해 있고, 표정은 잔뜩 화가 난 듯 찌푸려 있고, 시선은 갈피를 못 잡고…. 현장에서 즉흥으로 자연스럽게 한다는 건 누구나 쉽지 않은 일이에요. 명강사도 어떤 대목에서 어떻게 손동작을 하고 시선 처리할지 미리 고민하고 계획을 세웁니다. 보다 효과적으로 내용을 전달하고자 철저히 준비하는 거지요.
- 강의 상황을 시뮬레이션할 때 비언어적 요소도 함께 전략을 세워보세요. 특히 강조해야 할 내용이 있을 때는 어디서, 어떻게 전달할지를 구체적으로 생각하고 연습해봅니다. 자연스러운 손동작이 나올 때까지 연습하고 또 연습하고요. 몸에 익지 않으면 오른팔, 오른발이 함께 나

가는 것처럼 부자연스러운 몸동작이 나오게 된답니다.

❹ 끝난 뒤 반드시 복기하기

- 완벽한 강의나 강연은 없다고 생각해요. 관중의 반응은 나쁘지 않았어도 강연자 스스로 후회하는 때도 참 많습니다. 김윤나 작가의《말그릇》을 읽다 무릎을 친 구절이 있어요.

  "어제보다 괜찮은 사람이 되어간다는 것은 완벽해지고 있다는 뜻이 아니라 NOT OK에서 방황하는 시간보다 OK에서 머무르는 시간을 조금씩 늘려간다는 뜻이 아닐까."

  조금 덜 후회하고, OK 할 수 있는 강의나 강연의 횟수를 점점 늘려나가는 것. 그러려면 일희일비-喜-悲하지 않고, 다음을 위해 또 묵묵히 준비하는 자세가 더 중요하지 않을까 싶습니다.

- 제가 강의 후 재요청을 많이 받을 수 있었던 비결은 '복기'에 있습니다. 바둑에서도 미생에서 완생으로 성장하는 데 있어 복기는 가장 중요한 습관이래요. 복기 외에 묘수는 없다고 바둑 고수 조훈현 9단도 힘주어 말했습니다. 복기를 강연 상황에 적용해봤는데요. 정말 흡족하게 강연을 마친 상황에서도 들뜬 기분은 잠시만 누리고 바로 컴퓨터에 있는 강연 복기 노트를 열어 오늘을 정리합니다. 날짜, 강연 시간, 장소, 주제, 관객 반응, 평가까지 적어 내립니다. 심지어 전략적으로 입은 의상의 색이나 나의 컨디션, 관객을 고려해 어떤 예시를 들었고, 어떤 부분에서 관객이 빵 터지거나 반대로 무덤덤했는지 등을 세

세하게 돌아봅니다. 그리고 앞으로 비슷한 주제의 강연을 맡게 될 경우 어떤 점을 보완해야 할지 덧붙여놓으면 금상첨화이지요. 다음 강연을 맡게 됐을 때 이 복기 노트를 살펴보고 마음을 다진 후 나서니 얼마나 든든한지 모릅니다. 실패 상황을 점점 줄여나가는 재미가 참 쏠쏠해요.

예시 말 선생의 스피치 복기 노트

스피치 복기 노트   2024년 10월 11일(금) 현장 특강

- **강의명**   장애인 스피치 인재 양성 프로그램 〈나는 MC다!〉
- **대상**   20, 30대 장애인 청년 8명 (발달 장애, 지체 장애, 시각 장애, 자폐성 장애 등)
- **주제**   2강 힘 있게 행사 순서 소개하기
- **시간**   오후 2~4시 (2시간)
- **방식**   현장 강의 (강의, 실습, 게임, 발표)
- **컨디션**   Good (기대, 설렘)
- **나의 평가** 90점 (대체로 만족)

① 1주차 수업 이후 강사를 대하는 수강생들의 태도가 크게

호의적으로 바뀜(보고 싶었다고 먼저 말하기도 함, 벌써 강의 끝나는 날을 생각하면 슬프다고 말하는 수강생도 있었음)
② 1주차 때 파악한 개별 특성(장애 정도, 가능한 활동, 기호 등)을 적용해 몸풀기 활동을 조절하고, 발성 게임을 추가했더니 참여가 더 활발해짐
③ 아나운서, 유명인의 실제 행사 진행 영상을 보여주니 집중력과 동기부여 높아짐
④ 공식 행사, 음악회 등 장르별 음량, 속도, 톤의 차이를 궁금해함
⑤ 여전히 원고를 읽는 것 자체가 어려운 수강생이 있음 – 원고 분량 조절, 개별 집중 교육 요망

총평
수강생들의 집중도가 월등히 높아진 게 느껴짐. 함께 호흡하는 강의였음.

스피치 복기 노트   2022년 11월 28일(월) 온라인 특강

- **대상** | 전국노인보호전문기관 종사자 40여 명 (노인학대예방, 인권교육 종사자)
- **시간** | 오후 2~4시 (2시간)
- **방식** | 온라인 줌
- **컨디션** | 기력 60% (이틀 전 0%에서 많이 올라왔으나 여전히 기력이 달림)
- **나의 평가** | 30점 (불만족)

① 온라인 줌으로 교육하다 보니 집중도 떨어짐
② 강의 도중 업무 전화를 받거나 자리를 비우는 참여자가 많아 서로 집중하기 어려운 상황
③ 강의 집중을 위해 동영상과 채팅창 댓글, 반응 이모티콘 등을 활용했지만 역부족
④ 노인복지와 관련한 구체적인 사례나 경험담 등을 많이 다루지 못해 아쉬움, 흥미 유발 실패 - 참여자에 대한 사전 조사와 연구 부족

총평
오늘 강연은 참석자 평가에는 문제가 없었지만 스스로 불만족스러웠던 강의. 대상에 대한 고민과 연구 요망.

- 세상에 전혀 떨지 않는 사람은 없습니다. 말 잘하는 사람은 떨리는 상황에 더 많이 나섰을 뿐입니다. 오늘의 실패를 밑거름으로 삼아 더 나은 강연자가 되도록 부딪혀보면 어떨까요. 실패 경험조차 언젠가 관객에게 웃음을 주는 살아 있는 예시로 쓰일 수도 있답니다. 떨리는 상황에 많이 나서서 나만의 스토리를 차곡차곡 쌓아보자고요.

닫는 말

*

인생 말 공부, 여러분의 선택은?

"인생은 B와 D 사이의 C다."

저는 프랑스 철학자 장 폴 사르트르의 말을 유독 아낍니다. Birth(탄생)와 Death(죽음) 사이에 있는 수많은 Choice(선택)가 곧 삶이라는 뜻이지요. 지금 이 순간에도 우리는 크고 작은 선택의 갈림길에 섭니다. 사람은 하루 평균 3시간 동안 120~150번의 선택을 한다더군요.

이 책을 쓰겠다고 결심한 것도 결국 저의 선택이었습니다. 20년 동안 방송 현장에서 갈고닦은 노하우와 10년 넘게 장애계에서 풀어냈던 이야기, 대학 강단과 온라인 수업 등을 통해 지금도 쌓고 있는 경험을 글로 나눌 때가 됐구나 싶었지요. 올바른 선택을 하도록 먼저 손 내밀어준

김주연 편집자와 상상스퀘어 출판사에 마음 다해 고맙습니다. '책은 사회에 나누는 선물'이라고 힘주어 강조했던 100세 철학자 김형석 교수의 말을 이제야 알 것 같습니다.

물론 이번 선택 또한 쉬운 길은 아니었습니다. 창작은 세 가지 고苦, 즉 고민, 고독, 고통을 수반한다는데, 경험해보니 이 세상 모든 창작자에게 고마운 마음이 더 사무쳤습니다. 그동안 귀한 글을 그저 편안하게 넙죽넙죽 받아 읽고 있었구나 싶었어요.

바쁘다는 이유로 좀 더 여유가 생겼을 때 책을 쓰겠다는 선택을 했다면, 아마 지금도 시작조차 못하고 있을 겁니다. 삶은 어느 순간이나 치열하고 바쁘니까요. 눈앞에 닥친 일을 해치우고 나면 또 다른 일이 기다리고, 때론 한꺼번에 여러 일이 밀려들 때도 있지요. 모든 일이 다 끝날 때까지 기다리다가는 삶의 끝자락에 가 있을지도 모릅니다. 그때 쓸 걸, 배울 걸, 해볼 걸, 말할 걸, 껄껄껄 하면서요.

글로 풀어내다가 체력적으로 힘든 순간이 찾아오면, 제 삶을 관통하는 두 가지 키워드만 생각했습니다. 목소리와 나눔. 목소리로 세상에 나누는 일이라면 무엇이든 하겠다는 다짐이 책 출간까지 이끌었습니다. 이 책의 수익금은 시각장애인을 위한 다양한 목소리 프로젝트에 사용할 예정입니다. 글로 나누고, 글로 얻은 결실을 또 사회에 나눌 생각에 끝까지 힘을 낼 수 있었습니다.

결국 책을 쓰겠다는 저의 선택은 돈 주고도 바꿀 수 없는 경험과 희열을 안겨줬습니다. 인생의 나눗셈은 어려워서 어려운 게 아니라, 자주 해보지 않아 어려운 거라지요. 책을 통한 나눔도 이제 멈추지 않고 계속 실천하겠습니다.

여러분은 오늘 어떤 말을 선택하고 있나요?
나의 말은 지금 누군가를 살리고 있나요?
나누기에 적합한 말을 건네고 있나요?

이 책을 선택한 여러분에게 간절히 호소합니다. 우리 이제부터는 습관적으로 튀어나오는 말을 그대로 쓰지 말기로 해요. 이것만 지켜도 인생에서 후회할 일을 절반 이상 줄일 수 있습니다. 더불어 우리 말로 인해 사회 분위기도 달라질 수 있고요.

더 늦기 전에 여러분의 말 습관을 꼭 한번 점검해보세요. 말 습관은 나를 보여주는 척도입니다. 나라는 사람과 삶의 방식을 돌아볼 좋은 기회가 될 겁니다. 말 근육과 생각 근육 가운데 부족한 점을 발견해 다듬어보세요. 말 공부를 더 이상 뒤로 미루지 말고 내 삶에 초대해보세요. 말로 인한 변화가 여러분의 삶을 윤택하게 해줄 거예요.

마지막으로 생각하며 말하기를 의식적으로 실천해보세요. 한두 번 시도하는 것에서 멈추면 안 됩니다. 달라진 말이 온전히 나의 말, 나다운 말이 될 때까지 생각하며 말해야 합니다. 말은 행동을 바꾸고, 행동은 습관을 바꾸고, 습관은 우리 운명을 바꾼다는 말을 자주 새기면서요.

모든 인간은 공평하게 삶을 시작하자마자 죽기 시작한다는 말이 있어요. 짧고 유한한 시간에 마음이 다급해지기도 합니다. 때론 될 대로 되라, 하고 내려놓기도 하지요. 그런데 생각의 각도를 바꿔 짧은 인생을 더 부지런하게, 더 가치 있게 살아보면 어떨까, 하고 과감히 다짐하는 게 더 낫지 않을까 합니다.

가치 있는 일은 멀리 있지 않습니다. 가치 있는 일은 가능한 일에서 시작할 수 있습니다. 말은 우리가 바꿀 수 있는 가장 쉬우면서도 가능한 일입니다. 조금만 관심을 기울여 생각하고, 살리는 말과 나누는 말을 지금부터 여러분 스스로 선택해보면 어떨까요?

저는 오늘도 제2의 삶을 사는 아버지에게 전화를 겁니다.

"아빠! 우리 같이 엄마랑 꽃구경 갈까요?"
"아빠 기분 째진다! 좋다 좋아!"

나를 살리고, 상대를 살리는 하루하루의 기쁨은 생각하며 나누는 말에서 시작합니다.

참고문헌

1장 * 《말 잘하는 즐거움》, 조지 톰슨·제리 젠킨스, 눈코입, 2014
《강원국의 결국은 말입니다》, 강원국, 더클, 2022
《다정하지만 만만하지 않습니다》, 정문정, 문학동네, 2024
《늙는다는 착각》, 엘렌 랭어, 유노북스, 2022
《헤세의 인생공부》, 헤르만 헤세 글그림, 김정민 엮음, 북로그컴퍼니, 2020
《미라클 모닝》, 할 엘로드, 한빛비즈, 2016
《하루 15분 정리의 힘》, 윤선현, 위즈덤하우스, 2012
《굿 라이프》, 최인철, 21세기북스, 2018
《영감달력》, 정철, 블랙피쉬, 2022
《스티브 잡스 프레젠테이션의 비밀》, 카마인 갈로, 알에이치코리아, 2010
《거인의 말》, 안상헌, 북포스, 2018
《최고의 설득》, 카민 갤로, 알에이치코리아, 2017
《말투가 고민이라면 유재석처럼》, 정재영, 센시오, 2021
《일등인생을 만든 삼류들》, 김성신, 스마트비즈니스, 2010

2장 * 《으뜸체력》, 심으뜸, 다산북스, 2021
《그릿》, 김주환, 인플루엔셜, 2025
《어른의 말공부》, 사이토 다카시, 비즈니스북스, 2021

《언어를 디자인하라》, 유영만·박용후, 쌤앤파커스, 2022
《도파민네이션》, 애나 렘키, 흐름출판, 2022
《데일 카네기 인간관계론》, 데일 카네기, 상상스퀘어, 2023
《말의 품격》, 이기주, 황소북스, 2017
《Self Talking》, 섀드 헴스테터, 에코비즈, 2004
《말센스》, 셀레스트 헤들리, 스몰빅라이프, 2019
《생각 깨우기》, 이어령, 푸른숲주니어, 2014
《스위트 스팟》, 샘 리처드, 북플레저, 2025
《독서의 발견》, 유영만, 카모마일북스, 2018
《마음챙김의 시》, 류시화, 수오서재, 2020

3장 * 《The Healing Power of Doing Good》, Allan Luks·Peggy Payne, iUniverse, 2001
《혼자 다 하려 하지 마라》, 홍재화, 좋은책만들기, 2017
《내가 좋아하는 것들, 집밥》, 김경희, 스토리닷, 2022
《삶이 흔들릴 때 뇌과학을 읽습니다》, 이케가야 유지, 힉스, 2024
《타이탄의 도구들》, 팀 페리스, 토네이도, 2017
《아주 오래된 농담》, 박완서, 세계사, 2012
《공감의 반경》, 장대익, 바다출판사, 2022
《달리기를 말할 때 내가 하고 싶은 이야기》, 무라카미 하루키, 문학사상, 2016
《눈에 선하게》, 권성아·김은주·이진희·임현아·홍미정, 사이드웨이, 2022
《강아지똥》, 권정생, 길벗어린이, 2017
《나에게, 낭독》, 서혜정·송정희, 페이퍼타이거, 2021
《겸손의 힘》, 대릴 반 통게렌, 상상스퀘어, 2024
《별 헤는 밤》, 윤동주, 유페이퍼, 2020
《퓨처 셀프(30만 부 기념 스페셜 에디션)》, 벤저민 하디, 상상스퀘어, 2024
《말 그릇》, 김윤나, 오아시스, 2017

어른을 위한 말 공부

초판 1쇄 발행 2025년 10월 29일
초판 2쇄 발행 2025년 11월 19일

지은이 김여진
펴낸이 고영성

책임편집 김주연   **디자인** 이화연

펴낸곳 ㈜상상스퀘어
출판등록 2021년 4월 29일 제2021-000079호
주소 경기도 성남시 분당구 성남대로 52, 그랜드프라자 604호
팩스 02-6499-3031
이메일 publication@sangsangsquare.com
홈페이지 www.sangsangsquare-books.com

ISBN 979-11-94368-43-4 03190

- 상상스퀘어는 출간 도서를 한국작은도서관협회에 기부하고 있습니다.
- 이 책은 저작권법에 따라 보호를 받는 저작물이므로 무단 전재와 복제를 금지하며, 이 책 내용의 전부 또는 일부를 사용하려면 반드시 저작권자와 상상스퀘어의 서면 동의를 받아야 합니다.
- 파손된 책은 구입하신 서점에서 교환해드리며 책값은 뒤표지에 있습니다.